余淼杰 著

余淼杰谈中美贸易

全球经贸
新格局下的
大国博弈

CHINA-US TRADE TALKS
BY PROFESSOR MIAOJIE YU

图书在版编目(CIP)数据

余淼杰谈中美贸易：全球经贸新格局下的大国博弈/余淼杰著．—北京：北京大学出版社，2018.6
ISBN 978-7-301-29533-5

Ⅰ.①余…　Ⅱ.①余…　Ⅲ.①中美关系—双边贸易—研究　Ⅳ.①F752.771.2

中国版本图书馆CIP数据核字(2018)第088164号

书　　　名	余淼杰谈中美贸易：全球经贸新格局下的大国博弈 YU MIAOJIE TAN ZHONGMEI MAOYI
著作责任者	余淼杰　著
责任编辑	任雪鋆　郝小楠
标准书号	ISBN 978-7-301-29533-5
出版发行	北京大学出版社
地　　　址	北京市海淀区成府路205号　100871
网　　　址	http://www.pup.cn
电子信箱	em@pup.cn　QQ:552063295
新浪微博	@北京大学出版社　@北京大学出版社经管图书
电　　　话	邮购部 62752015　发行部 62750672　编辑部 62752926
印　刷　者	涿州市星河印刷有限公司
经　销　者	新华书店 730毫米×1020毫米　16开本　16.5印张　236千字 2018年6月第1版　2018年6月第1次印刷
定　　　价	56.00元

未经许可，不得以任何方式复制或抄袭本书之部分或全部内容。
版权所有，侵权必究
举报电话：010-62752024　电子信箱：fd@pup.pku.edu.cn
图书如有印装质量问题，请与出版部联系，电话：010-62756370

序

自 2016 年暑期出版第一本时评《"贸"似如此》以来，不知不觉又过了两年。

两年光阴，说长不长。随便打开电脑里存放学术论文的文件夹，一篇论文的文献、数据、程序加起来，就占了好几兆的空间。最考验自己心理素质的还是那些程序的编写时间，有的居然是在四五年前。原来这些论文草稿都已在电脑里静静地躺了四五年。这也难怪，如今要在国际经济学顶级或一流学术期刊上发表一篇论文，没有三五年的时间是不太现实的。严肃经济学家在日常生活中多少也像闻一多先生一样，成了"何妨一下楼"的人。

这样的生活，并非为了糊口或安身立命，而是多年养成的习惯，或是对光阴的一种交代。夜深人静之时，总喜欢听蔡琴的那首《给电影人的情书》：

> 多少人爱你遗世独立的姿态，你永远的童真，赤子的期待，孤芳自赏的无奈。

也许，做学术就是得"苦苦地追求永恒，傻傻地追求完美"，这样说来，365 个光阴，何尝不是日复一日的写模型、整数据、跑回归的简单重复呢？

不过，过去的两年中，真实世界中又的的确确发生了很多事。身处一线大都市，就是在最安静的象牙塔中也能强烈地感受到时代的变化、世界的冲击。加之笔者所工作的单位——北京大学国家发展研究院，严格来说并非一个简单的学术机构，从某种角度来说，她似乎不可复制：从这里先后走出了世界银行副行长、中国人民银行行长，有多位自20世纪80年代起就对国家的经济改革产生过重要影响的经济学家，如今又是国家最重要的高端智库之一。有幸在这样的机构工作，跟那么出色的学者共事，自是人生的幸事。"家事、国事、天下事，事事关心"似乎也不再是一句古训，而成了一种日常的工作状态。虽然并没有谁要求我们这样做，但在北京大学国家发展研究院，这好像自然而然地成了一种文化。

也许正因如此，每天在不断地跑回归、整数据的同时，也自然而然地会看看周围发生的事，默默地见证全球第二大经济体——中国的发展。因为国际贸易研究是自己的老本行，注意力自然落在贸易上。中国的经济发展，说到底是两个词、四个字在发力："改革，开放。"如果说20世纪八九十年代是"改革"带动"开放"，21世纪则似乎是"开放"促进"改革"。也许理解了"开放"，就看懂了"改革"。

不过，中国经贸也好，中美经济也罢，自是"横看成岭侧成峰"，七个人会有八种看法，这样的话，自己似乎也无妨加进来谋一家之言，凑凑"七嘴八舌"这个热闹。既然身在象牙塔，不在一线冲锋陷阵，自是力求"旁观者清"。备一颗热忱的心，沏一壶清澈的茶，品茗其中三味。对中国经济、中美贸易，不求庖丁解牛，但求格物致知。观点对错或许并不是最重要的，重要的是不辜负我们生活的这个大时代。也许，这就是作为学者对这个时代负责的方式吧。

所以，摆在读者面前的这本小册子分成两大部分内容，第一部分是时评策论。记得2016年《"贸"似如此》出版后，有一天学生顾洋发来一个微信截图，显示该书成为亚马逊中文外贸类最佳畅销书！于我，这自是探骊得珠，不敢奢望的事。得了鼓励，所以也就硬着头皮，先是成了《人民日报》海外版的专栏作家；后是签约了《每日经济新闻》，在上面开设专栏，专栏名就叫"贸似如此"。总之，是时频不限，有感就发。事实上，本书中的多篇时评就是首发在《人民日报》海外版的，也有一些是首发在腾讯"大家"、新华社《瞭望》、新加坡《联合早报》的。不过，既是业余客串，怕最后也免不了虎头蛇尾，草草了事，这里先跟读

序

者致个歉。

过去一年，世界经贸最大的看点，窃以为莫过于特朗普当上了美国总统，如书中一篇时评文章所述：特朗普执政，最大的确定性就是他的不确定性。这就注定了对中美贸易乃至全球经贸来说，特朗普任期内定会是多事之秋。果不其然，2018年年初，中美贸易摩擦愈演愈烈，中美贸易战似也有"山雨欲来风满楼"的势头。特别是3月特朗普当局抛出草拟的"特殊301"具体方案，中美贸易摩擦更是似乎到了"一触即发"的阶段。

当然，中美贸易谈判也不一定就是"山穷水尽"，事实上，事态的进展又总是"柳暗花明"，中美贸易何去何从？不消说，一个健康良性的中美经贸关系不仅对中美两国经济的发展至关重要，对经济全球化是否能顺利推进也非常重要。所以，"格政中美"，用格物致知的方式洞察中美贸易，就是本书力求达到的一个目标。

面对美国当局开出的天价中美谈判条件，以及文本后面若隐若现的贸易"大棒"，中国如何做到"闲庭信步"、处变不惊？这是摆在每个关心中国经济和中国未来的有识之士面前的问题，这时，无论个人是身居庙堂，还是身处江湖，似乎都不太重要了。这是本书所力求回答的一个问题。

本书的第二部分收录了过去两年来跟中美贸易有关的媒体访谈。自2018年3月中美贸易摩擦升级后，笔者每天不断接受各种访谈。之所以偏爱这种方式，是因为它高效、快速。毕竟，自己"爬格子"的速度远慢于说话录音的速度。一开始是想东施效颦，学学历史上的"九评苏共"，但一开了头，就发现不好刹住，最后居然凑到了30篇，也都发到自己的微信公众号"余淼杰谈经贸"中。其实，反反复复就是强调应对美国挑起的贸易摩擦，中国的最佳策略就是"备战促和"，"不战而屈人之兵"自是上上策，但做好最坏打算，随时应对最坏情况也是应有的准备。毕竟，中美经贸之争，不会是两三年就能见分晓的。合纵也好，连横也罢，最重要的还是要练好内功，"深挖洞、广积粮"。

最后，我要特别感谢百忙之中为这本小册子写推荐语的各位师长、同事。他们分别是世界银行前首席经济学家、北京大学国家发展研究院名誉院长林毅夫教授，国务院发展研究中心原副主任、中国发展研究基金会副理事长刘世锦老师，全国政协委员、中国社会科学院世界经济与政治研究所张宇燕所长，国务院参事室参事、南开大学国家经济战略研究院院长夏斌教授，北京大学国家发展研究院院长姚洋教授，亚洲开发银行前首席经济学家、美国哥伦比亚大学魏尚进教授。感谢他们的厚爱、支持和鼓励！这本书的部分文章是我在暑假访问神户大学时在六甲山公寓里完成的，所以，还要特别感谢神户大学经济经营研究所的赵来勋教授所提供的优越研究条件。

此外，我还特别要感谢北京大学出版社的周月梅老师、林君秀老师、郝小楠老师和任雪莹老师的大力支持。事实上，光是这本书的书名，郝小楠老师就和我一起推敲了近十个，最后林君秀老师建议，就用"余淼杰谈中美贸易"。我很感激她们对我的信任和厚爱，同时也有点忐忑：这个名字是否会影响到该书的市场销售？毕竟，我的大部分研究成果都是纯学术性的。曲未必高，但和却寡。好在过去十年以来，我所有的作品都是由北京大学出版社出版的，他们出色的工作让我受益匪浅，跟北京大学出版社经管部团队的合作也非常愉快。在林老师和她的几位出色同事的帮助下，我在北京大学出版社出版的几本书也曾获得吴玉章人文社科奖、安子介国际贸易研究奖、胡绳青年研究奖、刘诗白经济学奖等荣誉。这一切都离不开他们的帮助和支持。在此特别致谢！

最后，我还要特别感谢家人朋友一直以来默默无闻的支持和鼓励！

是为序。

余淼杰

2018年5月于朗润园

目录
CONTENTS

导　论

"十三五"中国对外贸易发展新图景　　003
对外改革，对内开放，促产业升级　　010
特朗普贸易战对中美经济的影响：一个定量研究　　018

时评策论

中美贸易失衡新解　　043
TPP：美国的独角戏？　　046
TPP，"贸"似如此　　051
特朗普时代，中美贸易摩擦会是常态　　056
别了，TPP　　062
来吧，相约RCEP　　066
中国与WTO的两个"15年"　　070
特朗普就职与渐行渐远的"美国梦"　　074
特朗普新政"十日谈"　　078
特朗普的"百日维新"胜算几何？　　082
中美潜在贸易战对中美经济的影响　　086
"逆全球化"危机下如何力促中国经济增长　　092
G20汉堡峰会：在不确定的世界中寻求最大共识　　105

内容	页码
"301条款"解决不了中美贸易失衡	108
"301调查"这着棋美方未下先输	111
"301调查":过时的贸易保护主义大棒	114
备战促和,沉着应对	119
博鳌讲话中看开放的善意	126
扩大开放,彰显中国推进全球化的诚意	129

对话访谈

内容	页码
中美贸易战取决于美方,政府还须未雨绸缪	137
中国有三招可以对付美国"301调查"	142
再谈"对外改革,对内开放"	148
中美贸易战:美国将是最大的输家?	153
中美贸易战,特朗普不会赢	158
美国这行业叫苦连天:特朗普关税政策"史上最糟"	164
中美贸易摩擦升温,东盟是喜还是忧?	167
美延长清单公示时间,学者称或现回旋余地	171
中美贸易战:从一触即发到重回谈判桌	173
特朗普打"贸易战"助中国崛起?外媒的逻辑不可信	178
听北大三位经济学家论剑:中国为何反击?	180
中对美展开"对等报复",拟对大豆、飞机等加征关税	189
中美互相"亮剑",仍处于"备战促和"中	192
反制美国,服务贸易是火力点	196
中美服务贸逆差增长迅速,需更全面看待贸易不平衡问题	203
美挥舞"大棒"终将伤及自身	208
中国强硬回应美考虑加码对华制裁:不惜代价奉陪到底	211
中美贸易战,别忘了中国还有这几张王牌	214
中国反制美欧日发起的钢铁围剿	217
面对中美贸易摩擦人民币汇率怎么走?	223

目 录

中国扩大金融等领域开放影响几何? 225
专家解读博鳌中国四大开放举措 232
海南自贸区畅想:以第三产业为支柱国内首例自贸港有望落地 239
扩大开放惠及中国惠及世界 241
贸易摩擦并不代表中美经贸关系出现转折 245

导论

"十三五"中国对外贸易发展新图景

2011—2015年是我国对外贸易发展极不平凡的五年。一方面，国际经济环境错综复杂。金融危机重创以美国为首的西方诸国，使其经济发展一蹶不振，进口需求骤减并持续疲软。新兴经济体在世界经济发展中的地位逐步提升，美国试图通过构建跨太平洋伙伴关系协定（TPP）控制亚太地区经贸秩序。遗憾的是，我国并未获邀加入TPP谈判。另一方面，国内改革发展任务艰巨繁重。要素扭曲、地方政府债务飙升、全社会杠杆率偏高、产业结构不合理等一系列问题进一步凸显。

面对错综复杂的国内外形势，我国政府积极应对国际和国内经济发展的一系列问题，并取得了显著成效——基本上超额完成了"十二五"规划目标。根据世界银行统计，"十二五"期间，我国经济依旧保持着年均7%以上的中高速增长水平，远高于世界同期平均水平（3.28%）。

经济总量持续增加至10万亿美元（美元现价），并稳居世界第二。人均国内生产总值（GDP）增加至7 924美元，稳居中等偏上收入国家行列。经济结构调整取得初步进展，第三产业附加值占GDP比重超过50%。对外开放不断深入。"十二五"期间我国积极参加多边自贸区建设，并在国内自主开放多个地方性自贸区试点。

"十三五"期间国内外发展环境将更加复杂，国内提质增效、转型升级的改革要求将更加迫切。因而我国"十三五"规划将发展的重点锁定在"优化结构、增强动力、化解矛盾、补齐短板"上。这不仅是"十三五"期间我国总体经济发展的指导方向，也是我国外贸发展的主要方向。"十三五"期间我国外贸发展战略将以"创新"为核心，并着力从"对内改革"和"对外开放"两个角度，"产业结构调整""生产率和质量提升"

"对外贸易"和"对外投资"四个方向继续深化经济结构改革,发掘经济增长新动力。

以创新为基点

"十三五"规划的发展战略以创新为基点,而创新驱动发展战略的核心则在于科技创新,并力图将科技创新与"大众创业、万众创新"进行有机结合。首先,这里所倡导的"科技创新"和"万众创新"既包括生产工序上的创新,也包括产品创新。如何创新是我国"十三五"规划的重要问题。"十三五"规划表明未来我国将主要从对内改革、对外开放及宏观政策支持三个方面提升国内的创新能力。

首先,以对内改革提升创新能力。对内改革旨在调整产业结构,优化资源配置,提升企业生产效率,促进产品质量提升。产业环境的改进、产业结构的调整和企业能力的提升为企业进行创新提供了良好的基础,有利于企业的研发行为。

其次,以对外开放增加创新收益。随着贸易自由化和"一带一路"倡议的提出,我国的贸易市场和对外直接投资规模逐步扩大。潜在市场规模的扩大有利于缩小企业进行研发的单位产出成本,进而鼓励企业的创新行为。

最后,以政策支持促进创新。当前,我国出台了一系列有利于"万众创新"和"科研创新"的政策。2015年国务院颁布了《推进简政放权放管结合转变政府职能工作方案》,力求为推动企业创新扫清障碍。同时,政府在反腐倡廉工作中取得诸多成效,为鼓励"万众创新"建立了良好环境。与此同时,高校和研究院所等科研机构的创新工作有序推进,一系列拥有国际影响力的学术成果和接近世界领先水平的科技发明陆续面世。

对内改革和对外开放

我国"十三五"创新驱动发展战略将从对内改革和对外开放两个角

度展开。对内改革行业资源配置方式,旨在将资源从产能过剩行业向新兴和高附加值行业转移,从一些低效的国有企业、"僵尸企业"向活力更高、盈利能力更强的中小企业转移,进而提高企业的生产率和产品质量水平,促进产业转型升级和经济提质增效。对外开放则是进一步增加对外贸易和对外投资的程度,加强同新兴经济体国家的产业融合程度,促进我国对外直接投资,将一些不具备成本优势的劳动密集型产业向非洲和东南亚等地区转移,帮助我国逐步从劳动密集型产品工厂向中高技术、资本密集型制造基地转移。

以下将从"产业结构调整""生产率和质量提升""区域性自贸区建设"和"对外直接投资"四个方面详解"十三五"期间我国对外贸易发展战略。

产业结构调整

2016—2020年,我国对内改革的重点在于产业结构调整,主要包括劳动和资本密集型行业、制造业和服务业、加工和一般贸易三个方面。

首先,劳动密集型行业将逐步缩小,资本密集型行业比重将提升。长达30年的高速增长,一方面,导致我国的劳动力成本逐步上升,使得我国原本占比较优势的劳动密集型产业面临转型压力;另一方面则为我国经济持续发展积累了大量的资本,使得我国在一些资本密集行业上的比较优势逐步显现。一些企业开始逐步将劳动密集型工序外包给非洲和东南亚等工资水平相对较低的国家。2014年,我国对非洲和东盟四国(柬埔寨、老挝、缅甸和越南)直接投资存量达366.5亿美元。

国内企业在资本密集型行业的生产优势逐渐增加。一方面,低端劳动密集型产业的外包行为使得部分劳动力得以流转到资本密集型行业。劳动投入的增加提高了这些行业资本的边际产出,而这又将吸引更多的资本流入到资本密集型行业。另一方面,我国在经济腾飞期间积累了大量的资本,在资本禀赋上的比较优势增加,促使我国从劳动密集型向资本密集型产品出口转变。

其次,制造业逐步升级,服务业比重持续上升。制造业并没有消失,而是逐步升级。2015—2016年,我国制造业采购经理人指数长期在50

附近徘徊，部分时期甚至低于 50（50 以下表示恶化）。不少人开始担心我国将丧失世界工厂的地位。事实上，我国的制造业正处在调整阵痛期，并非彻底消失。在这个过程中，低效、落后的企业将逐步被淘汰，资源逐步向高效高质的企业转移。同时，制造业企业生产率两极分化现象也将增强。一方面依靠政府补贴存活的"僵尸企业"短期内仍然存在，另一方面诸如华为等一批具备国际影响力和创新能力的企业将迅速崛起，并在国际竞争中逐步胜出。

服务业比重持续上升，并在吸收就业上发挥重要作用。无论是在整体经济发展中，还是在对外贸易中，服务业的影响力都在逐步提升。随着居民收入水平的提高，我国逐渐成长为举足轻重的国际消费市场，对各项服务——"海淘""全球购""境外游"等的需求也迅速膨胀。

最后，加工贸易比重下降，一般贸易重要性提升。加工贸易将会逐步退出历史舞台。早期，加工贸易有效缓解国内幼稚产业受外国企业的冲击，有效吸收我国的剩余劳动力，为我国积累了大量的人力资本，并带来了先进的生产技术和现代化的管理模式。但随着时间的推移，加工贸易的弊端——人均工业增加值、资本劳动比及生产率较低，生产波动性更大等问题逐渐显露出来，并制约着我国对外贸易的转型升级。

外贸环境的变化也促使了我国一般贸易企业重要性提升。一方面，我国加入世界贸易组织（WTO）后，出口企业面临的贸易不确定性下降，缩小了加工和一般贸易企业的关税待遇差异。另一方面，加工贸易的兴起是我国低生产率企业融入国际分工的结果。而如今我国出口企业的全要素生产率逐步提高，促使了其从国际代工向自主出口的转变，以及在全球价值链位置的攀升。

生产率和质量提升

我国"十三五"创新发展战略的另一个重点是着力提高企业的生产效率和产品质量水平。随着我国进一步开放和逐步融入全球产品供应链，无论是国内企业还是出口企业面临的竞争都更为激烈。这一方面淘汰低效企业、促使国内企业的平均生产效率逐步提高；另一方面这使得我国出口产品的国内附加值不断攀升，出口产品质量也有望提升。

首先，企业生产率的提高是我国经济提质增效的关键。

随着贸易壁垒的减少和国际分工的加快，一国的企业不仅面临本国竞争对手的竞争，还将面临国外企业的激烈竞争。生产效率是关系一个企业能否屹立于国际市场的核心因素。要实现企业的生产效率的提高，首先，要继续扩大开放规模，引入竞争。其次，企业研发创新是促进其全要素生产率的重要来源。无论是智能手机帝国苹果、搜索引擎老大谷歌，还是智能电动车新贵特斯拉，无一不是靠持续不断的创新才得以稳居行业领先地位。

其次，从低附加值企业向高附加值企业转变。

从来料加工向进料加工转变。加工贸易占我国外贸比重超过 1/3，包括来料加工和进料加工。来料加工指我国企业从外国合作厂商进口原材料经过组装加工后再出口给原厂商的过程。而进料加工企业的进出口合作商则可以有所不同。通常来说，来料加工的附加值低，而进料加工的国内附加值相对较高。目前，我国来料加工贸易的份额不断下降。

从加工贸易向一般贸易转变。尽管加工贸易在我国发展初期作用巨大，但其生产效率和附加值通常较低，不符合我国提质增效的经济发展方向。通常，一般贸易企业的国内附加值远高于加工贸易企业。因而，由加工贸易向一般贸易的转变将会促使我国出口的国内附加值提升。事实上，金融危机以来，我国出口的加工贸易比重持续下降，一般贸易重要性逐步提升。

最后，从低价竞争向高质量和高技术产品转变。

改革开放以来，我国产品主要依靠低廉价格在国际市场竞争中胜出。然而，近年来我国劳动力成本上升，在劳动密集型产品上的价格优势逐步降低，这迫使我国未来将从依靠低价竞争向依靠高质量和高技术产品上转变。事实上，加入 WTO 以来，我国贸易品质量情况逐步改善。2000—2011 年我国燃料和润滑剂行业的出口品质量显著提高，食品和饮料、工业供给品的出口质量也小幅提高。

区域性自贸区建设

过去 15 年中，我国的贸易自由化主要集中在融入世界性贸易组织，并通过与发达国家构建良好贸易往来，融入全球分工和促进经济发展方面。而近年来新兴经济体在全球经济增长中的贡献越来越突出。因而，未来5年我国对外开放的重点在于区域性自贸区及与发展中国家自贸区建设上。我国将逐步建立多个具有世界影响力的区域性自由贸易区，如中国—东盟自贸区、中日韩自贸区和"东盟＋中日韩"自贸区等。作为"东盟＋中日韩"自贸区的升级版——区域全面经济伙伴关系（RCEP）谈判也在陆续推进，并有望在下一个10年内达成。

RCEP具有巨大的区域和国际影响。在区域方面，RCEP谈判有助于消除成员国之间的贸易壁垒，促进成员国之间的贸易往来和产业整合。在国际影响方面，RCEP将成为构建亚太贸易新秩序的一股重要力量，并与TPP相抗衡。

对外直接投资

对外直接投资是我国"十三五"发展规划的重要突破点。其中，"一带一路"倡议将是我国"十三五"期间对外投资策略的核心内容。2013年，习近平主席在出访中亚和东南亚国家期间，先后提出共建"丝绸之路经济带"和"21世纪海上丝绸之路"（简称"一带一路"）的重大倡议。随后亚洲基础设施投资银行和丝路基金相继宣布成立，以支持和加强"一带一路"沿线国家之间的互联互通建设。

"一带一路"倡议连接43个亚洲国家和其他19个中东欧国家，具有巨大的经济规模效应。首先，"一带一路"具有重要的产业效应，能够实现我国与其他国家的经济双赢。其次，"一带一路"涉及铁路、公路、通信、发电等基础设施行业，以及投资银行和丝路基金等金融行业，能够有效扩大这些行业的出口市场规模。再次，"一带一路"从我国的西部、西南地区出发，有益于这些地区的发展和崛起。最后，"一带一路"提升了我国与沿线国家的政治、经济、文化联系，有助于冲销我国未加入TPP的负面影响。

在过去的30年中，我国通过渐进地改革开放，逐步从低收入国家成为中等偏上收入国家，紧密融入国际分工，并实现了工业行业内部和行业之间的产业链的逐步升级，最终成为世界制造业工厂。在过去的30年中，我国的对外贸易以不断深入的贸易自由化和产业整合为主要特征。2001年我国加入WTO，随后还主导并参与了多个双边、多边自贸区协定。在产业整合方面，我国充分发挥在劳动密集行业的比较优势，为海外企业代工劳动密集型部件，并学习和吸收了外国先进技术和管理机制。

然而"十三五"期间复杂多变的国内外形势，为我国持续高速发展造成了压力。我国企业面临着外部环境中的诸多挑战，但同时也享有在全球经济深度调整中树立自身影响力的重要机遇。对内改革和对外开放依然是我国抵御外部环境风险挑战，为国内经济争取长时间持续、平稳、健康发展的主要方略。通过在调整产业结构、提升企业生产效率和产品质量水平、参与区域性自由贸易区建设和扩大对外直接投资四个方面不断拓展对内改革和对外开放的深度和广度，我国有望在"十三五"期间实现经济从注重总量规模向更加注重效率和质量的转变。

所以说，对内改革和对外开放依然是我国抵御外部环境风险挑战，为国内经济争取长时间持续、平稳、健康发展的主要方略。

（本文载于《财经》杂志，2016年9月26日。合作者：崔晓敏）

对外改革，对内开放，促产业升级

未来中国经济要保证中高速发展，对外开放、对内改革是必须之路，但目前当务之急，应是逆其道而行，对外要改革，对内宜开放。双管齐下，促进产业升级。

中国经济在过去30年中一枝独秀，保持了世界瞩目的增长速度。21世纪以来年均增速保持在10%以上。根据国际货币基金组织（IMF）的统计数据，2015年，中国的GDP为10.98万亿美元，已经达到美国（17.95万亿美元）的60%。按购买力平价计算，中国在2014年超过美国成为世界第一大经济体，2015年中国经济总量更是比美国多出近1万亿美元。

从人均指标来看，2015年中国人均GDP达到了7 990美元，这一数字远高于世界银行定义的中等收入发展中国家线（3 946美元）——中国已经步入中等收入国家行列。

以工业制造业为代表的第二产业的迅速发展是中国经济持续增长的重要动力。第二产业规模在2013年达到25万亿元人民币，占到当年经济总量的44%。尽管最近几年金融业、现代服务业等第三产业的快速发展稀释了制造业在经济中的比重，但仍超过40%，制造业无疑是当今中国经济中举足轻重的一环。

然而，中国的制造业劳动需求密集、资源消耗大、出口产品价值低，"世界工厂"早已不堪资源承载能力和环境保持能力的重负，以往的经济模式难以为继。随着中国经济改革进入"深水区"，经济结构不断调整，中国制造业也要随之进行转型升级，由"中国制造"向"中国智造"转变，在这一过程中，产业价值链的提升起到至关重要的作用。

产品价值链提升为何重要

第二次世界大战后各国经济发展的历史经验表明，一个发展中国家只要市场环境稳定、国内政策得当，就能很轻松地从低收入国家晋升至中等收入国家行列，但想要再前进一步跨入高收入国家行列却十分困难：经济徘徊不前、人均收入增长放缓，甚至由于经济模式调整缓慢发生经济危机，这就是所谓的"中等收入陷阱"。

大多数国家，如亚洲的泰国、马来西亚，南美洲的阿根廷、巴西、墨西哥和非洲的南非，都掉进了这一"陷阱"。也有少数幸运儿避开了这一陷阱，成功由中等收入国家进入到高收入国家行列，如日本、匈牙利、新加坡、韩国和我国的香港地区。

为什么这些国家会掉进"中等收入陷阱"？目前通行的理论认为，发展中国家人口或自然资源丰富，它们如果能够按照本身的要素禀赋，发挥比较优势，生产并出口劳动力密集型或资源密集型产品，从低收入国家进入到中等收入国家，是相对比较容易的。然而随着经济增长，工资水平上涨，人口增长率降低，人口红利逐渐消失，同时自然资源并不能无限开采且要面临价格波动风险，劳动力密集型和资源密集型产品的比较优势便会减弱，经济增长后继无力。

在如何克服"中等收入陷阱"这一问题上，经济学家基本上达成了共识，即要不断提高企业生产率，促进企业绩效，不断提升产品价值链，实现具有比较优势的产业的升级。

哈佛大学经济学教授丹尼·罗德里克（Dani Rodrik）曾经构建了一个"出口复杂度"指标，一个国家出口产品复杂度越高意味着产品多样化程度越高，技术含量越高，提升产品价值链也就越容易。图1比较了中国同其他历史上陷入"中等收入陷阱"的国家（阿根廷、巴西、马来西亚、墨西哥和南非）及成功跳出陷阱的几个经济体（日本、中国香港地区、韩国、匈牙利和新加坡）的出口复杂度。

可以看到，跳出陷阱的国家出口复杂度要高于其他国家，而中国的出口复杂度恰好居于此两类经济体之间，而且在2000—2008年有较为显

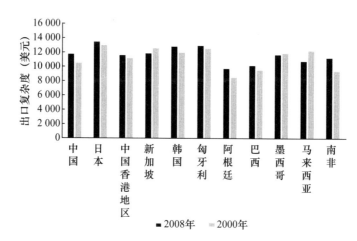

图 1　各经济体的出口复杂度比较

著的提高。这使得我们更加关心中国产品的价值链提升问题：中国产品价值链提升的原因是什么，以及如何持续提升价值链，使中国避开中等收入陷阱，进入高收入国家行列呢？

中国的产品价值链提升

东南亚金融危机后中国的工业制造业部门保持了高速发展使得产品价值链迅速提升，而且这一时期有大量的企业层面的数据为研究这一过程提供了充分的支撑。

研究出口产品种类变化最经典、最重要的经济学理论是由瑞典经济学家赫克歇尔（Hecksher）和他的学生、1977 年诺贝尔经济学奖获得者俄林（Ohlin）所提出的要素禀赋理论。该理论预测中国这样的劳动力资源丰富的国家会出口纺织品等劳动力密集型产品，而进口机械设备等资本密集型产品。然而现实情况是，中国在出口劳动力密集型产品的同时也在大量出口资本密集型产品，这一现象在 21 世纪变得更为明显。

不仅如此，中国同样还出口高新技术产品，这成为中国的产品价值链升级的重要特征。中国出口的高科技产品以计算机和通信产品为主，兼有电子产品、光电子产品和生物制品，总计占制造业出口总额的 30%，这一比例甚至高于美国。这与大家对中美科技水平的认识大相径庭。

加工贸易是解释这一现象的关键所在。加工贸易最初指企业从国外进口原材料和中间产品，利用国内的加工技术进行加工，然后向国外出口最终产品。我国针对加工的中间产品的关税免征、减征、增值税退税等优惠政策使得加工贸易成为中国出口企业中十分普遍、也是最为重要的模式。

从数据上来看，机械部门和非金属矿业部门出口的产品中大量使用了进口中间产品，这与我们的日常感受相同：机械制造行业大量的零部件都是从日本和韩国进口而来。由于存在加工贸易，中国出口的产品价值含量要远高于传统贸易，这成为中国出口产品价值链不断提升的重要原因。

那么为什么有一些行业的价值链提升要快于另一些行业？不同行业的出口产品附加值的差异来自各行业企业的生产率的差异。生产率指的是企业组织、劳动力、资本等要素生产产品的能力，体现了企业的技术水平。2008年诺贝尔经济学奖获得者保罗·克鲁格曼曾指出："生产率不是全部，但在长期中近乎一切！"这是因为高生产率的企业能够以较低的成本实现较高的利润，从而推动了整个行业利润率的上升，当企业利润增长后，就会有更多的资源投入到研究开发部门，不断积累知识和技术，最终实现产品升级换代和产品价值链的提升。

克鲁格曼把亚洲金融危机归咎于"四小龙"等国家和地区过于依赖资本要素的投入而轻视企业的研发能力和产品质量提升，生产率提升缓慢，因此经济缺少内在稳定性，危机抵御能力差。从中国的数据来看，改革开放以来各个产业的全要素生产率均得到了较大提高，生产率的年均增长率为2.7%。如采用产品附加值来计算，2000年以来中国工业企业的生产率的年增长率达到7.5%。生产率的持续提升成为出口产品的价值链提升的最直接原因。

中国产业升级面临的挑战

我们关心的是，2000年以来生产率快速提升的趋势能否持续下去。如果答案是肯定的，那么生产率快速提升将不断提升产品价值链，从而使得中国更有可能摆脱"中等收入陷阱",成功地步入高收入国家行列。

从中国经济的内部因素来看,2010年以来,中国沿海地区的企业工资成本大幅上升,并由此逐渐辐射到中部内陆省份。同时,中国人口老龄化现象逐渐明显,人口抚养比上升速度较快。这使得经济学家越来越担心中国"刘易斯拐点"的到来——曾经丰富的劳动力资源变得相对稀缺,劳动力工资迅速上升。目前中国的平均工资水平相较于欧美等发达国家还比较低,但同越南等东南亚国家比并无优势,工资成本的上涨势必会导致劳动力密集型行业向这些国家转移。中国的产品出口结构如不及时调整,那么未来的出口形势将不容乐观。

从中国经济的外部因素来看,受2008年以来国际金融危机的影响,中国的出口贸易形势发生了深刻的变化。首先,欧美日等传统的主要出口目的国经济增长乏力,外部需求萎靡不振;其次,长期的增速放缓将成为世界经济的"新常态",各国为保护本国的就业必将会设置更高的贸易壁垒,中国同发达国家、产品出口结构相似的发展中国家间的贸易摩擦不断增多;再次,美国高调力推TPP,旨在建成高水准的自由贸易区,实现区内农业、制造业、服务业等所有商品零关税,这将使中国同类产品在出口中处于不利地位,中国对美国的出口会受到巨大的负面冲击。

对外改革,对内开放

要保证中国能进一步顺利地实现产业升级,作者认为应当在接下来的10年中对改革开放30年以来的政策方向进行调整,赋予改革开放的国策新的内涵,重点方向是:"对外改革,对内开放"。

对外改革并非是停止开放,而是强调改革对外开放的方式和内容,以适应不断变化的国际经济格局。

对外改革的首要任务是转变主要出口目的国。欧美市场一直是中国贸易的主要伙伴,消化了中国出口产品的大部分。过度依赖主要的贸易伙伴可能带来系统性风险,这些经济体不景气时,大幅度减少进口中国产品,将导致中国出口行业波动加剧,"一荣俱荣、一损俱损"。

改革的方向应当是将新兴工业化国家和市场潜力巨大的发展中国家

作为出口目的国，如俄罗斯、巴西、印度、澳大利亚、南非等。俄罗斯于2011年正式加入WTO后放开了一系列的产品市场，进口关税也大幅度下降，这给中国产品进入俄罗斯市场提供了绝佳的机会。

而"丝绸之路经济带"和"海上丝绸之路"对沿线各国基础设施建设和贸易关系的深化亦可以有效地发展潜在的贸易伙伴，新技术的崛起使"跨境电子商务"也得到了长足发展。通过发展新的贸易伙伴、提高发展中国家在中国对外贸易中的贡献，可以有效地分散世界经济的系统性风险，减少中国出口部门的波动，为出口行业提供更为有利的发展条件，使其能够持续提升生产率，促进其研发，推动可持续的产业升级。

对外改革的第二项任务是加强自由贸易区建设。目前东盟自由贸易区已有一定制度基础，应当加强国际合作，加快建设中国—东盟自贸区。当前，东盟国家对中国出口比较容易，而中国对东盟国家的出口增速缓慢，原因在于东盟并没有对中国产品实行零关税，而中国对东盟93%—97%的产品都实行了零关税。双方制度化建设的不对等使得中国当前从自贸区中的获益还不是很大。

除此之外，中日韩三国是一衣带水的邻邦，都是世界经济中的重要力量，大力推进"中日韩自贸区"建设对三国经济发展都具有十分重要的意义。日本、韩国一直是中国最重要的中间品进口国和最重要的出口目的国，建设"中日韩自贸区"对促进中国的外贸发展起着举足轻重的作用。积极发展同"一带一路"沿线国家的贸易区建设，积极利用这些国家丰富的自然资源和广阔的产品市场发展我国对外贸易。当前世界经济形势不确定性仍然很大，中国同主要贸易伙伴的合作意愿增强，推进自贸区建设正当其时。

对外改革的第三项任务是调整加工贸易方式，提升出口产品价值。首先要减少来料加工比例，增加进料加工比重。中国的加工贸易促进了就业，但问题是最终出口品附加值太低，产业发展踌躇不前。促进加工贸易企业的转型升级不应成为一句空话，而加工贸易转型升级是提高出口品附加值的唯一方法。增加研发投入是提高出口品附加值的重要环节。

经济学上的研发可以分为两类，一种是对传统工序的优化和创新，即"工艺创新";另一种则是生产全新的产品,亦即"产品创新"。工艺创新投入较小,时效性强且技术门槛低,可以直接地、有效地降低成本,增加企业利润,应该作为当前的重点方向。在产品创新方面,坚持发展高精尖技术产品的同时也要认识到中国科技水平同发达国家仍然存在差距,对现有成熟技术的改造、再吸收战略更加符合中国的比较优势,对高铁技术的引进就是最好的实例。

同样,对内开放不是说要止步改革,而是说改革应当更加关注开放国内各市场。通过开放产品和要素市场,充分发挥市场的积极作用,释放经济发展潜力,实现产业升级。

对内开放的首要任务是减少国内各地区间贸易壁垒,降低地区贸易成本。中国幅员辽阔,各地区发展程度差异还很大。如果能够发挥各地区的比较优势,实现"腾笼换鸟"的产业政策,将为中国经济内生性增长提供强大的动力。然而目前部分中西部地区政府仍然思想僵化,缺少全局观,巧立名目地设置各种显性和隐性的地区壁垒,致使地方保护主义盛行,地区间贸易成本甚至要高于对外贸易,严重制约了各地区的协同发展,也阻碍了各地区的产业升级。

对内开放的第二项任务是逐步开放要素市场。要素市场的有效运行是经济发展的基础性环节,直接影响着生产的效率。相较产品市场而言,中国要素市场的准入门槛还很高,行政指令色彩比较浓重,资源配置十分低效。本届政府十分重视改革,多次强调要让市场在资源配置中发挥决定性作用。具体到要素市场,就是要逐步降低能源、电力、金融等行业的进入门槛,打破"玻璃门",让民营资本发挥更重要的作用,加强竞争、提升效率。

同时,劳动力作为中国最重要的生产要素,放开二胎政策能有效应对老龄化渐现、人口红利耗散的现实问题,其积极作用将会逐渐凸显,下一步便是改革户籍制度,实现劳动力要素的自由流动,实现最优就业结构。这两项政策,对于劳动力密集行业具有比较优势的中国有极为重要的意义。

对内开放的第三项任务是进一步开放产品市场。中国的产品市场上已经基本实现了市场化定价，行政指令的成分已经很小。但是生产企业的税负还是很重，行政事业性收费项目多且乱，这使得产品价格畸高，而且压缩了企业的利润空间，不利于企业的长期发展。为了维持企业活力，实现产业的不断升级，需要减轻企业负担，持续地进行结构性减税、减少行政收费项目，推进"营改增"为代表的税制改革，不断减轻企业的负担，减少重复征税、双重价格扭曲的低效率。

（本文载于《财经》杂志，2016年11月7日。合作者：王宾骆）

特朗普贸易战对中美经济的影响：
一个定量研究

引言

美国新任总统特朗普会不会向中国和美国的其他主要贸易伙伴扣下贸易战的扳机？保护主义不仅仅是特朗普在总统竞选时的竞选口号，也同样可能成为国际贸易体系和国际经济秩序的重要威胁。特朗普在就职演说中提出"美国第一"，呼吁企业"买美国货""雇美国人"；就任后，特朗普立即实施其竞选纲领，与邻国和其他主要贸易伙伴重新谈判贸易条约。特朗普已经正式宣布美国退出TPP——一项跨越太平洋、囊括3大洲12国的贸易协定，在前任总统奥巴马的推动下，这项协定的谈判耗时10年。特朗普同时签署了总统令，要求在美墨边境建立隔离墙，并且以高关税强迫墨西哥政府为此支付费用。同时，他还要求团队重新就美国、加拿大、墨西哥三国之间的北美自贸区协定（NAFTA）进行谈判。这些措施已经完全消除了之前对于他能否落实竞选口号的质疑。近期的20国集团（G20）央行和财长会议上，全球的金融财政领导放弃了一直秉承的"维持开放的自由贸易"这一口号，默许了美国逐渐抬头的贸易保护主义。

中国是特朗普竞选和执政以来主要的贸易战目标。2016年6月28日在宾夕法尼亚州的演讲上，特朗普指责中国加入WTO是美国制造业工人的一个灾难。2016年1月与《纽约时报》的会谈中，他同时建议美国对中国产品征收45%的进口关税。特朗普在推特（Twitter）上指责中国是

"汇率操纵的最大赢家"。因此，我们应当考虑并评估特朗普向中国和世界发动贸易战的可能风险。

我们评估了如果特朗普对中国或世界征收45%的关税，将对62个主要经济体的出口、进口、产出、就业、实际工资产生何种影响。我们分析了中国或世界是否采取反制措施的四种情况下，美国对农产品、矿产品、制造业产品提高45%商品关税造成的影响。第一种情况下，美国对中国征收45%的进口关税；第二种情况下，美国对全世界各国征收45%的进口关税；第三种和第四种情况下，美国分别对中国或世界征收45%的关税，但是受到中国或世界相同程度的关税报复。为了简洁起见，我们将四种情况定义为"针对中国""针对世界""中美对抗"和"全球对抗"。

结果显示任何一种情况下，美国贸易战都会对全球贸易造成灾难性影响。在针对中国的情况下，中国对美国出口减少69%，18个可贸易部门中一半行业的出口会减少90%，包括纺织业、金属制品、电脑、电子设备等。在中美对抗的情况下，中国对美国出口下降70%，美国对中国出口下降51%。进一步，中国从美国9个行业的进口会下降90%，包括农产品、采矿业、石油产品、电脑、电子设备等。如果美国对世界征收关税，其他国家对美国征收报复性关税，即全球对抗，全球进口会下降9%。在所有情况下，美国进口都会大量减少，并且一旦其他国家征收报复性关税，结果将更加具有灾难性。

贸易战不仅仅对国际贸易造成重创，同样会对国内产出和社会福利造成负面影响。在针对中国的情况下，中国的纺织业产出和电脑业产出会分别下降6.5%和15%；在全球对抗的情况下，美国的农产品和机械设备产品出口会分别下降9%和10%。我们的研究用真实工资的变化来反映社会福利的变化，因为真实工资考虑到由于进口价格调整引起的国内价格变化这一因素。在任意一种情况下，美国都会是最大的受损国，中国相对损失较小。在上述四种情况下，美国的社会福利分别下降0.7%、1.7%、0.8%和2.2%，而中国的最大损失出现在针对世界这一情况下，约下降0.16%。一些亚洲国家由于贸易差异化可以从中获益，一些发达国家由于投入—产出关系外溢效应和一般均衡效应，会在贸易战中受到牵连。

一般来讲，特朗普贸易战对产出和社会福利的影响在数量上不可与出口损失同日而语。然而，我们对社会福利的估计相对保守，并且很有可能低估了贸易战对国内产出和社会福利的影响。我们模型的核心假设是所有经济体都能无摩擦地运行，唯一的摩擦是贸易摩擦。比如国内的劳动力市场是完全自由流动的，因此可贸易部门和不可贸易部门之间资源再分配效应、进口替代效应可以在一定程度上对冲美国采取的单一进口关税影响。进一步，投入—产出关系同样缓和了美国贸易战的负面影响。尽管如此，事实上这些调整都不会顺利进行，因此贸易战对全球经济的影响会被放大。更重要的是，贸易战可能触发全球金融市场海啸。

中美贸易关系的概览

双边贸易关系

自中华人民共和国成立以来，美国保持了与中国台湾地区的"外交"关系。冷战时期中美两国的经济往来十分低迷。意识形态对抗和国家安全是两国关系的主旋律，这严重阻碍了双边贸易的发展。

随着20世纪60年代中苏边境问题恶化和越南战争的结束，中美逐渐认识到双边关系正常化可以带来的潜在益处。1971年6月，尼克松总统取消了对中国的贸易壁垒，并且于1972年成功访华，开启了两国关系的新篇章。

中国改革开放以来，美国于1980年给予中国"最惠国"待遇关税，从而结束了《斯穆特—哈维关税法案》（Smoot-Hawley Tariff Act）对中国的高额关税历史。所谓最惠国待遇，是一国给予另一国的优惠关税或高进口配额优惠。1986年，美国迅速成为中国的第二大进口国和第三大贸易伙伴。尽管中国获得最惠国待遇，但是中美经贸关系仍然受到法律与政治因素的干扰。特别是1974年杰克逊—瓦尼克（Jackson-Vanik）修正案禁止向共产主义国家实施优惠关税。该项修正案被美国总统废止，然而最惠国待遇却需要每年经过美国国会讨论审议。

1990年，中国开始实施加入WTO战略，美国对于中国进一步开放贸易和投资表示高度兴趣。因此，1999年美国政府彻底废止杰克逊—瓦尼克修正案，国会一年一度对中国的最惠国待遇审查从此成为历史，中国得到美国政府的永久性正常贸易伙伴关系，为中国2001年加入WTO奠定了基础。

中国加入WTO开启了中美经贸关系的蜜月期，双边贸易额迅速增长，并成为相互之间最重要的贸易伙伴。尽管如此，这并不意味着两国没有任何贸易摩擦。中国巨大的贸易顺差和固定汇率制度受到美国政府的多次指责。美国经常指责中国低价向其倾销纺织品、钢铁及其他制造业产品。在布什总统和奥巴马总统任期内，美国政府向中国纺织业和其他低端制造业产品实施严格的配额和高额的关税，以此保护美国本国产业。然而，这些贸易摩擦并不能改变两国贸易自由化的趋势，直到美国新任总统特朗普于2017年入主白宫，公开宣称支持贸易保护主义为止。

双边贸易流和贸易失衡

我们从三个方面分析了中美贸易关系：双边贸易流和贸易失衡、双边贸易结构和关键产业的贸易争端、当前的贸易争端。

中美贸易额在过去30年飞速增长，特别是2001年中国加入WTO之后，双边贸易增速更加迅猛。双边贸易额从2001年年底的980亿美元快速增长到2016年的5 240亿美元（见图1），年均增速14%。事实上，中美已经成为彼此最重要的贸易伙伴。

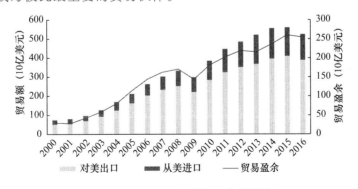

图1 2000—2016年中美双边贸易情况

2008以来，双边贸易额增速开始下降，一定程度上是由于国际金融危机造成国外整体需求低迷。2016年中美贸易额下降6.4%，是2009年金融危机以来首次负增长。2016年中国向美国出口下降5.1%，进口下降9.8%（见表1）。

表1 2000—2016年中美贸易量和增长率情况

年份	贸易流量（10亿美元）		增长率（%）	
	对美出口	从美进口	对美出口	从美进口
2000	52	22		
2001	54	26	4.2	17.2
2002	70	27	28.8	3.9
2003	93	34	32.2	24.4
2004	125	45	35.1	31.8
2005	163	49	30.4	9.1
2006	204	59	24.9	21.5
2007	233	70	14.4	18.0
2008	252	81	8.4	16.7
2009	221	77	-12.5	-5.0
2010	283	102	28.3	31.8
2011	325	122	14.5	19.7
2012	352	133	8.5	8.8
2013	368	153	4.7	14.8
2014	396	159	7.5	4.3
2015	410	150	3.5	-5.9
2016	389	135	-5.1	-9.8

除了双边快速增长的贸易额，中美之间的贸易盈余也不断增长。2016年中国对美国贸易顺差达到2540亿美元，而这一数字在2000年只有300亿美元。严重的贸易失衡一直是中美贸易关系中的争议点。尽管如此，随着近年来双边贸易额增速下降，中国对美国贸易盈余也逐渐降温。2016年贸易顺差下降2.4%至2540亿美元，反映双边贸易逐渐趋于均衡的趋势（见图2）。

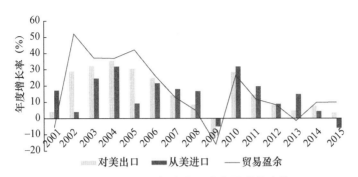

图 2 2001—2015 年中美双边贸易增长率情况

双边贸易结构与贸易争端

机械和电子产品是中国对美出口的最主要产品，2016 年约有 1 730 亿美元出口，占中国对美国出口总量的 44%。纺织品是第二大出口产品，2016 年约有 420 亿美元出口，占中国对美国出口总量的 11%。这反映了劳动力密集型轻工业是中国对美国贸易的比较优势。尽管如此，这些传统优势行业的出口近年遇冷，2016 年机械和电子产品出口下降 4%，纺织业产品下降 5%。两个行业在 2016 年的出口量与 2013 年持平。

从中国进口产品来看，机械和电子产品同样是最主要的进口产品，2016 年进口额约 313 亿美元（见表 2），占中国从美国进口总额的 23%。① 这反映行业内贸易和国际贸易价值链在两国的分布情况，因此这两个行业也最容易受到贸易战影响。

表 2 1993—2016 年部分行业中美双边贸易流

单位：10 亿美元

年份	钢铁		纺织业		机械和电子设备	
	对美出口	从美进口	对美出口	从美进口	对美出口	从美进口
1993			3.3	0.2	2.9	3.8
1994			3.2	0.9	4.6	4.5
1995			3.2	1.4	5.5	5.1

---

① 机械和电子产品近年来进口额比重也有所下降，从 2013 年占总进口量的 38.3% 下降到目前的 23%。

（续表）

年份	钢铁		纺织业		机械和电子设备	
	对美出口	从美进口	对美出口	从美进口	对美出口	从美进口
1996			3.2	1.1	6.5	5.6
1997			3.6	1.0	8.3	5.4
1998			3.8	0.4	10.5	6.5
1999			4.0	0.2	12.5	8.0
2000			4.6	0.3	16.4	9.2
2001			4.6	0.3	18.0	11.4
2002			5.4	0.4	26.2	11.2
2003			7.2	1.1	39.4	11.4
2004			9.1	2.3	56.7	15.5
2005			16.7	2.1	72.8	16.8
2006			19.9	3.0	92.6	21.4
2007			22.9	2.4	107.9	23.7
2008	6.92	1.22	23.3	2.6	113.5	26.2
2009	1.51	0.90	24.6	1.7	104.7	22.3
2010	1.63	0.63	31.5	3.1	132.9	28.7
2011	2.58	0.65	35.1	4.2	150.0	29.5
2012	2.88	0.57	36.2	5.0	163.4	29.0
2013	2.75	0.58	39.0	3.8	169.3	38.3
2014	4.02	0.69	41.9	2.5	182.9	38.3
2015	2.85	0.58	44.8	2.0	179.9	35.7
2016	1.71	0.45	42.4	1.3	172.9	31.3

中美贸易的一个经常性争议行业是钢铁行业（见图3）。美国政府批评中国政府支持国内钢铁和铝制品行业，向全球倾销1亿吨钢铁，扭曲全球市场结构。2011—2015年期间，美国对中国企业进行了29起反倾销调查和25起反补贴调查，包括针对钢铁行业的11起反倾销和10起反补贴调查。美国对中国钢铁产品的反倾销反映出反倾销关税所引起的政策不确定性对双边贸易对特定产品的重大影响。

当前的贸易争端

过去20年特别是中国加入WTO后，中美两国都意识到贸易自由化和双边市场的扩大带来的巨大好处。尽管如此，特朗普就任以来，贸易争端还是在以下几个方面愈发激烈。

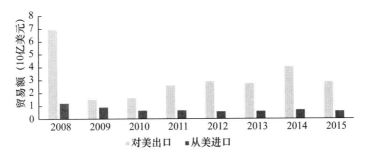

图3 2008—2015年中美钢铁进出口情况

第一，美国政府指责中国加入WTO造成了美国GDP增速下滑、国内失业率上升和制造业岗位流失。同时美国指责多边贸易框架（如WTO条约）应当向自由市场规则倾斜，并且监管系统应当加强透明和法制。

第二，美国指责中国对国内企业（特别是国有企业）的优惠政策，认为这给外国公司提供了不平等待遇。这些政策包括：国家扶植战略对国有企业的优惠政策；政府采购过程明显倾向国内企业，如信息通信领域的安全和可控原则；"中国制造2025"所规划的科技国家主义。

作为回应，中国政府反对"安全和可控原则"对外国公司造成了限制，并援引WTO科技壁垒进行辩护。同时，中国政府表示，"中国制造2025"规划将强化市场秩序，为中国企业和外国企业提供更加公平的竞争环境。

第三，美国指责中国对美国出口企业施加贸易壁垒，如配额和许可，从而以牺牲国外企业的方式惠及中国下游制造业企业。同时，美国指责中国反垄断调查也不利于外国公司。

第四，近些年来知识产权成为中美之间另一大热点。美国抱怨其企业被要求以国家安全为由提供技术转让。同时，美国指责中国政府在保护贸易信息方面进展不利。2017年8月14日，美国总统特朗普签署备忘录，指示美国贸易代表决定是否展开对所谓"中国贸易行为"的调查，重点针对中国涉嫌违反美国知识产权和强制美国企业进行技术转让的指控。

第五，美国要求中国更多的进口来减少美国对中国的贸易逆差。

2017年11月9日，在北京举行的中美企业家对话会上，两国企业达成了金额达2535亿美元的经贸合作，签署15项协议、谅解备忘录和采购协议，涉及能源、航空、农业、汽车等多个领域，刷新了世界经贸合作史上的新纪录。

第六，美国对中国等钢铁产品出口大国，实施所谓威胁国家安全的调查。2018年1月11日，美国商务部完成针对特定钢铁产品是否对美国国家安全构成威胁的"232条款"调查。

第七，中美贸易战在2018年3月23日正式打响，中美纷纷开出了拟征税清单。3月23日，美国根据"301调查"结果，认定中国在美国知识产权和商业秘密方面存在盗窃行为，拟对中国税额约600亿美元的货物征收高达25%的进口关税。3月23日，作为回击，中方发布针对美国进口钢铁和铝产品"232措施"的中止减让产品清单。4月2日，中方决定对约30亿美元128项的美国进口农产品加征15%或25%的关税。4月4日，美方宣布拟对原产于中国的约1300个税号的进口商品加征25%的关税，涉及500亿美元中国对美出口。当天，中方宣布将对原产于美国的大豆等农产品、汽车、化工品、飞机等约500亿美元进口商品对等采取加征关税措施，税率为25%。4月6日，美国总统特朗普要求美国贸易代表办公室考虑额外对1000亿美元中国进口商品加征关税；当天，中国商务部、外交部相继发声："中方将奉陪到底，不惜付出任何代价，必定予以坚决回击，坚决捍卫国家和人民的利益。"

贸易战对产出和贸易的影响

中美双边贸易概述

在我们讨论关税对产出和贸易流的影响之前，我们简要回顾一下中美各部门之间的可贸易性。表3描述了中美18个可贸易部门的双边贸易流。特别地，该表报告了双边进口（出口）占总进口（出口）的比重。第二列报告了美国从中国进口产品占该产品总进口比重。其中电脑和纺织品，是美国从中国进口最多的两类产品，比重都超过45%。第三列报告了中国向美国出口产品占该产品总出口的比重。中国向美国出口大量电脑、木制品、塑料、纸制品、纺织品，超过23％的这些中国产品最终出口到美国。第四列显示出中国从美国的进口品主要集中在纸制品、其他交通工具（如飞机）及农产品等领域。第五列显示出美国出口的农产品有约18％流入中国市场。美国从中国密集进口电脑、纺织品及电子产品，而中国则从美国密集进口纸制品、其他交通工具（如飞机）及农产品。

表3　2011年中美双边贸易流

单位：％

行业	美国从中国进口产品占该产品总进口比重	中国向美国出口产品占该产品总出口比重	中国从美国进口产品占该产品总进口比重	美国向中国出口产品占该产品总出口比重
农产品	2.339	6.239	21.930	18.068
采矿	0.129	4.498	0.707	6.128
食品	7.627	15.169	13.615	7.686
纺织品	45.607	23.886	6.209	8.401
木制品	27.849	26.902	13.077	16.451
纸制品	14.479	24.581	43.912	15.695
石油	1.672	6.069	6.202	2.081
化工	7.772	12.934	11.168	9.589
塑料	25.876	25.816	6.769	6.645
矿产品	31.789	16.574	13.201	11.601
基础金属	3.528	4.840	3.575	9.961
金属制品	28.235	19.918	11.012	5.251
机械	20.666	20.393	8.856	8.184
电脑	47.063	29.036	5.883	16.523
电子产品	31.176	21.606	6.022	11.608
汽车	5.426	23.469	8.165	5.730
其他交通工具	7.437	4.265	27.825	5.184
其他	30.202	24.833	15.554	2.760

表4分析了两国进口和出口占总产出的比重，以及产出占世界产出的比重。第二列显示，美国密集进口纺织品、电脑、电子产品，进口占总产出的比重超过68.9％。这些产品主要从中国出口。特别地，纺织品进口量是美国本国产量的1.4倍。第三列显示了美国的显性比较优势在

其他交通工具、机械、电脑上,其中1/3的产品用于出口。需要说明的是,美国生产的纸制品、石油、和其他交通工具占世界产出比超过20%,而中国的贸易结构则与之大相径庭:首先,中国进口和出口集中在电脑上(分别占本国产出的33.549%和47.917%)。这可能是全球价值链和加工贸易的原因。其次,中国大量进口矿产品(占进口的20.834%)。最后,中国在几乎所有部门的生产量都超过美国,除了美国所具有比较优势的纸制品、石油和其他交通工具行业。根据表3和表4,我们可以得到关于2011年中美生产和贸易的一些结论:首先,两国共生产世界可贸易部门产品的约40%,并且专注于不同部门的生产。其次,两国的总贸易量超过世界贸易量的20%。最后,纺织品、电脑、电子产品、其他运输工具的贸易是理解中美双边贸易的关键。

贸易战情况一:针对中国

首先,我们讨论如果特朗普对中国实行单边的45%贸易关税将如何影响产出和贸易。表5报告了产出(劳动力)和双边贸易的变化。随着关税的大幅增加,美国的进口减少而产出增加。电脑、纺织品、电子产品的生产显著增加,而在征收关税以前,美国在这几个行业大量依赖进口(主要来自中国)。尽管美国产出增加,全行业的进口反而下降,除了基础金属和其他交通工具,特别是石油、纺织品、木制品、和电脑的进口量下降最为显著。

另一方面,中国总产出在11个部门会下降,因为中国失去了大量的美国市场。尽管如此,关税对总产出的影响并不大,大约减少不到5%。例外的两个行业分别是纺织业和计算机业,产量分别下降6.515%和14.669%。这些特定行业的大幅度减产与这些行业在美国的大幅度扩张相一致。我们之后关注双边贸易量而不是总贸易额。给定美国对中国实施单边贸易关税,中国对美国的出口几乎被摧毁,平均下降75%。相反,中国从美国的进口量将在17个行业上升,除了石油、矿产品、纸制品等少数几个行业;美国的出口量上升则并不明显,大约不足5%。

表5显示美国产出增加进口减少,特别是从中国的进口下降更为明显。尽管如此,由于高额关税导致更高的国内物价,美国的真实工资下

表 4　贸易占本国产出比及本国产出占比全球产出比

单位：%

行业	美国				中国			
	进口占本国产出的比例	出口占本国产出的比例	本国产出占全球产出的比例	进口占本国产出的比例	出口占本国产出的比例	本国产出占全球产出的比例
农产品	7.507	14.482	8.015	3.863	0.911	25.276
采矿	52.900	6.429	9.946	29.811	0.809	18.677
纺织品	141.964	25.867	3.247	2.690	20.834	44.789
木制品	15.485	7.255	8.367	1.790	3.144	42.658
纸制品	4.492	12.026	26.300	8.668	5.336	13.038
石油	11.801	15.530	20.558	7.243	4.520	14.847
化工	23.396	24.256	14.978	13.791	9.309	22.665
塑料	25.037	13.286	10.388	4.024	7.742	33.674
矿产品	17.207	9.697	5.667	1.055	4.086	45.785
基础金属	33.988	12.720	7.227	6.772	4.734	37.825
金属制品	13.789	10.778	14.385	3.742	14.232	19.768
机械	43.869	36.638	9.112	9.651	12.672	31.967
电脑	86.949	35.134	10.024	33.549	47.917	29.483
电子产品	68.910	26.279	5.836	6.951	13.644	42.571
汽车	42.417	21.103	12.003	7.934	5.255	22.402
其他交通工具	14.379	37.821	20.081	8.040	28.604	17.600

表 5 产出和贸易变化量(情况一)

单位:%

行业	美国产出的变化	美国进口的变化	中国产出的变化	中国出口的变化	美国从中国进口的变化	中国从美国进口的变化
农产品	2.374	−8.021	0.831	−1.564	−96.804	8.571
采矿	12.308	−4.107	2.222	3.846	−99.345	14.635
食品	−3.424	−10.181	1.318	−8.444	−64.289	3.313
纺织品	24.846	−28.457	−6.515	−20.842	−93.756	1.243
木制品	5.460	−28.303	−0.681	−23.416	−98.633	7.544
纸制品	5.479	−19.563	−2.841	−21.732	−99.801	11.245
石油	14.472	−45.055	2.451	17.272	−100.000	61.402
化工	1.848	−7.437	−2.391	−8.301	−68.884	0.205
塑料	4.943	−7.898	−3.312	−10.453	−43.691	−1.942
矿石	6.553	−14.379	1.035	−8.349	−56.947	2.991
基础金属	6.810	3.419	−0.870	−1.934	−68.573	0.246
金属制品	7.645	−23.960	−3.089	−16.465	−92.298	3.486
机械	−3.050	−14.777	−0.260	−7.842	−45.430	1.182
电脑	31.836	−26.690	−14.669	−25.113	−94.278	0.466
电子产品	22.238	−18.176	−2.428	−17.908	−99.014	6.079
汽车	−0.280	−3.116	0.554	−10.599	−49.731	0.996
其他交通工具	3.578	3.552	1.027	−0.230	−9.508	1.665
其他	−0.066	−25.852	−4.829	−18.271	−78.119	2.589

降，造成社会福利损失（见表6）。中国同样受到社会福利的损失，但是程度远小于美国：相比于无关税的情况，中国真实工资下降0.042%，美国真实工资下降0.661%。令人惊讶的是，一些小国，如卢森堡、新加坡，反而从贸易战中获利。这在一定程度上可能是由于美国从中国进口下降后，中国增加了对其他国家的出口。另一方面，美国同样产出增加，并且出口扩张。美国以外地区大量的货物供给降低了均衡物价，大量依赖进口的效果可能从低价中获益。

表6 真实工资变化（情况一）

单位：%

排名	国家	真实工资变化	排名	国家	真实工资变化
1	新加坡	2.577	53	法国	−0.348
2	卢森堡	2.171	54	哥斯达黎加	−0.365
3	爱尔兰	2.040	55	柬埔寨	−0.386
4	文莱	1.896	56	罗马尼亚	−0.510
5	冰岛	1.422	57	突尼斯	−0.567
6	马来西亚	1.403	58	印度	−0.650
7	瑞士	1.194	59	美国	−0.061
8	挪威	1.188	60	葡萄牙	−0.663
9	沙特阿拉伯	1.121	61	希腊	−0.990
10	荷兰	1.081	62	土耳其	−1.119
38	中国	−0.042			

贸易战情况二：针对世界

我们接下来考虑美国单方面对全世界征收45%的关税的情况。表7显示产出和贸易的相对变化。由于高额的关税，所有可贸易部门的产出都明显下降。特别地，美国不再进口石油产品，这与表4的事实相一致：美国是最重要的石油生产国之一，生产了全球21%的原油。同时，石油的进口产出比只有12%。其他下降明显的行业是纸制品、矿石、木制品和电子产品。

如果美国坚持孤立的贸易政策，国内所有行业的产量是否会相应上升？表7给出了肯定的答案：扩张最大的行业是纺织业，体量几乎扩大

表7 产出和贸易变化量(情况二)

单位:%

行业	美国产出的变化	美国进口的变化	中国产出的变化	中国出口的变化	美国从中国进口的变化	中国从美国进口的变化
农产品	8.961	-93.659	0.636	-5.700	-94.381	-29.299
采矿	55.284	-97.579	-0.740	-3.926	-98.021	-46.530
食品	3.862	-54.872	0.969	-8.539	-55.750	-9.003
纺织品	103.840	-80.940	-6.783	-20.581	-81.480	-34.823
木制品	18.581	-96.860	-1.349	-27.260	-97.218	-38.388
纸制品	4.457	-99.421	-1.351	-23.614	-99.552	-46.177
石油	-0.338	-100.000	0.495	-0.765	-100.000	-97.316
化工	16.802	-53.117	-2.657	-8.497	-52.972	-16.859
塑料	15.623	-28.306	-3.633	-8.932	-29.018	-11.808
矿石	18.226	-43.301	0.510	-8.411	-44.285	-9.934
基础金属	43.027	-39.496	-1.648	-5.177	-41.457	-23.511
金属制品	21.244	-84.559	-3.712	-17.665	-85.213	-36.159
机械	5.898	-24.915	-0.330	-5.139	-25.260	-9.495
电脑	80.677	-85.029	-15.524	-26.001	-85.198	-35.452
电子产品	70.271	-95.664	-3.325	-21.038	-96.002	-55.748
汽车	12.853	-25.635	0.559	-6.394	-25.925	-16.343
其他交通工具	6.054	-1.365	0.743	-0.462	-1.492	-1.373
其他	11.429	-64.384	-4.335	-15.688	-65.264	-17.786

了1倍；其次是电脑行业，产出扩大80%；电子产品产量扩张70%。电脑和电子产品的快速扩张容易理解，因为美国在这些行业具有明显的比较优势。尽管如此，纺织业的大幅扩张只是由于美国当前的产量很小。表4显示美国纺织品的进口产出比只有1.41而其生产的纺织品只占到全球产量的3%。

美国的全球孤立政策看起来对中国的产出并无显著影响。尽管美国是中国最大的贸易伙伴（约占中国贸易总量13%），中国仍然能依靠庞大的国内市场和世界市场维持"全球工厂"的地位。毫无疑问，中国对美国出口会大幅度下降，受到冲击最严重的行业分别是石油、矿石、纸制品、木制品、电子产品。作为全球供应链的重要特征，中国从美国进口大量的中间品，并在加工后将最终品重新销往美国。事实上，美国减少的中国进口量，同样会导致中国从美国中间品进口的减少。中国受到冲击最大的行业分别是石油、电子产品和矿石。

如果特朗普对全世界征收高额关税，谁会受益、谁会受损？表8列出了前10大获益（受损）国及中国的情况。为了不失一般性，我们利用真实工资来表示福利变化。很明显，美国是全球孤立政策最大的受损国，真实工资相比于自由贸易时下降2%。由于加拿大和墨西哥与美国在同一个贸易集团内，因此也成为美国贸易战的最大受损国之一。相比之下，小型开放经济体（如卢森堡、新加坡）和石油丰富国家（如文莱、挪威、荷兰、沙特阿拉伯）从美国贸易战中获益。表8体现的最基本的信息就是，无论如何，美国都不会从贸易战中获益，这与李嘉图定理一致：自由贸易是最好的选择。

表8 真实工资变化（情况二）

单位：%

排名	国家	真实工资变化	排名	国家	真实工资变化
1	卢森堡	1.642	53	印度	−0.607
2	新加坡	1.454	54	以色列	−0.615
3	文莱	0.961	55	希腊	−0.742
4	冰岛	0.634	56	越南	−0.747

（续表）

排名	国家	真实工资变化	排名	国家	真实工资变化
5	爱尔兰	0.622	57	土耳其	−0.810
6	挪威	0.593	58	柬埔寨	−0.918
7	瑞士	0.539	59	哥斯达黎加	−1.221
8	荷兰	0.502	60	加拿大	−1.335
9	马来西亚	0.449	61	墨西哥	−1.429
10	沙特阿拉伯	0.402	62	美国	−1.739
33	中国	−0.158			

贸易战情况三：中美对抗

第三种情况分析了中美之间的贸易战对产出、贸易和福利的影响。相比于第一种"针对中国"的情况，中国同样对美国征收45%的关税。第一种情况和第三种情况有四个相同点。如表9所示，首先，由于美国对中国产品征收高额关税，美国总产出、总进口、从中国进口都与第一种情况相似。在电脑、纺织品、电子产品这三个行业，美国的总产量会扩张。其次，美国大多数行业的进口会降低，石油、纺织品、木制品、电脑进口量下降最多。再次，中国总产出和总出口的变化程度与第一种情况类似，纺织品和电脑总产出和总出口显著降低。最后，和第一种情况类似，小国也会从贸易战中获益。

表10汇报了各国的福利变化。第一种情况和第三种情况的区别在于中美双边贸易和真实工资（福利）的变化。与美国从中国的进口单边进口下降不同，"中美对抗"情况下双边进口量都会大幅度下滑，因为两国相互施加的惩罚性关税阻碍了贸易。更重要的是，这种情况下，中国会有小幅度的福利提升，而美国福利受损；而在第一种情况下，两国的社会福利都会有不同程度的下降。这一结果可能是由于美国失去了中国市场。此时，美国的总出口（和总收入）降低，而在第一种情况下美国对中国的出口量上升。总之，贸易战对中美双边贸易有极大影响，但是对两国贸易总额的影响有限，对产出的影响则更小（除了对个别行业影响较大）。

表 9 产出和贸易变化量（情况三）

单位：%

行业	美国产出的变化	美国进口的变化	中国产出的变化	中国出口的变化	美国从中国进口的变化	中国从美国进口的变化
农产品	−1.138	−10.648	2.454	−4.778	−97.019	−96.039
采矿	14.053	−4.753	1.926	−0.265	−99.383	−99.188
食品	−4.182	−11.022	2.275	−9.148	−64.931	−60.051
纺织品	23.805	−29.454	−6.291	−22.019	−93.964	−94.776
木制品	3.750	−30.035	0.377	−25.455	−98.713	−98.399
纸制品	3.117	−22.252	2.296	−25.697	−99.820	−99.722
石油	16.514	−50.337	2.318	2.233	−100.000	−100.000
化工	−0.300	−8.853	−0.673	−9.058	−69.663	−67.532
塑料	4.022	−8.812	−2.464	−10.976	−44.509	−46.297
矿石	5.432	−15.288	1.686	−8.862	−57.653	−57.154
基础金属	4.716	1.680	−0.127	−2.517	−69.381	−69.745
金属制品	6.476	−25.512	−2.352	−17.738	−92.593	−91.961
机械	−4.516	−15.526	0.566	−8.249	−46.112	−39.959
电脑	27.494	−28.328	−14.261	−26.486	−94.544	−95.482
电子产品	19.870	−19.862	−1.948	−19.838	−99.067	−99.065
汽车	−1.269	−3.813	1.417	−11.101	−50.358	−48.160
其他交通工具	3.048	2.962	1.603	−0.365	−10.153	−11.098
其他	−0.600	−26.706	−4.133	−19.367	−78.663	−75.745

表 10　真实工资变化（情况三）

单位：%

排名	国家	真实工资变化	排名	国家	真实工资变化
1	新加坡	2.633	53	法国	−0.362
2	卢森堡	2.168	54	哥斯达黎加	−0.374
3	爱尔兰	2.040	55	柬埔寨	−0.403
4	文莱	1.927	56	罗马尼亚	−0.511
5	马来西亚	1.467	57	突尼斯	−0.572
6	冰岛	1.419	58	印度	−0.648
7	瑞士	1.194	59	葡萄牙	−0.666
8	挪威	1.175	60	美国	−0.753
9	沙特阿拉伯	1.132	61	希腊	−1.000
10	荷兰	1.073	62	土耳其	−1.121
37	中国	0.080			

贸易战情况四：全球对抗

最后，我们考虑一个极端的情况，即美国对世界各国采取惩罚性高关税，而世界各国对美国也采取相同的报复性关税，其他国家内部则保持原有关税水平。这种情况对应的现实情况就是美国退出WTO。我们的校准结果显示，这种情况对美国经济造成的情况最为严重。

表 11 报告了行业产出、进口、中美双边进口的变化校准结果。与前三种情况的显著区别在于，美国的农产品产出会显著下降 9%。在美中对抗的情况下，即便中国对美国农产品征收惩罚性高关税，美国仍然会对其他没有征收高关税的国家出口大量农产品。因此，中国的报复性关税对美国的农产品产出影响有限。尽管如此，在当前全球对美国征收高关税的情况下，美国的农产品产出仍会受到重大影响。

全球对抗对美国进出口的影响远甚于前三种情况。表 11 显示，中国从美国进口的 18 个贸易部门中，9 个部门进口量减少 90% 以上。如果美国的国际贸易显著减少，那么美国的国内生产一定会扩张，特别是以往依赖进口的行业。比如，美国纺织业产出会增加 86%，从而弥补国内需求与供给之间的巨大缺口。这意味着特朗普总统几乎不会触发全面性的

表 11 产出和贸易变化量（情况四）

单位：%

行业	美国产出的变化	美国进口的变化	中国产出的变化	中国出口的变化	美国从中国进口的变化	中国从美国进口的变化
农产品	-8.808	-96.014	2.801	-3.736	-96.482	-96.440
采矿	43.820	-98.647	0.610	-4.015	-98.926	-99.381
食品	-3.997	-60.858	2.633	-7.703	-61.681	-61.311
纺织品	86.249	-86.305	-5.473	-20.128	-86.677	-95.518
木制品	7.180	-98.116	0.666	-25.953	-98.332	-98.634
纸制品	-6.937	-99.711	2.408	-21.848	-99.782	-99.765
石油	-4.335	-100.000	1.439	-4.966	-100.000	-100.000
化工	-3.832	-62.134	0.445	-4.999	-61.959	-69.730
塑料	4.957	-37.436	-1.512	-8.608	-37.505	-48.267
矿石	8.019	-51.127	2.098	-8.110	-51.965	-58.930
基础金属	20.374	-53.221	0.515	-2.770	-54.207	-74.188
金属制品	5.473	-89.370	-1.421	-15.027	-89.551	-93.715
机械	-10.131	-34.063	1.645	-3.462	-33.881	-43.256
电脑	52.604	-90.162	-11.894	-23.153	-90.075	-95.949
电子产品	50.141	-97.673	-1.172	-17.399	-97.656	-99.400
汽车	3.085	-35.058	2.297	-4.373	-32.395	-54.691
其他交通工具	-1.901	-9.315	2.464	1.564	-9.069	-12.042
其他	-9.185	-70.792	-1.742	-12.012	-71.249	-77.538

全球贸易战，比如退出 WTO。

表 12 描述了一些国家的福利变化。很明显在这种情况下，美国的福利损失最严重，真实工资下降 2.2%。加拿大和墨西哥会受到连带的重大影响，因为美国是他们的最重要贸易伙伴。相反，中国在这种情况下受到的福利影响几乎可以忽略，而由于美国需求降低导致全球商品价格下跌，一些小型开放经济体仍然可以从中获益。

表 12　真实工资变化（情况四）

单位：%

排名	国家	真实工资变化	排名	国家	真实工资变化
1	新加坡	1.298	53	希腊	−0.789
2	卢森堡	1.243	54	土耳其	−0.901
3	荷兰	0.550	55	越南	−0.927
4	挪威	0.544	56	哥伦比亚	−0.954
5	爱尔兰	0.411	57	以色列	−1.008
6	捷克	0.356	58	柬埔寨	−1.241
7	瑞士	0.338	59	美国	−2.246
8	俄罗斯	0.322	60	哥斯达黎加	−2.427
9	丹麦	0.310	61	加拿大	−2.766
10	冰岛	0.262	62	墨西哥	−2.786
22	中国	−0.033			

结语

特朗普就任总统前后，曾威胁对中国和世界各国发动贸易战（如退出 WTO）。本文建立了多国—多部门的一般均衡模型，严谨分析了贸易战对国际贸易和社会福利的灾难性影响。我们根据中国和世界可能做出的回应，模拟了四种情况。在任何一种情况下，国际贸易都会受到毁灭性影响；美国一定会是贸易战的最大输家，社会福利受到巨大损失。相比之下，中国的社会福利受到负面冲击有限。

本文的研究发现具有鲜明的政策含义。如特朗普政府一意孤行，实行贸易战，则最后一定会对美国经济造成巨大的负面损失，并且不能创造就业、提高福利。所以,对美国而言,最优策略是实行自由贸易。而对中国而言,如果美国发动贸易战,对中国经济并不会造成太大的负面影响。当然,正如习近平主席所倡导的,中国一向坚持自由贸易主义,相信自由贸易主义有利于全球贸易和经济的发展。本文的发现为这一观点提供了坚实的经验证据。

(本文改编自与郭美新、陆琳、盛柳刚合作发表在麻省理工学院(Massachusetts Institute of Technology,MIT)主办的《亚洲经济论文》(*Asian Economic Papers*)上的"The day after tomorrow:Evaluating the burden of Trump's trade war"。为使文章通俗易读,对原文略作了修改)

时评策论

中美贸易失衡新解

10月初,美国参议院又通过决议,再次认定中国是所谓"汇率操纵国",认为由于人民币长期低估,造成美国大量工人失业,并使中美贸易失衡。据美方计算,2010年双边贸易美方逆差2 520亿美元。因此,提议如果人民币不短期大幅度升值,将对中国进口品采取惩罚性关税。

美国所提"汇率操纵国"一说,早已不是什么新鲜事了。这次老壶也没装什么新酒。自2005年汇改以来,人民币对美元已升值超过20%。那么人民币升值到底会不会减轻中美贸易失衡呢?

答案很明确:会。笔者近日发在美国一核心学术刊物的论文发现:人民币每升值10%,中国对美国的出口就会下降16%。换言之,如果人民币这些年没升值的话,那今天我国对美的出口会多出32%。这的确不是个小数字,也难怪汇率操纵一说在美国大有市场了。

但是,人民币升值就会减少美国的贸易逆差,并增加其就业数吗?这自然也是一厢情愿的事。很多纺织品、鞋类产品如果没有从中国进口,美国还得从印度尼西亚、马来西亚甚至韩国等国进口。举个例子,如果售价3美元的中国造拖鞋从旧金山的超市下架的话,山姆大叔可能就得买14美元的同等质量的韩国拖鞋了。怎么样也轮不到去买美国造的18美元的拖鞋。美国的就业还是升不上去。用经济学术语讲,资本丰富型的美国在劳动力密集型产品上根本就没有比较优势。人民币升值会减少中国的出口,抢走中国工人的饭碗,但增加不了美国的就业。对外贸易逆差依然居高不下。所以,对美国来讲,人民币升值是典型的"损人不利己"。

查下海关公布的中国去年贸易数据,有三个数据很有意思。2010年我国贸易顺差1 831亿美元,对美顺差超2 000亿美元,加工贸易项下顺差3 229亿美元。

前面两个数据告诉我们，除了中美贸易外，中国与其他近200个国家的贸易总额是逆差的。第一和第三个数据则说明，如果没有加工贸易的话，我国的一般贸易是逆差的。也就是说，中国是从其他国家进口原材料、零部件，在国内加工装配后，售到美国、欧盟去。以在中国装配的iPod为例，进口值是200美元，对美的出口值是209美元。国内的附加值只有9美元，占产成品价格不到5%。但在算我国对美出口时，却是209美元，真金白银一分不少。

所以说，中国是在做全球经济一体化下的"冤大头"，为他人作嫁衣裳。

为谁呢？主要是日本和韩国。目前我国最主要的出口类产品即机械和交通运输器材，主要是从这两个国家进口核心零部件。有数据为证：去年我国对日本的贸易逆差为556亿美元。

也谈不上什么"贸易阴谋论"。硬要套的话，是"阳谋"：如果想照单通吃，有本事就也大力搞研发，生产出核心零部件，赚整个产业链的最大头。事实上，企业能否有研发创新能力，也是我国加工企业升级转型的核心所在。笔者最近有幸作为评审专家，参加商务部等部委组织的广东、江苏部分加工企业升级转型评审，的确看到一些加工企业有较强的创新能力。只可惜，就目前全国层面来讲，这些企业还是凤毛麟角。

话说回来，中美贸易顺差对我国来讲也不见得是好事。最大的问题是会造成贸易拉动的通货膨胀。道理很简单：企业赚了钱，要拿到央行对冲换成人民币存款，再存在商业银行中，银行再贷出去，企业再存。经过这么一滚雪球，1美元的顺差就会变成6.3元人民币，再乘以4到5的货币乘数，市面中就多了30元左右的人民币。过多的人民币追逐等量的商品，冲到哪，哪的物价就上来。回头来，政府还得再疲于奔命地灭火。

另外，央行拿了美元也烫手得很。投美债又担心人家来个"量化宽松"，再出台个QE3。投欧元则更多是政治方面的考虑。想想目前西班牙近21%的失业率，那可是直追1929年的大萧条，当时的失业率也就25%。这样的经济，你做得起"救世主"吗？给中投等主权基金吧，那说白了，真是一场注定要输的豪赌：全球投资数中国最好，你却要人家到国外觅食！

换个角度，中美贸易逆差对美国来讲也不见得是坏事。因为中国赚了美元，最终大部分还得投资回美国。美国向中国融资就好比我们用信用卡一样，可以增加你的头寸。所以，借钱并没有问题，关键是看如何用这些钱。如果用于投资，那还是可以拉动本国经济的。10年前的克林顿政府就是一个好例子。

不过，话说回来，目前美国的失业率还是9.1%，居高不下。对奥巴马来说，最重要的是创造更多的工作岗位。工人没饭吃，他明年也肯定要下岗。不过，人民币升值的确是于事无补。真正能阻止明年大选那班只会吃德州牛排的共和党人上台的，还得靠他的五年内"出口倍增"计划。

对我国而言，出口一定不能降。出口一降，毫无疑问，出口部门的就业一定会降下来，整个经济也必受其累。但是，超3.2万亿美元的外汇储备也不是好事，只会使通胀居高不下。所以唯一可行的路就是增加从美国的进口。这至少有以下四个方面的好处。

第一，出口部门不受其累，我国出口部门就业可保。第二，可保证外汇储备不再剧增，物价得以控制。第三，更多的进口品可使老百姓有更多的消费种类选择，或者说以更便宜的价格购买同质产品。第四，可减少人民币升值的压力，也可减少我国出口品在国外屡遭"反倾销"的贸易摩擦。

或许有人会担心，美国对华会有进口限制。我们最近的研究发现，事实上，美国对华是不存在着专门的进口限制的（当然，敏感产品除外）。美对华对印的外贸规定还是比较类似的。而从国内来讲，则可以通过提高对美进口的便利度来促进进口的增加。具体地，可以减少商品进口时间，特别是减少进口贸易中检验环节所花费的时间，再者就是提高进口手续的审批效率并精简目前的进口手续。

所以说，中国增加对美的进口是唯一解决中美贸易失衡的新解，而不是人民币一味升值。

（本文载于FT中文网，2011年11月3日）

TPP：美国的独角戏？

两周前，在亚太经合组织（APEC）峰会上，美国总统奥巴马高调力推目前已有9个成员国的TPP，强调将建成高水准的自由贸易区（FTA），10年内实现区内包括农业、制造业、服务业在内的所有商品的零关税，并涉及市场透明、金融监管等领域。同时，力邀日本加盟。但是作为亚洲第一大经济体的中国却没有收到邀请函。

项庄舞剑，意在沛公。美国意欲何为？

在美国看来，这一着可谓"一箭三雕"。

第一，中国缺位的TPP能抑制中国的出口，减少中美贸易失衡。道理很简单，TPP本质就是一个自由贸易区，区内国家商品进口关税为零。如果中国加入TPP，因为比较优势，中国的出口产品比其他APEC国家便宜，美国自然只能从中国进口。但如果APEC国家或一些东盟国家加入，而中国被拒之门外，则中国产品因要负担进口关税，就会丧失对其他国家原有的比较优势。结果自然是美国不从中国进口而从东盟国家进口。这样，中美贸易失衡就降低了。

中美贸易失衡现已让奥巴马头疼不已。上月参议院决议中国为"汇率操纵国"并准备提交奥巴马终裁。为避免中美全面贸易战，奥巴马断然不敢接这个臭球。但为玩平衡术，他就会在其他地方花心思。下来肯定还会对一些中国出口品实行"反倾销"关税或征"特保税"，不过，TPP是目前第一着。

第二，力图通过TPP扩大美国出口，实现奥巴马政府提出的出口"五年倍增"计划。目前，TPP除美国之外还有8个成员国：亚洲的新加坡、马来西亚、文莱和越南，大洋洲的澳大利亚和新西兰，南美的智利、秘鲁。这九国的GDP高达16.9万亿美元，占世界GDP总量的27.2%；如果加上世界第三大经济体日本，TPP的GDP总量则将达22.3万亿美元，占世界的35.5%。在区内实现零关税后，日本等国能够更多地从美国进口产品，帮助其实现出口倍增，从而带来更多工作岗位。

第三，TPP可以帮助美国从经济上重返亚太，主导亚洲经济一体化进程。自去年元旦中国东盟自由贸易区正式建成后，东盟10+3（中日韩）及东盟10+6（中日韩印澳新）自由贸易区也在积极酝酿着。美国担心其在亚太地区经贸影响力日渐衰落，所以TPP的推出对美国民主党有战略和战术两方面积极的影响。战略上，TPP可以做实美国在亚太地区的经济影响，遏制中国在该地区的影响力，实现希拉里所提的21世纪是美国的太平洋世纪的战略目标；战术上，则有利于美国民主党明年的大选。即使TPP短期内在促进就业方面没有明显成效，至少可以在舆论上先赢一着，争得更多民意支持。

所以，不给中国发TPP邀请函自然不是个无心之失。说白了，就是老美想重返亚太，在新世纪的亚太经济体中唱主角，而且还只想唱独角戏！

问题是，美国的这三个如意算盘能实现吗？

首先，如前面分析的，中国缺位的TPP的确能够部分减少来自中国的进口品，特别是纺织成衣制品等劳动力密集产品。不过，总体作用仍不大。因为目前中国出口到美国的大头是机械电子产品和交通运输设备。这些产品多是加工贸易，即从日本等进口核心部件，再从东亚国家进口其他零部件，中国组装后出口到美国去。即使美国不让中国加入TPP，也无法从东亚国家或日本直接进口类似产品，因为这是全球经济一体化使然。所以，中国缺位的TPP对降低中美贸易美方逆差作用不大。

更坏的是，中国缺位的TPP会给美国带来"贸易转移"而非"贸易创造"。如果没有TPP，中国和东亚国家面临一样的进口关税，而中国的劳动力密集产品会比东亚国家便宜，所以会更具竞争力。但中国缺位的TPP会扭曲这一经济机理，美国从而改从东盟进口。这样，会对全球经济带来效率损失。

奥巴马的总统经济顾问自然懂得这一国际经济学的基本知识。不过，他们着眼的不是全球范围内更为合理的资源配置，而是美国利益优先。

其次，TPP真能有力地帮助实现美国的出口倍增计划吗？答案是：很难。看一下TPP目前的成员国，不难发现，都是一些蕞尔小国。虽说区内GDP总量高达全球27.2%，但一去掉美国本身的23%，请问区区4%的财富作用能有多大？放弃约占全球10% GDP的中国而着力于这4%，岂不是因小失大？当然，如果占全球8.3% GDP的日本加入TPP，那情况就大为不同。不过，日本真的会力挺TPP吗？这还是个很大的未知数。

日本原先因受"失去十年"所累，再加上全球金融危机拖累，经济本来就停滞不前。今年再受地震、海啸、核泄漏影响，更是雪上加霜。如果加入TPP，目标同样也是为增出口、扩就业。问题在于TPP要求日本开放农产品，而这是日本特殊利益集团的最后一道防线。目前日本政府开出的补贴日本农民的优惠政策不多，无力抵挡开放后美国农产品对它的冲击。

要知道，农民不满意，后果很严重：本届日本政府在选举中会毫无疑问地下课。

所以，如非万不得已，日本首相野田佳彦断不会冒这个险的。

一个中国缺位的TPP对亚太地区经济的发展也是不利的。对此，学术界已有共识。作为与APEC并行的学术研究组织，由澳大利亚国立大学的Peter Drysdale教授于1968年发起倡导了亚太贸易与发展组织（PAFTAD），专门邀请包括美加在内的亚太区24个国家的经济学家召开年会，研究亚太经贸合作一体化问题。受世界银行副行长林毅夫教授委托，笔者有幸作为中国区唯一代表连续三年参加年会。虽说各年主题不一，但研究结论却十分明确：一个经济快速发展的中国对带动整个亚太地区经济的发展有着举足轻重的意义。

所以，TPP真正的作用还是在第三点：扩大美国在跨太平洋地区中的经济影响力，并用其服务于地缘政治的真正目的。再联系到奥巴马近日的澳洲之行及在澳驻军，其遏抑中国的目的更是司马昭之心，路人皆知。

　　卧榻之旁，能容他人酣睡？对中国而言，韬光养晦在十年前是个最优策略，但却不适用于今天。中国自不必等那封也许永远收不到的TPP邀请函。所谓见招拆招，中国政府对此宜有以下至少三个对策。

　　第一，力挺俄罗斯明年入世。由于TPP的激活，中国对美劳动力密集型产品出口可能会受拖累。中国需要寻找新的出口增长点。而就今年出口而言，对华产品需求较高的地方是俄罗斯、巴西和印度。如果俄罗斯能顺利入世，对华进口肯定会稳步上升。这样，TPP对我国出口的负面影响就会有所减弱。

　　第二，积极推进中日韩自贸区。日本、韩国是中国机械产品核心零部件的主要进口国。对中国而言，对日韩进口品实行零关税增加进口，一方面有利于降低目前的巨额贸易顺差，缓解"输入型"通货膨胀，一方面也可"边进口边学习"，提高本国产品科技含量。

　　对日本而言，这更是雪中送炭。如果中日韩自贸区谨慎推进，初期不包括要求日本开放农产品的话，日本没有理由不高兴。要知道，在过去的150年中，日本力求"脱亚入欧"，最终基本弄得不亚不欧。如能通过中日韩自贸区增加出口，也应是野田佳彦内阁目前的最优选择。

　　在中日韩自贸区中，因日韩多年的历史积怨，日本自是无法扮演主角的，日本应有这个自知之明。当然，哪怕加入TPP，也轮不到它说了算，还必须开放农业部门。

　　第三，做实中国东盟10＋1自贸区。由于中国多从东亚各国进口原材料，进料加工后出口到欧美。目前中国—东盟自贸区已实现中国对东盟93％产品的贸易关税降为零。这就使得中国无论是加工贸易还是非加工贸易都可零关税地进口原材料。另一方面也可促进东盟各国更多的出口，实现共赢互利。而下一步则应着力推动东盟各国对中国的出口品也绝大多数实现零关税。如此东盟自然会成为中国出口的另一新增长点。

　　更重要的是，一旦中国—东盟自贸区顺利推进，自然而然美国主导的TPP也就没有了比较优势。道理很明显，如果大家都是零关税自由贸易，美国的产品运到东亚的运输成本要比中国的出口品高得多。自然，

TPP 也就成了一纸空文。

  这样,对老美而言,彼时彼刻,最优的策略也许就是结束做这场"独角戏"的梦,并对中国发出那份久违了的邀请函。

(本文载于 FT 中文网,2011 年 11 月 22 日)

TPP，"贸"似如此

2015年国际贸易多边谈判最抢眼球的事恐怕莫过于TPP近期的顺利推进了。10月底，泛太平洋战略经济伙伴关系协定（TPP）谈判终于取得实质性突破，美国和其他11个泛太平洋国家就TPP基本达成一致。12个参与国加起来占全球经济的比重达到了40%。也因此，TPP被认为是当代版的高水准的小型"WTO"，成为目前产、政、学各界高度关注的焦点。

为什么是TPP？

答案恐怕是各界对WTO近期谈判结果的极度失望。WTO的前身叫关贸总协定（GATT），是二战后反法西斯国家重新安排世界秩序的"三大法宝"之一，与世界银行、IMF的目标不同，GATT的首要任务是减免关税，促进自由贸易。到目前为止，GATT/WTO一共进行了九轮谈判，前面几轮谈判不管成果多少，都能顺利收官。最成功的一轮谈判是历时八年的第八轮乌拉圭回合，成果斐然。除了让发达国家和发展中国家关税都在各自基础上削减近四成以外，还给GATT升级换代，让之华丽转身为WTO。WTO相对于GATT，绝不仅仅是换了个马甲而已，最重要的是比较完善的争端解决机制。

简单说，就是说好了减免关税，但成员国谁说话不算话，出尔反尔，就得受到惩罚。其他成员国可以合法地提高关税，以牙还牙地报复。这样，就可以有效地避免原来大家担心的"谁减关税谁吃亏"的囚徒困境。

应该说，开始时WTO运作得很好，大家都挺买账。一个明显的指标莫过于WTO成员数目的不断扩大。1994年成立时只有126个兄弟，到了2012年俄罗斯加入时，已经排到了第156把交椅。WTO成了全球俱乐部。一时，风景这边独好！全球多边贸易谈判似乎完全取代了地区贸易协议。

不过，月盈之时实为月亏之始。2000年左右正式启动的千禧回合一开始就命运多舛。事实上，第九轮多哈回合到目前已有15年了，谈判各位首席代表是从黑头发变成白头发，但远没方法完美收官。理由很简单，与之前简单地要求各国减免关税、小规模削减各种非关税壁垒不同，多哈回合要求各方在核心利益上做出让步。

富国要求穷国打开国门，允许服务业市场准入，同时切实做好知识产权相关贸易工作，穷国则要求富国取消各种农产品保护措施，并着重点名了欧盟的农产品出口补贴、美国的白糖进口配额、日本的大米技术性壁垒。因为涉及国家核心利益，各国都不愿让步，胳膊上阵，锱铢必较。今年上半年在印度尼西亚巴厘岛的部长级会议虽然取得了一些进展，各方都承认多哈回合谈判基本已成功了80%。但行百里者半九十，最后的议题是各方都不愿意让步的内容，正所谓强弩之末不能穿鲁缟。

什么是TPP？

正是对WTO的极度失望，各种地区贸易协定卷土重来。自然，地区贸易协定不是目前才有。事实上，目前全球已有超过200个各式各样的地区贸易协定。泛太平洋战略经济伙伴关系协定（TPP）也不是一开始就很重要。2002年，新西兰、智利、新加坡、文莱四国开始签订协议时，因为都是蕞尔小国，国际上并不太在意。开始引起关注是在2009年美国宣布加入TPP谈判。经济界老大一出场，行情自然看涨。先后有11国宣布加入谈判。一边是老美的前庭后院——加拿大和墨西哥，南美的智利、秘鲁，大洋洲的澳大利亚和新西兰，以及东亚的新加坡、文莱、越南和马来西亚。

不过，如果是到此为止，TPP也成不了气候，因为其他10国的经济总量加起来，跟美国也根本不是同个量级。然而，2011年日本正式决定加入TPP谈判，结果就不一样了。日本目前占全球10%的GDP，而美国占了全球的23%左右。哪怕没有其他国家加入，如果日本全部的贸易品都卖给美国，这一来一去，就有接近全球20%GDP左右的贸易量，的确是个大蛋糕。

如果说，WTO是全球贸易的1.0版本，那么，TPP则无疑是全球贸易的2.0版本。它对成员国的开放要求相对要高得多。具体而言，不同于WTO在关税上的减免，TPP则着力在非关税壁垒上的削减。理由很简单，经过近70年的关税减免，基本上发达国家的平均关税都很低了，只有2%左右。发展中国家的关税水平也已降到9%左右。可供减免的空间其实不大。而非关税壁垒则不然。所以TPP强调消除或削减涉及所有商品和服务贸易、投资的非关税壁垒。不再允许成员国"犹抱琵琶半遮面"，标准的货物贸易自然要覆盖，新兴的服务贸易、对外投资也是重点。

不仅如此，TPP还要求按照发达国家的贸易规则出牌。主要有以下三点。一是在制造业方面，虽然也强调自由贸易，但不是大家任意对商品定价的贸易规则，而是要求发展中成员国要与发达成员国承担相应的保护环境要求、最低工资标准等劳工规则，也就是强调基于自由贸易上的"公平"贸易。对发达国家而言，则要求成员国取消各类农产品壁垒。二是对待市场准入方面，要求国有企业和私有企业必须一视同仁，不可在要素市场、市场准入方面对私有民营企业设置各类"天花板""玻璃门"。三则是在服务业方面强调加强知识产权保护，同时也强调包括新闻自由、互联网自由在内的信息自由。

中国应积极参与谈判

"贸"似如此，中国该怎么做？四年前，当日本刚宣布加入TPP谈判时，笔者为FT中文网写了一篇《TPP：美国的独角戏？》短文。笔者的基本判断是，如果日本不加入TPP，那么TPP不足为虑，是美国的独角戏而已。TPP这出好戏，关键是看日本会不会加入。

经过四年的谈判，日本终于铁了心要加入。当然，日本政府还是很顾忌日本农会的反应，所以承诺了要政府采购来补贴农民，补贴他们因被国外舶来品冲击而失掉的农业市场。自然，这样日本政府会有一定的财政压力，但当局认为加入TPP所带来的福利大于补贴的成本，利大于弊，值得一搏。

日本当局的决定正应了经济学博弈论的最基本原理。在大国博弈中，谁也不比谁聪明。很明确，加入TPP谈判是日本的最优策略。一方面，经济上可以摆脱"失去的二十年"所造成的经济颓势；另一方面，政治上进一步与美国"联姻"。

中国该怎么做？这让我想起了博弈论的第二个原则：做决策时，不仅要知己知彼，还要知道对方也知己知彼。如同电影《007》中一样，永远都有一个B计划，而不能刻舟求剑。当务之急，中国应该马上积极参与TPP的谈判。这样做，至少有三方面的好处。

第一，可以更深入地融入全球一体化，分享贸易全球化红利，保持出口的比较优势。当前，劳工短缺所引起的工资上升已是不争之实。跟越南、孟加拉国等东南亚国家相比，中国传统劳动力密集型产业已毫无成本优势。之所以还能保持一定的出口额，只是因为这些国家的出口规模太小，无力全盘吞食中国的出口市场。但假如中国被排除在TPP之外，那么，相对于那些中等收入的成员国，因为其产品可以完全零关税出口美国，而中国却不能。这样，中国原来的出口市场份额将进一步地萎缩。这对目前本来就严峻的出口形势可谓雪上加霜。

第二，可以通过加入TPP"倒逼"推进国内改革。对TPP目前各界最大的顾虑有两个，一是美国可能故意不让中国加入。老实说，谁也不知道老美一开始心里的小算盘，但就今日之国际经济形势，中国的加入明显符合老美的利益。有了中国和日本，TPP再加上着眼于欧盟的TTIP，美国撇开WTO另起炉灶的美梦才有可能成真。所以，美国会挡路的顾虑可以消除。

另外一个顾虑就是加入TPP谈判，会对中国的许多行业造成很大的冲击，甚至可能影响到就业问题；而且中国本身许多方面并没有达到人家规定的要求。要解开这个结，首先要认识到TPP的谈判不可能是一蹴而就的。客观预测下，没有三五年是谈不下来的。到了"十三五"收官的时候，那时估计劳工标准、环境标准、知识产权标准都不成问题。因为这些都是我们要做的事情：提高最低基本工资，加快各地贫困地区脱贫；保护环境，做好节能减排；鼓励创新，加强知识产权保护。至于说对相关产业造成冲击，更是不足为虑。现在的中国经济承受力不知要比15年前加入WTO时好多少。那时"狼"来了，都没事，现在还怕这头披着狼皮的"羊"？

第三，加入TPP谈判并不会丧失国际贸易投资规则的话语权和制定权。首先，除了TPP以外，中国还有东盟10＋1自贸区、中韩自贸区以及在此基础上拟建的东盟10＋6（也就是区域全面经济伙伴关系，RCEP）。虽说目前的自贸区分布态势正如美国国际贸易学研究大师巴格瓦蒂（Bhagwati）教授所说的，是一碗"你中有我，我中有你"剪不断理还乱的"意大利面"。但中国无疑在上面所列这三个自贸区中起着顶梁柱的作用。这些自贸区的成功建立和顺利推进，事实上是TPP的有力竞争者。更不要说现在中央正在全局谋划的"一带一路"对外开放战略。其次，加入TPP谈判不等于说中国就没办法在TPP中起着重要作用。打个比方，如果说TPP是个微信群，老美也不是群主，只是个大V，中国也未必不能后来居上。

毕竟，这世界最后还是要靠实力说话的。中国革命史告诉我们，毛主席也不是一开始就是领袖，是历史选择了他。

一句话，TPP的贸易模式代表了以后国际贸易的发展方向，中国应该早日主动积极参与谈判。

（本文载于腾讯"大家"专栏，2015年12月3日）

特朗普时代，中美贸易摩擦会是常态

首先感谢张培刚发展经济学基金会提供的机会，我今天谈的题目是"对外改革、对内开放，促进经济发展"。我们首先来分析一下在新常态下中国的比较优势，2008年金融危机之后，全球贸易进一步萎缩。在2008年，全球贸易是15.6万亿美元，之后锐减，一直到2012年才回到原来的水平。自2008年以后，中国外需市场的疲软非常明显。

我们通常说，中国经济进入新常态。对新常态我的第一个理解是经济增速。GDP经济增速从8%降到6.9%左右，也就是早上华中科大张建华院长所讲的，目前保持8%的增速是心有余而力不足。

第二个理解是拉动经济经济增长的三驾马车至少出现一匹劣马。这几年，出口对GDP的贡献度明显下降。如果看比重的话，外贸在2007年达到了历史最高水平，约为GDP的73%，到了2015年下降了1/3左右。当然，1/3相对于美国的1/4降幅还是比较大，也就是说中国的外贸相对美国来讲更为重要，正所谓"饿死的骆驼比马大"。

第三个理解是中国出口产品的传统比较优势急剧下降。自2004年以来，蓝领工人工资呈指数上升。相对于东盟、非洲等的发展中国家，中国已毫无成本优势。但相对于美国、欧洲而言，中国依然是典型的劳力丰富型国家。这解释了后金融危机时代为何中国依然保持着大量的出口。中国是最大的发展中国家，工资会逐渐比其他发展中国家高，这是一个严峻的挑战。

如果这样的话，中国的出口比较优势在什么地方？在国际贸易中，一个产品要有国际竞争力，只有两个可能：一是你的产品比别的国家更为便宜，所谓"价廉"；二是你的产品虽然没有比别的国家便宜，但比他国产品质量更好，也就"物美"。

下面具体分析。自 2004 年以来，蓝领工人的工资呈指数上升。2004 年之后，中国经济已经悄然地过了刘易斯拐点。相对东盟和非洲的国家，中国毫无成本优势可言。比如跟埃塞俄比亚相比，那里蓝领工人一个月工资只有 250 元人民币，东莞蓝领的工资是那里的 10 倍。但是，相对于美国和欧洲国家而言中国依然是典型的劳动力型国家，平均工资而言，中国依然只有美国的 1/3，这点解释了在后金融危机时代，为什么中国依然能够保持比较大量的出口额。不过，我的担心是好景不长。目前中国的成本优势是面临着一个很严峻的挑战的。可以发现，我们的市场份额不断地被越南及东盟的国家所吞噬。那为什么今天中国还能够保持一定的市场份额呢？这是因为其他发展中国家目前占有的市场份额比较小。就经济规模而言，中国是全球最大的发展中国家，占了发展中国家 40% 左右的 GDP，如果有一天其他发展中国家的工资水平都比中国低的话，中国产品的廉价比较优势将不复存在，因此中国的出口廉价比较优势将会急剧下降。

从这个角度上说，长期保持价廉是不太现实的，那物美有没有可能呢？想要回答这个问题，首先要确定的是如何准确衡量企业出口产品的质量。通常认为，类似的产品，单价越高，质量越好。但目前学术界已经认识到这个指标太粗糙了，所以会把单价和产品所占的市场份额放在一起看。就是说，如果两个国家生产类似产品，单价一样，但有个产品所占市场份额较高，其产品质量就更好。

不过，这仅仅是从需求角度来看的，我们也应该从供给角度来看，我和博士生张睿最近发表在《管理世界》的论文发现，21 世纪以来，从纵比来看，中国的出口产品质量是明显提升的。人民币对其他币种的相对升值会促进中国出口产品质量的明显提升。这主要是因为本币升值会导致本土市场上更大的竞争压力，就横比来说，跟德国产品的质量还有很大距离。另外，我国出口产品的附加值目前也处于较低水平，比如一个 iPod 出口价格为 209 美元，但中国的附加值只有 9 美元。我和博士生崔晓敏最近做了一个人民币的升值跟出口品附加值的关系研究，我们发现人民币的贬值有利于加工品附加值。理由很简单，因为贬值会导致加工出口产品产值升高，同时也会降低进口中间品的价值，所以，出口产品的附加值就会提升。

如果中国产品在一没有价廉优势、二没有物美优势的情况下，如何保持出口产品的国际竞争力呢？我觉得只有一个办法，就是"对外改革，对内开放"。

对外改革不是说不要开放，而是说开放的重点有所改革。我们看一下目前中国的外贸情况，2015年进出口总额是4万亿美元，出口2.3万亿美元，进口1.7万亿美元，贸易顺差是6千亿美元。其中中美贸易占了中国总外贸的1/8，美国也是中国最重要的贸易伙伴。

但未来几年，中美贸易前景不容乐观，特别是特朗普总统上台之后，贸易摩擦将是常态。

为什么这么说呢？先来看看WTO。美国会不会如特朗普所鼓吹的，真的退出WTO呢？因为如果美国真的退出WTO的话，美国就可以不再给予中国最惠国待遇，那么中国的产品将很难进入美国市场。但我个人判断这种可能性比较低。美国不会真的退出WTO，因为美国是WTO最大的获益国之一。

但是第二个情况有可能发生，即特朗普有可能会废除北美自贸区相关规定，如果说特朗普真的限制墨西哥移民的话，将对美国和墨西哥的贸易和要素自由流动产生很大影响。而这点对中国的影响还是比较间接的。真正的影响来自TPP。我觉得TPP有极大可能被叫停，TPP除了是总统签署，还需要国会通过。目前奥巴马签署了，但国会不通过。特朗普上台后，TPP很有可能会被扼杀。这对RCEP的顺利发展一定是个很好的机会，关于这一点，我以后再写文章解释说明吧。

汇率方面，我觉得汇率压力比较大，特朗普会把中国认定为"汇率操纵国"。更不幸的是，这种想法在美国政界和学界都有相当的共识。所以，中国要做好准备，人民币汇率将会面临几年的升值压力，我认为目前对人民币贬值的判断是错误的。

还有，中美双边投资协议（BIT）也会是个热点。在与美国彼得森研究所的讨论中，个人的判断是，以后对中国产品的"反倾销、反补贴"将会频繁出现，贸易摩擦将会是常态。

那么，如何对外改革呢？时间所限，我先强调几点：

第一，我国企业不应该把目标都放在欧美成熟市场，而应积极开拓新兴市场，发展南南贸易。"一带一路"就是一个很好的倡议。但个人觉得"一带一路"目前的重点不应该是中亚，而应该是东南亚国家，对比中国的出口目的地和出口额大小就能很清楚地看出，东盟自贸区对我国的贸易影响比其他发展中国家要大得多。

第二，我国政府应进一步做好自贸区的建设。自贸区的建设要有两个拳头。第一个拳头是RCEP，也就是通常所讲的东盟"10＋6"自贸区建设。如果美国放弃TPP的话，RCEP可以取而代之。许多国家将会倒向中国主导的RCEP，抱团取暖过冬。特朗普新政之初，将是中国主导的地区贸易协议发展的千载良机！第二个拳头是加强金砖五国间的自贸区建设，现在全球贸易唱主角的不再是"南北贸易"，而是行业内贸易为主的"北北贸易"或"南南贸易"。金砖五国又是市场最大或发展潜力最大的五个发展中国家。所以，做好金砖五国自贸区的建设非常重要。

第三，应大力发展服务贸易。服务贸易目前是我国外贸的短板所在，我们知道目前美国服务贸易存在大额顺差。中国应在未来10年中努力发展服务贸易，特别是国际旅游业，将大有可为。

第四，积极鼓励企业走出去，扩大对外直接投资。总体而言，企业对外投资行业可以分为四类，分别是矿业、建筑业、市场需求型制造业和成本节约型制造业。中国应该扩大成本节约型制造业，到非洲、东南亚的对外直接投资就属于这一类。

除了对外改革以外，还要对内开放。对内开放当然不是说不要对内改革，而是说应该取消各种错配和扭曲。我觉得这个扭曲体现在三个方面：

第一，国内要素市场扭曲。我们一方面看到过去10年的确是"民进国退"，但民营企业在要素市场上依然被歧视。我最近和陈诚教授、田巍教授有一个这方面的研究，发现一个有意思的情况。我们对比国有企业和民营企业的全要素生产率。发现国有企业全要素生产率比民营企业低，这当然是老生常谈，不足为怪。但如果看走出去的这两类企业，就会发现刚好相反：在走出去的企业中，国企生产率明显高于民企。什么道理呢？我们觉得因为国内的要素市场存在着扭曲。相对于国有企业，一些民营企业存在扭曲和不公平的待遇，比如说借钱和拿地的价格要更高，因此，一些民营企业有强烈动机逃离本国，到国外去投资，所以，泥沙聚下，导致走出去的民企生产率反而比国企要低。而大部分国有企业，则是非常享受国内市场的特权，"此间乐、不思蜀"，只有少数生产率特别好的国企愿意走出去。

第二，加工贸易产品内销和外销。加工贸易对于中国经济的贡献在历史上起到非常正面的作用。比如说创造了大量的就业机会，印度比中国落后这么多，是因为错过了90年代的加工贸易时机。但同时加工贸易也导致了扭曲和资源错配，这是因为加工出口的产品只能外销，不能内销。这就是人为制造了扭曲。不过，这些年我们看到加工贸易的比重逐年下降，应该说这个扭曲有所好转。就加工贸易内部结构而言，因为来料加工附加值比较低，所以应该提高进料加工，努力做好"腾笼换鸟"，实现产业升级。

第三，户口制度。只有废除与传统计划经济挂钩的"户口制度"，实现劳动力市场的自由配置，才能真正促进中国经济的发展。

那么，对外改革和对内开放对企业有什么直接好处呢？最明显的莫过于提升企业的生产率。全要素生产率不是一切，但近乎一切。我认为提升企业的生产率是实现经济发展的重要途径，问题是如何提升？其中一个重要方面是实施贸易自由化，进行关税减免。关税减免有三个内容，首先是最终品关税减免，其次是中间品关税减免，最后是外国关税减免。举例说明。比如对奇瑞而言，中国汽车进口关税的下降就是最终品的关税减免。最终品的关税减免可以通过增强竞争促使企业优胜劣汰。存活下来的企业自然会做大做强，实现全要素生产率的提升。但如果是进口轮胎关税的下降，对奇瑞来是中间品成本节约效应，会帮它留存更多利润，促进生产率上升。而外国关税的降低则有利于市场规模的扩大、需求的扩大,这三个都有利于提高企业的生产率。

那么,企业自身又如何练好内功,实现企业生产率的提升呢?关键还得要产品自主创新,并努力进行工序改进。就国际比较而言,在工序的改进方面我们有较明显的比较优势。而产品自主创新对于中国来讲也许目前尚不是核心优势。因为目前中国的创新能力总体不如美国。但假以时日,"楚虽三户,亡秦必楚"。中国是完全有能力在创新方面赶超美国的。最近华为拿下5G核心技术就是最好的证明。

此外,我们再讨论一下开放与就业问题。我最近在与加州大学欧文分校的教授合作中发现,我国贸易自由化和关税的减免能够创造更多的就业机会。不过,深度开放,的确会造成收入不平等的扩大。这是我与陈波教授、加拿大郁志豪教授合作研究的发现。为什么说开放会造成收入不平等的扩大?如果开放的话,意味着更多的进口中间品,如果进口中间品跟国内蓝领工人是替代关系的话,就会减少蓝领劳动力需求,导致白领蓝领收入差距的扩大。所以,我们在开放与改革的同时,也应该努力缩小收入差距,实现社会和谐发展,而绝不是贫困化的增长。

最后小结。经济新常态下,"改革开放"应具有更丰富的内涵。对外开放是基本的国策,但具体的开放途径、方向和内容应有所改革。对内改革是保证中国经济继续发展的基本战略,但对内改革的核心和重点应有所侧重,重在取消要素市场上的各类扭曲跟资源错配。最后社会和谐发展、国民福利的提升才是终结目标,谢谢大家。

(本文载于新浪财经,2016年11月20日,为第六届"张培刚发展经济学优秀成果奖"颁奖典礼暨2016中国经济发展论坛演讲实录)

别了，TPP

2016年注定是黑天鹅事件最多的一年。本以为上半年的英国脱欧就是本年的全球最佳看点了，没想到好戏刚刚开始。刚刚结束的美国大选被认为最不靠谱的特朗普居然当选，真是令人大跌眼镜。

为此，美加经济学界精英哭成一片。民主党大本营、深蓝的加州更是如此。大选结果出来后，伯克利大学的校办马上写信给各位老师，希望大家保持节制，同时免费提供酒水，供大家聚聚吐槽。不仅美国，加拿大也是如此。加拿大一位资深经济学的教授告诉笔者，特朗普的当选，在某种程度上已预示着美国领导世界的时代已经结束了。

特朗普总统先生的当选，是否预示着美国引领世界潮流的时代的终结，现在做定论可能为时太早。但他竞选中提到的政纲，关于全球化和国际贸易，提到了几条：一是考虑退出WTO；二是考虑建一条美国墨西哥边境的"长城"；三是要废除TPP；四是马上裁定中国为汇率操纵国。那么，这几条政纲会否真的实施呢？

日前美国前国务卿基辛格博士来华访问，谈及未来中美经贸合作前景。基辛格博士强调：关于特朗普在竞选中提交的政纲不会真的全部实施。基辛格的话到底是否代表当选总统意思不得而知。不过，更有意思的是，不会全部真的实施，那么那些要是真的实施呢？

先来看看第一条，美国是否会真的退出WTO？要真正理解这个问题，关键是理解谁是WTO规则的主要制定者？谁又是WTO框架下最大的受益者？如果一国既是该经贸游戏规则的主要制定者，同时又是该规则的主要受益者，那么该国自然没有动力去"推翻一个旧世界"，因为对该国而言，这将是得不偿失的交易。

别了，TPP

稍微翻开一下并不太久远的历史，就可以发现，WTO 是第二次世界大战的最重要遗产之一。美国作为第二次世界大战最大的赢家，在战后初期，一国 GDP 占了将近全球 GDP 的一半，建立了三大国际机构来重新安排世界经济格局：世界银行、国际基金组织和 GATT。1994 年，GATT 又穿上一身新马甲，华丽转身为 WTO。毋庸置疑，GATT 也行，WTO 也好，美国是该全球贸易秩序的主要制定国。客观而言，WTO 自然是促进了全球贸易的发展，许多发展中国家特别是中国，在 WTO 的自由贸易基调下经贸发展迅速。但毫无疑问，美国也是最大的赢家之一。通过 WTO，美国一方面将附加值较高的资本密集型产品出口到世界各国，另一方面又从其他发展中国家进口廉价的劳动密集型产品。正所谓，自由贸易是强国的利剑。所以，特朗普再不靠谱，他也断不会要求美国退出 WTO。

那么，第二条呢？特朗普会不会修一条美国墨西哥边境的"长城"？要回答这个问题得深入理解一下北美自由贸易区的前世今生。1989 年美国和加拿大签订了美加自贸区，两国相互降低取消关税，双边经贸发展很快。之后准备把美国南面的小兄弟墨西哥拉进来，成立"北美自贸区"。但对此，美国国内有不同声音。反对者认为，墨西哥经济水平太低，成立自贸区后，如果允许人员自由流动，会有大量墨西哥劳工进入美国南部各州，抢走美国各州的工作机会。比如说加州的大部分蓝领工人基本上都来自墨西哥。但赞同者认为成立一个自由的自贸区不仅有利于墨西哥经济的发展，更有利于美加市场规模的扩大。最后，胳膊扭不过大腿，北美自贸区终于在 1994 年成立。但反对的声音一直就没有停止。

特朗普竞选之初，美国经济相对低迷，所以，他打出骇人听闻的"修新长城"牌，建议在美墨边境修一条长达千里的新长城，以阻止墨西哥蓝领工人向美国的移民。那么，特朗普上台后，是否会真的这么做呢？

事实上，日前美国经济好转，失业率只有 4.6%，已降到过去十年来最低的水平。这应该是奥巴马政府华丽退场前的漂亮成绩单之一了。所以说，特朗普的运气一向都是很好的。那么，这个背景下，修新长城之说应该也就是个噱头罢了，一样会是雷声大雨点小。

至于第三条，特朗普上台是否会打贸易战，宣布中国为汇率操纵国，这个比较复杂，容笔者下回再慢慢道来。

最后一条，也是跟亚太国家紧密相关的，就是特朗普是否会真的让美国退出TPP？

答案是肯定的。理由至少有下面三点。

第一，从政治上看，TPP是奥巴马和希拉里的政治遗产。先不论退出TPP是否有利于美国经济，从意识形态上看，特朗普也会把对手的"夺位之宝"打碎。再说，既然退出WTO是不现实的，限制北美自贸区是不理性的，对这八字刚有一撇的TPP就不用客气了。要知道，TPP虽然美国现任总统奥巴马已经签字批准了，但国会还没核准呢。现在美国两院又都是共和党主宰。特朗普上台后，更会在换届的大法官中安插自己的人，估计到时大法官共和党能拿下9席中的7席，所以，未来四年美国江山一片红，都是共和党的天下。

第二，就TPP的内容来看，该贸易协议主张对TPP成员贸易伙伴的货物贸易实现快速完全自由化。99.4%的产品税目都要求最终零关税，85%的产品要求马上零关税。这自然会很厉害地冲击到美国国内相关的产业利益集团，势必引起其代言人的强烈反对。难怪刚被提名新任商务部长的华尔街"破产之王"罗斯十分认同特朗普的观点。他认为奥巴马的TPP协议是个"恐怖协议"，赞同美国应该退出TPP，并倡导对中国产品征收重税。

第三，特朗普一直认为，美国在自由贸易中是得不偿失的。理由是自由贸易使得美国丢了许多工作。所以最好的做法就是关起门来，同时鼓励高端制造业回流，这样所有的工作自然都留在美国国内，真正是肥水不流外人田。那么，如果不要TPP，特朗普政府是否会另起炉灶，再搞一个类似的自贸区。就目前看来，这种可能性不大，因为很难想象美国会在亚太地区再搞一个类似的TPP。所以，特朗普在位的几年，"孤立政策"将会是美国接下来一段时间中比较明显的特征。同时，与中国更多的贸易摩擦也将是在所难免。

总之，如果不总是自打嘴巴的话，特朗普应该在退出TPP这件事上的承诺比较靠谱。蓦然回首，风光了近10年的TPP协议也终于要被美国抛弃了。美国一有退意，日本大有可能跟风。没有了美日的TPP，自然只能是废纸一张，对全球经贸难再有任何影响了。

可以大胆预测：新年全球经济的最大看点，应莫过于美国淡出自贸区谈判。看来，也是时候说一声：别了，TPP！

（本文载于FT中文网，2016年12月15日）

来吧，相约 RCEP

美国总统特朗普上台后，对外贸易政策上的第一件事恐怕就是让 TPP"寿终正寝"。如同六十多年前毛主席跟司徒雷登先生"道别"似的，对中国而言，现在也是时候说声：别了，TPP。而对诸多亚太国家而言，则是该好好筹划安排加速加入 RCEP 协议的时候了。

今天，RCEP 的谈判尚未完全完美收官，但 RCEP 这一概念到今天已有 5 岁了。2011 年，感于东盟 10 国内部市场规模不够大，无法为经济的持续增长提供必要的市场规模，东盟 10 国在缅甸新都内比都召开第十八次东盟经济部长会议，各国部长优先讨论了如何与其经济贸易伙伴国共同达成一个综合性的自由贸易协议。会后，RCEP 草案应运而生。作为一个地区贸易协议草案，是其时，放眼全球，做得比较好的"带头大哥"有两个：一个是美加墨三国构成的"北美自贸区"；另一个则是东盟 10 国与中国刚刚在 2010 年建成的"10＋1"自贸区。

明眼人一看就清楚，RCEP 的前世就是东盟"10＋1"自贸区。东盟"10＋1"自贸区到目前为止还是占世界人口最多的一个自贸区。该区对东盟 10 国和中国经济的发展发挥着重要的作用。在全球金融危机后，全球外需疲软，各国多是以邻为壑，设置贸易壁垒，全球贸易不增反减。但东亚这边风景独好，中国与东盟各对其 90% 以上的进口商品互免关税。就贸易模式而言，中国作为最大的"世界工厂"，主要是从韩日进口核心零部件，从东南亚国家进口橡胶等原材料，经过中国国内加工，出口最终产品到美欧市场。东盟"10＋1"自贸区的建成有力地促进了这种地区贸易分工模式的发展，推动了经济全球化的进程。

与此同时，WTO 第九轮多哈谈判却难以继续推进。多哈回合从世纪之交各国开始谈判，15年过去了，尽管多哈回合有所进展，当各国代表已从黑头发谈成白头发，多哈回合的完美收官却是遥遥无期。正所谓"打不赢就跑"，东南亚各国华丽转身，掉头积极推动地区自由贸易区谈判，在东盟"10＋1"的基础上，先抛出东盟"10＋3"（中日韩）方案。之后，再在13国基础上加上澳、新、印三国，是为东盟"10＋6"方案。自然，也有一些国家喜欢左盼右顾，日本、越南、新加坡就曾一度积极地两条腿走路，一边参与东盟"10＋6"自贸区建设，一边也积极参与美国主导的TPP谈判。

不同于WTO多哈回合的举步维艰，众口似乎永远难调，RCEP进展比较顺利。2012年8月底召开的东盟十国、中国、日本、韩国、印度、澳大利亚和新西兰的经济部长会议原则上同意组建RCEP。值得一提的是，RCEP的目标是建成东盟"10＋6"，但它更灵活，更加尊重各国意愿，同意如若其中一国短期内难以加入，那自不必勉强，RCEP是在各国自愿基础上按互惠互利的原则成立的。换言之，RCEP成员国可以少于16个，这也是RCEP与东盟"10＋6"自贸区概念的一点区别。

原则上同意不等于各国可以鼓掌通过，不需要谈判。罗马并非一日建成。自2012年开始在全球最后一个开放移动通信的首都——缅甸内比都开启谈判以后，经过在文莱、新加坡、天津、雅加达等多轮的谈判，RCEP的谈判日益顺利。谈判之初，中、日、韩、澳、新均明确表示加入RCEP，但印度则有所犹豫，主要是担心市场的开放会给印度产业带来太大的竞争压力。但近日，或因为担心继续被地区经济一体化浪潮边缘化，在近期的新加坡谈判后态度变得积极起来。毕竟，印度在20世纪90年代因为没有发展加工贸易，经济发展速度大大落后于中国，龙象之争已经输了一局，如果在21世纪的经济一体化大潮中再踌躇不前，有可能真会被挤出"金砖五国"之列的。

那么，RCEP与TPP到底有什么区别呢？最大的区别是两个自贸区的游戏规则完全不同。TPP更像是一个富国俱乐部，要求各国的开放要高标准高规格，要一步到位，要跑步进入全面自由贸易状态，制定一致的劳工和环境标准。事实上，TPP的理想很美好，但不幸的是，现实太骨感。一方面亚洲和拉美的发展中国家事实上根本没法按照美国原先设定的 TPP 高水准来实施，否则国内经济和就业都会受到很大的负面影响。所以，到了最后，奥巴马当局不得不有所妥协，原则上也同意发展中国家的开放可以不必一步到位，但这在国内又是捅了"马蜂窝"，刚好授特朗普以把柄，被认为是损害了美国的核心利益，发誓上台后一定马上废除该提案。说到底，还是因为山姆大叔不懂得老庄哲学：水至清则无鱼。

RCEP 就不同了，它的目标也是消除内部贸易壁垒、创造和完善自由的投资环境。但它强调循序渐进，强调各国求同存异，允许并尊重各国有不同的劳工和环境标准。当然，RCEP 的后期谈判还将包括扩大服务贸易，还将涉及知识产权保护、竞争政策等多领域，自由化程度将高于东盟与这六个国家已经达成的自贸协议。从这个角度看，作为 RCEP 的主要推动国家——中国始终是牢记着老祖宗的教诲的：人至察则无徒。凡事要慢慢来，急不得。正因为 RCEP 的这些基本理念更接地气，所以目前 RCEP 谈判一步一个脚印，进展顺利。日前，在印度尼西亚举行的第 16 轮谈判结束后，RCEP 已完成中小企业章节的谈判，经济技术合作章节也已于 2016 年 10 月的第 15 轮谈判中完成，另外竞争政策章节的谈判也已取得重大突破。

RCEP 成员各国中，态度最耐人寻味的当数日本了。日本之前对 RCEP 是三心二意，虽说也加入 RCEP 谈判，但身在曹营心在汉，可能更想加入 TPP。日前自从特朗普当选后，所谓识时务者为俊杰，日本态度也来了 180 度大转弯，开始非常积极地进行 RCEP 谈判。自然，浪子回头金不换，RCEP 各成员国都明白在过去的一个半世纪中，日本在"脱亚入欧"还是"脱欧入亚"中苦苦挣扎，来回彷徨，日本是时候下决心了。毕竟，很快，TPP 将成为人类全球贸易一体化进程中的一个短暂的过客，终将被 21 世纪的人们所忘却。而是时，RCEP 自贸区建成。它将拥有占世界总人口约一半的人口，生产总值占全球年生产总值的 1/3，并有望成为世界上涵盖人口最多、区域最广、成员最多元、发展最具活力的自贸区。

毋庸置疑，21世纪的太平洋将是 RCEP 的地盘。2017年，来吧，让我们相聚在 RCEP！

（本文载于《人民日报》海外版，2017年1月3日）

中国与 WTO 的两个"15 年"

15 年前的 2001 年,中国加入了 WTO,成为 WTO 的第 143 个成员。按入世前规定,一国成为 WTO 的成员 15 年后,该国有权自动取得市场经济地位。换言之,从今日开始,其他 WTO 成员对中国出口的产品不能采用"WTO 替代国"原则,即通过参考其他非 WTO 国家类似产品出口价,借以裁定中国出口品是否存在低价倾销的嫌疑。

不幸的是,中国主要的贸易伙伴国美国、欧盟、日本、加拿大都没有信守诺言,没有及时承认中国的市场经济地位。而是以中国还存在大量的产品倾销和出口补贴为由,不愿给予中国作为市场经济国家应享受的合法权益。

客观地说,欧美日这样做很不地道,对中国很不公平,是无视中国入世 15 年来所付出的努力,更对不起 15 年来中国对全球自由贸易所做出的贡献。

2016 年是中国入世 15 年,巧合得很,中国入世谈判也是花了 15 年。中国从 1986 年开始进行复关谈判。请注意,不是"入世",而是"复关"。作为反法西斯阵营的四大国之一,在 1947 年,中国本来就是 23 个关税贸易总协议的一个主要缔约创始国。只是因为中华人民共和国成立后,中国的缔约国席位为国民党当局所占有。这样,中国反而又得重新申请加入,真是天下之大,无奇不有。

好吧,我们泱泱大国,就按规则办事。不过从 1986 年开始复关谈判,估计谁也没想到,这一谈就是 15 年。期间,GATT 已经华丽转身,在 1994 年的乌拉圭回合升级成为 WTO 了。问题是:为什么需要这么久呢?笔者在拙作《"贸"似如此》中已经解释得很清楚。之所以谈判如此旷日持久，并非只是因为中国是个大国，所以谈判时间长，要不没法解释为何当年同样经济规模的日本只需花两年半时间加入；也并非只是中国申请得晚，因为同时申请的中国香港地区只需花一天时间加入；更并非是因为中国当时并不是市场经济国家，试问一下1968年波兰加入GATT的时候是个市场经济国家？

说白了，入世之所以这么久，关键的关键是因为中国是个社会主义国家，跟当时主导WTO的欧美日不是"穿同条裤子"，从政治的层面上说，更是属于好像要相互"埋葬"的阵营。当然，这个理由是摆不上台面，因为它没有温情脉脉的面纱，更不符合欧美所谓"普世"的传说。

好了，历史翻到了21世纪，美欧日的傲慢与偏见虽说依然还在，但不争之实是，全球贸易不能没有"中国制造"，否则，美欧日老百姓没法享受"价廉物美"的产品，老百姓没办法过上好日子，当局和利益集团的日子也不好过。既然西方世界离不开"中国制造"，WTO自然就不能没有中国。2001年，中国终于作为第143个成员加入WTO。其时，中国的出口大约占全球出口总额的4%。

话说回来，中国入世，是做了大量的牺牲和付出的。容举三例说明。例一是在1994年，中国虽非WTO成员，但主动单方面削减一半左右的进口关税，平均进口关税从35%下降到17%，让步不可谓不大，诚意不可谓不足。

例二同样是在1994年达成的WTO第八轮乌拉圭回合，中国与主要西方贸易国签订了《纺织成衣制品协议》（Agreements on Textile and Clothings），同意每年自愿主动限制中国纺织品的出口。具体就是每年向美欧等国的鞋帽衣服等纺织品的出口增速同比不得高于10%，否则算自动违约，西方各国可以合法地制裁中国，这个让步不可谓不大。要知道，是其时，中国的主要出口品还是纺织品。真可谓为了早日入世，把老本也拿出来了。

例三更是史无前例的让步。入世前夜，中国不得已还与美国签了协议，同意美国有权相机向中国出口品征收"特殊保护关税"（China Special Safeguard）。

有道是，纷纷成败无凭准，皇天不负有心人。

虽然中国为了早日加入WTO，做出大量让步和牺牲。但加入WTO，回报同样是巨大的。15年"在世"，中国因为获得了一个相对自由不受限制的世界市场，更由于中国产品巨大的竞争力，中国出口迅速上升。特别是世界各主要工业国经济正饱受2008年全球金融危机拖累时，由于国内宏观经济调控得力，中国在2009年虽然出口比危机前下降了16%，但其时世界第一出口大国——德国出口下降得更厉害，所以中国的出口实现了在衰退中赶超，在2009年中国终于成为出口第一大国，并从此坐稳出口头把交椅，甚至在2013年成为全球第一大货物贸易国，出口稳占全球出口的一成有多。

不过这只是硬币的一面。硬币的另一面是世界人民特别是美国人民都得感谢中国老百姓。中国大量的出口得以长期稳定地为欧美日提供大量价廉物美的产品。这一点，就连纽约的最佳畅销书《离开"中国制造"的一年》都有详尽的描述：离开了中国产品，美国老百姓根本就没法快活逍遥地生活下去。

好了，再说回来，讨论我们的核心问题：中国目前到底是否是市场经济国家？我想，稍微问下街头的老百姓，都知道答案是肯定的。中国目前几乎所有的商品都是由市场定价的，政府并没有干预。或者说想干预也无法完全掌控。不要说商品市场，就说劳动力要素市场，中国的"白领溢价"比美国高得多。美国白领工人工资大致是蓝领工人的两倍不到，中国一线城市平均不下五倍吧。就以经济学家这个市场来说吧，目前中国经济学博士的流动性和收入差异比起成熟了五十年的美国市场来说，也是毫不逊色的。

自然，美欧日的贸易保护者们不会落笔于此，恐怕其口诛笔伐的还是中国政府对部分产品的出口补贴和出口厂家的倾销嫌疑。好的，先来看看中国有没有对产品进行出口补贴？平心而论，在近6 000种制造品中，可能会有极少部分产品曾有出口补贴，但更多的是出口退税。但由于出口退税退的是增值税，是为了避免产品被出口国和进口国双重课税，也是为了消费者可以享受到更低价产品，而且这是WTO明文规定允许的，所以，美欧日根本无权说三道四。

反过来看看美欧日吧。事实上，美欧日对其农产品的出口补贴已是旷日持久的了，说它是"臭名昭著"恐怕也不过分。比如美国长期对进口白糖实行进口配额，一直到今天也不例外。另外，欧盟对其出口品更是"赤膊上阵"地直接进行出口补贴。如果没有大额的出口补贴的话，欧盟在农产品上根本就没有比较优势，不仅不能出口，还得大量进口。日本对进口大米则做得更是赤裸裸地一度征收高达697%的进口关税，而且还强加各种绿色壁垒。事实上，正是美欧日在农产品出口上的高度保护，使得第九轮WTO谈判的"多哈回合"难以收官，几陷难产。正所谓"只准州官放火，不准百姓点灯"。现在反过来，欧美日认为中国因为贸易保护所以不能给予市场经济地位，实在是欲加之罪、何患无辞！

不过，倘或长此下去，WTO就会变得有名无实，也难怪各国纷纷大搞地区贸易协议。说到底，和美欧日分不开。庆父不除，鲁难不已。是美欧日该放弃这种经济霸权主义的时候了。

（本文载于《人民日报》海外版，2017年1月10日）

特朗普就职与渐行渐远的"美国梦"

1月20日,自当选以来备受争议的特朗普先生终于上台,成为美国第45任总统了。在就职演说中,他多次强调他会"对所有美国人效忠",他会成就所有美国人的心中的梦想。真是这样吗?美国老百姓在特朗普上台后真能实现他们梦寐以求的"美国梦"吗?

何谓"美国梦"?说到底,它有两层意思:一是普通老百姓只要肯干,通过他们自身的努力,就一定会有机会,能过上体面的中产阶层的生活,甚至跻身上层社会;二是他们这一代的生活一定会比上一代好,说白了,就是"明天会更好"。

今天的美国真能这样吗?先来看看第一点,相对于20世纪70—80年代,普通老百姓有没有更多机会过得更好?自然,今天美国的人均收入已超过4万美元,老百姓不太可能饿肚子。但这个人均收入可以让美国人大手大脚地过日子吗?当然也是不太现实的。对这个收入,自然不能乘以6或7,换算成人民币,想象成在中国的水平。事实上,大部分美国人生活都是很节省的,有多少人最大的梦想就是能尽快储蓄换部新车?普通代步的新车能有多少钱,也就是2万美元左右。

再举个例子。名牌大学的教授被公认为收入较高的中等阶层。那么?大学教授过得惬意吗?加州是美国最富有的州,但拿到终身教职的加州大学经济学副教授税前年薪也就30—40万美元,如果家里有孩子,不得已太太无法工作,只能待在家带小孩。一家人就靠这点收入,日子恐怕也不太容易潇洒起来。

明眼人就看出问题了:如果大学教授都只有这个收入水平的话,普通蓝领工人怎么办?何来的人均收入4万美元以上?

问得好，这正是问题的症结。目前，美国大部分的财富都集中在"一小撮"人手中，收入最高的5%富裕家庭总收入占全国财富的22%，正是因为这一小撮富豪，直接有力地拉升了美国人均财富水平。2015年，美国收入最高的5%富人家庭收入为2.2万亿美元，是收入最低的20%底层家庭总收入的7倍。试想，如果这5%的富豪全部移民的话，那美国老百姓人均收入肯定直线掉下来，就收入而言，美国说不定也就是全球二流国家而已。

冰冻三尺，非一日之寒。美国的贫富差距在全球金融危机前，就很严重了。如美国经济学家估算，在过去30年中，58%的财富都流到了前1%家庭的口袋里。危机之前的2007年，对冲巨头鲍尔森（John Paulson）赚了37亿美元，是普通美国老百姓家庭收入的74 000倍。

再细想一下，又有多少年轻人能够20年如一日，刻苦读书，拿到博士学位并取得终身教授的铁饭碗？不消说，自是凤毛麟角。换言之，如果出身卑微，又没过人的天赋和毅力，想在当今的美国出人头地，跻身中上等阶层，谈何容易？相反，看看老布什一家，特朗普一家，家族的年轻人不必出类拔萃，但老子英雄儿好汉，自然也可以扶摇直上。说到底，今天的美国，何尝不是"拼爹"的年代？再加上目前全球经济疲软，机会寥寥，也难怪大部分美国年轻人倍感失落和迷惘。

特朗普总统的就职演说中，多次提到人民，高调得很。但看看他的新任内阁提名中，石油大亨是国务卿、华尔街大佬居财政部长、亿万富翁任商务部长。不难看出，原来新总统的人民指的就是这1%的富豪。而且都是先富再贵，妙不可言。当然别忘了，总统先生本来就是亿万富翁。真是货真价实、如假包换的资本巨鳄统治的资本主义国家。

再来回味一下美国大选。如果特朗普跟奥巴马一样只是个中产阶层，穿不起奢侈名牌衣服，开不了豪车，他能当选总统？恐怕初选都无法胜出。对特朗普而言，金钱不是万能的，但没有金钱，他是万万当不了美国总统的。在这次大选中，金钱与政治比以往融得更深更黑。相比之下，平民总统奥巴马更让人怀念。也难怪这次参加总统就职典礼的观众比八年前奥巴马上任之时，少了大半，冷清得很。美国知识界文艺界人士更是纷纷抵制，以受邀为耻，最后干脆用脚投票，不闻不问，眼不见为净。

这样的一个亿万富翁总统，上台之后，能真正为普通老百姓利益着想，而不被利益集团所左右？要知道，屁股决定脑袋。马克思的那句老话实在经典：经济基础决定上层建筑。不必怀疑，特朗普先生说的会比唱的还好听。当然，也可能他所指的人民就是那1％的既得利益者。

看来，新总统的这4年，美国梦的第一个指标就有点扯淡了。那来看第二个指标，美国明天会更好吗？

新总统就职演说中，如同他的竞选政纲一样，再次强调要逆全球化，走"孤立主义"路线。反复强调"每一个贸易的决定都会为了美国工人和美国家庭的利益而做出"，过去美国之所以出现贸易逆差，是因为其他国家"生产了本属于我们的商品"。

笑死我了！一看就知道特朗普先生经济学原理学得不好。自由贸易体系之下，美国贸易逆差是因为大部分制造品没有比较优势。相比之下，其他国家商品物美价廉。怎么能说这些产品就应该由美国来生产？不管如何，毕竟特朗普是全球第一大经济体的总统，就职演说应该有起码的水准。看来，这次，美国的绝大多数经济学家们都真的不屑与新总统同流。

当然纲领之中，也不是完全没有亮点，如果特朗普真能加大美国的基础设施投入，学当年罗斯福"新政"，用积极的财政政策拉动国内经济，多少也许能增加点就业岗位。但细想一下，这招其实帮助不大。理由很简单。

第一，目前美国的公路铁路等基础设施虽说有所老化，但绝对不至于明显影响其国内贸易。想通过提高贸易投资便利程度来促进国内贸易，对新兴工业国家或发展中国家管用，但对老牌发达国家美国，贸易提升空间不大，恐怕会"事倍功半"。

第二，如果美国继续强化贸易保护措施、挑起国际贸易摩擦甚至是"贸易战"，国外的需求没有了，那有更好的基础设施又有何用？毕竟，通过增加基建的方式是很难扩大就业岗位的。如果失去了近60亿人的国际市场，着力于4亿人的国内市场，岂不是"丢了西瓜捡了芝麻"？

第三，全球化是第二次世界大战以来不可逆转的趋势，目前美国国内固然不弱，但也只占了全球经济的 1/5 而已，如逆"全球化"潮流而动，岂不螳臂挡车，自不量力？何其不智也。说到底，是没听说过大禹治水的故事：大水靠堵是不行的。长期下去，美国一定很快地丧失其全球老大的宝座。

在特朗普总统的就职仪式中，我们看到了一个撕裂的美国。在背后，则看到了一个期望失落的美国。特朗普时代，恐怕"美国梦"会渐行渐远。

（本文载于《人民日报》海外版，2017 年 1 月 23 日）

特朗普新政"十日谈"

特朗普先生是 1 月 20 日履新的，到今天为止，如果扣除掉周末休息日的话，满打满算是当了十天美国总统。时间虽短，但其经济方面的施政方针策已比较明显。这两周十天的政令，真是让全世界大跌眼镜，足以写一本新编的"拍案惊奇"了。

细观特朗普当局这十日的经济"新政"，一言以蔽之，就是大行"孤立主义"，逆施"反全球化"，且兵分三路，移民、贸易、投资是三管齐下，面面俱到。

先来看移民。为了限制所谓的墨西哥移民潮，特朗普是假戏真做，把几乎人人都认为是在"作秀"、是个笑话的"建美墨边境墙"方案摆上日程。如果边境墙建成的话，那正是世界的"第七大奇迹"，"政绩"直追中国 2200 年前的秦始皇。不过，最讽刺的是，当年嬴政修长城是为防止匈奴的铁骑，难不成特朗普也是防止墨西哥兄弟的雪佛兰豪车？历史翻过了千年，我们却看到相同的一场闹剧在全球最强大的所谓"自由民主"国家重演，此时此刻，为什么我们没看到弗兰西斯·福山教授笔下"最后的人（The last man）"的出现（见弗兰西斯·福山的《历史的终结和最后的人》)？又或许，这最后的人就是特朗普先生，只不过历史远未终结，所谓的自由民主社会更非终局。

更叫人啼笑皆非的是，据说这美墨边境墙的经费，特朗普当局还要让墨西哥政府出。如果这不是 21 世纪最欺负人的国际"分工合作"的话，那么大概这也就是所谓"弱国无外交"最好的注脚了。事实上，墨西哥移民在加州、德州做的大部分都是蓝领工人的粗活。哪怕把所有墨西哥移民都赶出美国，一部分美国蓝领工人也是不愿意接手一样低收入的钟点工活的，毕竟"由奢入俭难"。如果真没有了墨西哥移民，那么，美国服务业部分工资一定会大幅上涨，至于劳动力密集型的制造业，更是无法与有明显比较优势的中国、越南和孟加拉等国竞争的。五年前在盐湖城看过一部电影《园丁》(A Better Life)，描写的正是墨西哥移民在美国边境大城圣地亚哥的真实生活。请问：有多少美国白人居民愿意只为了吃上面包，为了小孩能上大学，而冒着生命危险爬上高高的棕榈树去做工？

更糟糕的，美墨边境墙还不是特朗普当局疯狂移民政策的全部，而只是"小荷才露尖尖角"。几天前，特朗普当局已经宣布紧急吊销伊朗、伊拉克、苏丹、叙利亚、利比亚、索马里和也门七个国家的签证。理由呢？自然是"莫须有"。至于对叙利亚，更是一竿子捅到底，干脆无限期禁止叙利亚难民踏入美利坚一步。

这种做法，不要说外国友邦看不下去，连老美的一些法官都拒绝执行，助理司法部长哪怕丢了乌纱帽也不愿意同流合污，美国几大常青藤高校知名教授和51名诺贝尔奖得主也"公车上书"抗议抵制，华盛顿州的法官更是临时冻结特朗普禁止入境法令。不过，胳膊恐怕扭不过大腿，特别是两年之后，如果特朗普还没被弹劾下台的话，他肯定会推共和党的亲信接任美国大法官，这样，三权分立更是形同虚设，变相成为中央集权，特朗普也有望成为21世纪的"美国秦始皇"。

可以合理预期的是，不久后特朗普当局会收紧工作移民签证，取消新的H1B签证发放。这样，印度等以输出软件服务业人才的国家势必受到明显影响。同时，美国因为加紧实施"美国人优先"战略，大部分欧亚各国留学生拿不到工作签证，势必离美而另攀高枝，估计过不了10年，美国将不再是全世界最优秀人才的聚集地，可谓"脑干"(Brain Drain)有期，江郎才尽之日不远。

再来看看国际贸易。特朗普上台在国际贸易上也已经放了"三把火"。第一把火是直接废除TPP，这已在笔者意料之中，之前已多有详解，不复赘言。第二把火是准备与加、墨两国领导人做最后谈判，如谈不拢，则直接报废北美自贸区协议(NAFTA)。这正是匪夷所思之处。要知道，NAFTA自1994年成立，到现在已有20多年的积累和成就，是世界上最大也是目前最成功的自贸区。就经济学福利分析而言，虽说"小国大赢"——加拿大和墨西哥的确受益很多，但也"大国小赢"——美国本身也受益不少。废除北美自贸区自然是弊大于利，基本上所有的贸易经济学家都举双手反对。以特朗普的出手看，这个谈判不像是要挟，而是意气之争大于得失权衡。

之所以会如此荒唐，恐怕跟特朗普没有一点从政经验不无关系。在中国，如果要成为中央政治局常委，至少也得当过两个省份的一、二把手，有了充分的从政经验才能当到中央领导的。而特朗普的前任民主党总统克林顿和奥巴马，也都有十年以上的从政经验，偏偏美国政坛这次杀出个程咬金，昨天是亿万商人，今天却成了美国总统，只可惜门下写不出《吕氏春秋》。

国际贸易的第三把火刚刚开始，那就是"暗送秋波"给英国，鼓励它在三月来个"霸王硬上弓"，干脆"硬脱欧"了事。估计有了这定心丸，英国3月不但会真正脱离欧盟，而且一度沸沸扬扬的泛大西洋贸易投资协议（TTIP）也会很快寿终正寝的。自然，对待经济合作与发展组织（OECD）"富国集团"自家兄弟都如此，至于到处是"穷乡亲"的WTO多边谈判，那就更不用说了。

别以为这就是美国的全球贸易战的全部，对美国而言，好戏还在后头。估计特朗普玩的就是"攘外必先安内"的游戏，三把大火之后，贸易战的全部火力可能就是对准中国了。正所谓项庄舞剑，意在沛公。忘了从哪听过一智者之言："特朗普好比是一头疯牛冲进了瓷器店"。如果是这样，瓷器店的员工们该早做准备。现在看来，恐怕贸易战是山雨欲来风满楼，树欲静而风不止。

再来看投资。目前刚刚"十日乱政"，特朗普可能还没来得及签署有关投资命令。不过，应该快了。可以预料的是，以后这四年，外国在美投资肯定是难上加难，对中国恐怕更是如此，国企想到美国投资更是难于上青天，为何？因为非我族类，其心必异。当然，冠冕堂皇的理由是"国家安全"。那么，国企不行，民企可能吗？恐怕也不行，被评为福布斯"中国顶尖企业"的三一重工是一家民企,在奥巴马时代都不行,何谈今天?

好了,到现在为止特朗普上台才两周10天,世界已经乱成这样了,不敢想象,如果他一直顺顺利利地干下去,做上200周、四年的总统,美国会变成怎么样?全世界又会是怎么样?中国有两句老话,不妨送给总统先生:财也大,产也大,子孙祸也大。或者再精短明白点:崽卖爷田心不疼。特朗普先生,请自重。

(本文载于《人民日报》海外版,2017年2月6日)

特朗普的"百日维新"胜算几何？

转眼间，美国新总统特朗普先生上任已有百天了。作为史上最有争议的美国总统，他的治国理政充满了不确定性。更准确地讲，特朗普总统治国方针最大的确定性就是不确定性，总是力求标新立异。那么，"维新百日"，总统先生到底做了什么？成效又几多呢？

先来看内政。三月新政，特朗普的三招"程咬金斧头"分别是立法、医改、减税。这其中就目前来看，做得最成功的就是立法。最近，参议院通过他对最高法院大法官的提名，顺利地任命尼尔·戈萨奇为最高大法官。不过，通过是通过了，过程却是一波三折。如果他及共和党人没有动用手中"简单多数"的权力去修改任命规则的话，如果他们不粗暴取消参议院在审批大法官提名时可以动用"程序性阻挠议事"的规定的话，戈萨奇最终是否能顺利过关还是未知数。不过，正如斯大林所说的，胜利者是不受审判的。任命大法官这事特朗普的确是赢了一局，从此共和党人基本控制了参议院、众议院和最高法院，全国江山一片红，都是共和党的天下！

特朗普的第二把斧头是废除奥巴马医疗改革方案。可以说，特朗普对美国前总统奥巴马是一点面子都不留，对奥巴马8年执政的诟病并没有因为奥巴马的下台而偃旗息鼓，这里面，除了党争以外，可能也很难排除个人恩怨。有传闻说，特朗普之所以横下一条心，出来跟希拉里争总统，最初的动机竟是因为之前参加白宫年度宴会时，跟奥巴马打招呼，对方视之为无物。以特朗普天马行空的性格，哪受得了这怠慢。当然，该段子是谣言还是史实，已不太重要。作为奥巴马任内最重要的政治遗产——奥巴马医改方案，特朗普又岂能手软？

要理解特朗普为何要废除奥巴马医改，必须弄懂奥巴马医改方案的核心内容。主要有两点：从需方看，奥巴马医改方案强调全民购保。穷人没钱则政府补贴掏腰包，帮助买保险。富人有钱不投保则处以罚款，罚金为其收入的2.5%。从供方说，保险机构不能随意提高老百姓的保费，更不能以健康理由拒保。很明显，奥巴马医改更强调的是公平。也正是这个特征，奥巴马本人也被特朗普贴上"社会主义者"的标签，他尤其反感强制要求人人必须投保，认为这触动了保证老百姓有自由选择的底线。

不过，特朗普的所谓新医改方案并没有太多新的干货。美国国会预算办公室已估算，如果真的来个"霸王硬上弓"，直接废除奥巴马方案，那么，将有超过三千万老百姓没有医保。看来，究竟该怎么办，特朗普也开不出普世良方。难怪乎，他的提案光在共和党内部就反对声音四起。虽说特朗普长袖善舞，在最近的众议院投票中，拿到了217票，以多于一票的微弱优势通过了。但是，该方案能否最终通过参议院投票，估计还是一半是海水一半是火焰。

特朗普的第三把斧头是减税和增加政府支出，改善基础设施。这当然是标准的凯恩斯套路，但此时此刻在美国却是非常受待见的。先来看减税。4月底，美国财政部长努钦和白宫经济委员会主任科恩联合发布美国有史以来最大力度的减税计划。对企业而言主要有三个变化。首先，企业所得税率从35%下调到15%。其次，改变全球课税机制。美国企业在国外取得的收入在国内存款不必征税，这样，美国就继开罗群岛、维京群岛，成了新的避税天堂。当然，美国可不是莞尔小国，而是占全球GDP 1/4的泱泱大国。这样一来，可以想象有多少资金会往美国跑。从这个角度看，美元也就有了长期升值的基础。最后，减低企业利润汇回税。原来美国企业在中国挣了钱，汇回美国的真金白银会被美国政府拦腰截断，征收35%的收入税。现在，雁过拔毛还是有的，但税率已经大大降低了。你说，这样一来，美国跨国公司还不高呼特朗普万岁？

更令美国中产阶级雀跃的是对个人所得税的调整。第一，把先前7档的个人所得税调成3档，总体而言，降低了普通老百姓的税负。第二，取消净投资所得税。原来奥巴马时代的投资所得税有"劫富济贫"的性质,年收入高于20万美元的富人投资时需交投资所得税3.8%,现在通通免了。这样一来,富人也有了再投资的积极性,富人是"有恒产者有恒心",想变得更富。不过,税收改革也不是没有负面的东西。比如说取消遗产税。这样一来,或许富真可过三代。此间乐,不思蜀。富家公子就不见得还有动机去打江山,而是坐享其成了。或者原来严重腐蚀19世纪的大英帝国经济活力的食利阶层又会在21世纪的美国死灰复燃。不过,这个可能的负面影响比起其他减税措施所带来的正面影响,毕竟是一个指头和九个指头的关系,瑕不掩瑜。

至于基建措施,到目前还是雷声大雨点小。美国华裔交通部长赵小兰曾表示,如果一切顺利的话,大规模的基建措施将是特朗普执政第二个"百日"看点所在,有关基础设施发展的立法计划大约会在5月底隆重登场。未来10年时间,美国将会增加1万亿美元的政府支出,当然,这其中还包括最离谱的修建美墨边境墙等基建项目。其中仅修建美墨边境墙一项计划,就需要耗资216亿美元。无论如何,万亿美元的头寸,力度远大于中国当年为走出全球金融危机时的4万亿元人民币投资。如果真的如此,自然是皆大欢喜。毕竟,通过"铁公鸡"一可以拉动经济,二可以创造就业,三可以拉部分反对全球化选民的票,特朗普当局何乐而不为?

所以,目前看,特朗普的"凯恩斯"号炮弹是打响了。不过,天下没有免费的午餐。减税也好,增加政府支出也好,关键是谁来买单?钱从何来?以目前特朗普公布的税改方案来看,未来10年光是这一斧头招就会使美国减少财政收入5.5万亿美元,再加上1万亿美元的政府支出,就是6.5万亿美元。这个缺口有多大?简单说,大约相当于四成美国的GDP,或者说是比日本的GDP还要大。这可不是个小数,不可等闲视之。

当然,如果平摊到每一年的话,年均负担不足万亿美元,似乎也不必太大惊小怪。但别忘了,目前美国联邦债务总额已达到19.85万亿美元。为防止美国政府关门,4月底美国参众两院好不容易达成同意增加

1.1万亿美元法案的协议。这样一切顺利的话，美国政府可以再惨淡经营多半年。那么，又有谁敢说，这每年近万亿美元的支出不会成为压死骆驼的最后一根稻草？

看来，特朗普的三个斧头招，虽说表面看去虎虎生风，但后面却是危机四伏，真是"行路难，归去来"。弄不好，特朗普总统还真可能被弹劾下台。当然，特朗普先生可不是陶渊明先生，自不愿就此隐去。百日维新中，内政之外，还有外交。

(本文载于《人民日报》海外版，2017年5月8日)

中美潜在贸易战对中美经济的影响

当前中美已经成为彼此最重要的贸易伙伴。中美双边贸易额从2001年年底的980亿美元快速增长到2016年的5 240亿美元,年均增速14%。机械和电子产品是中国对美出口的最主要产品,2016年出口额约为1 730亿美元,占中国对美出口总量的44%。纺织品是第二大出口产品,2016年出口额约为420亿美元,占总出口量的11%(见表1)。贸易争端最主要的行业是钢铁行业。美国政府批评中国政府支持国内钢铁和铝制品行业,向全球倾销1亿吨钢铁,扭曲全球市场结构。其中2011—2015年期间,美国对中国企业进行了29起反倾销调查和25起反补贴调查,包括针对钢铁行业的11起反倾销和10起反补贴调查。

表1 1993—2016年中美部分行业双边贸易流

单位:10亿美元

年份	钢铁		纺织业		机械和电子设备	
	对美出口	从美进口	对美出口	从美进口	对美出口	从美进口
1993			3.3	0.2	2.9	3.8
1994			3.2	0.9	4.6	4.5
1995			3.2	1.4	5.5	5.1
1996			3.2	1.1	6.5	5.6
1997			3.6	1.0	8.3	5.4
1998			3.8	0.4	10.5	6.5
1999			4.0	0.2	12.5	8.0
2000			4.6	0.3	16.4	9.2
2001			4.6	0.3	18.0	11.4

(续表)

年份	钢铁		纺织业		机械和电子设备	
	对美出口	从美进口	对美出口	从美进口	对美出口	从美进口
2002			5.4	0.4	26.2	11.2
2003			7.2	1.1	39.4	11.4
2004			9.1	2.3	56.7	15.5
2005			16.7	2.1	72.8	16.8
2006			19.9	3.0	92.6	21.4
2007			22.9	2.4	107.9	23.7
2008	6.92	1.22	23.3	2.6	113.5	26.2
2009	1.51	0.90	24.6	1.7	104.7	22.3
2010	1.63	0.63	31.5	3.1	132.9	28.7
2011	2.58	0.65	35.1	4.2	150.0	29.5
2012	2.88	0.57	36.2	5.0	163.4	29.0
2013	2.75	0.58	39.0	3.8	169.3	38.3
2014	4.02	0.69	41.9	2.5	182.9	38.3
2015	2.85	0.58	44.8	2.0	179.9	35.7
2016	1.71	0.45	42.4	1.3	172.9	31.3

资料来源：郭美新等，《特朗普贸易保护和中美贸易战》，北京大学中国经济研究中心讨论稿，2017年4月。

自特朗普就任以来，中美的贸易争端集中在四个方面：一是特朗普政府指责中国加入WTO造成了美国GDP增速下滑、国内失业率上升和制造业岗位流失；二是美国指责中国对国内企业（特别是国有企业）的优惠政策，包括国家的扶植战略和政府采购过程中的偏向性，认为这使外国公司遭受了不平等待遇；三是美国指责中国对美国出口企业施加贸易壁垒，比如配额和许可，从而以牺牲国外企业的方式优惠中国下游制造业企业；四是关于知识产权保护的争端。

总的来说，当前中美两个大国总贸易量超过世界贸易总量的20%。两国共生产了世界可贸易部门产品的40%，并且专注于不同部门的生产。其中，纺织品、电脑、电子产品和交通运输设备等行业是理解中美双边贸易的关键。

根据卡利恩多（Caliendo）和帕罗（Parro）2015 年提出的方法，可建立一个多国—多部门的模型。之后分析关税如何通过部门间的投入产出关系影响产出和贸易。我们为此考虑三种不同的情形。

第一种情形，如果发生贸易战，美国对中国所有产品征收 45％ 的高关税（之所以假设 45％ 有两方面考虑：第一，如果美国把中国定性为汇率操纵国，就可以要求人民币升值 40％—45％，相当于对所有产品征收 40％—45％ 的关税；第二，如果美国不把中国定为汇率操纵国，将对大部分制造品征收 35％ 的产品关税，现在美国对中国的产品平均关税为 3％—4％，所以加起来在 40％ 左右）。这种情形下，美国的进口减少而产出增加。特别是石油、纺织品、木制品和电脑等产品的进口量下降最为显著，占比约为 1/4。中国总产出在 11 个部门会下降，尽管如此，关税对总产出的影响并不大，减少不到 5％，因为中国可以增加对其他国家的出口。给定美国对中国实施单边贸易关税，中国对美国的出口几乎被摧毁，平均下降 75％。由于高额关税导致更高的国内物价，美国的真实收入会下降 0.661％。中国真实收入会下降 0.042％，程度远小于美国。一些小国，比如卢森堡、新加坡等，反而从贸易战中获利（具体的排名见表 2）。

表 2　各国真实工资变化排名

单位：％

排名	国家	w_n/P_n	排名	国家	w_n/P_n
1	新加坡	2.578	53	法国	−0.348
2	卢森堡	2.172	54	哥斯达黎加	−0.365
3	爱尔兰	2.041	55	柬埔寨	−0.386
4	文莱	1.897	56	罗马尼亚	−0.510
5	冰岛	1.423	57	突尼斯	−0.567
6	马来西亚	1.404	58	印度	−0.650
7	瑞士	1.195	59	美国	−0.661
8	挪威	1.189	60	葡萄牙	−0.663
9	沙特阿拉伯	1.122	61	希腊	−0.990

(续表)

排名	国家	w_n/P_n	排名	国家	w_n/P_n
10	荷兰	1.082	62	土耳其	−1.119
38	中国	−0.042			

注：w_n/P_n 是 n 国的真实工资变化，其中 w_n 和 P_n 分别代表 n 国的平均工资水平和综合价格指数。

资料来源：郭美新等，《特朗普贸易保护和中美贸易战》，北京大学中国经济研究中心讨论稿，2017 年 4 月。

第二种情形，美国对中国所有产品征收 45% 的高关税，中国也以牙还牙，对美国所有产品征收 45% 的高关税。这种情形下，双边进口量都会大幅度下滑。美国总产出、总进口、从中国进口都与第一种情况相似。在电脑、纺织品和电子产品这三个行业，美国的总产量会扩张。中国总产出和总出口的变化程度也与第一种情况类似，但纺织业和电脑业总产出和总出口显著降低。所以从生产的角度，中国受损比较厉害。从真实工资的变化看，美国下降 0.753%，中国福利反而上升 0.080%。小国仍将从贸易战中渔翁得利（具体的排名见表 3）。

表 3　真实工资变化

单位：%

排名	国家	w_n/P_n	排名	国家	w_n/P_n
1	新加坡	2.633	53	法国	−0.352
2	卢森堡	2.168	54	哥斯达黎加	−0.374
3	爱尔兰	2.040	55	柬埔寨	−0.403
4	文莱	1.927	56	罗马尼亚	−0.511
5	马来西亚	1.467	57	突尼斯	−0.572
6	冰岛	1.419	58	印度	−0.648
7	瑞士	1.194	59	葡萄牙	−0.666
8	挪威	1.175	60	美国	−0.753
9	沙特阿拉伯	1.132	61	希腊	−1.000
10	荷兰	1.073	62	土耳其	−1.121
37	中国	0.080			

注：w_n/P_n 是 n 国的真实工资变化，其中 w_n 和 P_n 分别代表 n 国的平均工资水平和综合价格指数。

资料来源：郭美新等，《特朗普贸易保护和中美贸易战》，北京大学中国经济研究中心讨论稿，2017 年 4 月。

需要强调的是,中国之所以在贸易战中会实现福利上升,主要是因为模型假设中国在发生了贸易战之后会增加从其他国家(除美国外)的进口。经济学的直觉是虽然中国无法再出口到美国去,企业生产受到负面影响,工人工资会下降。但是,如果中国可以从其他国家(特别是"一带一路"沿线国家)进口的话,因为更多产品进入中国市场,生产厂商不得不对产品降价。国内消费者可以以更低的价格购买到产品,如果价格的下降比工资下降得更大的话,就可以实现真实收入的提高、福利的改善。

当然,如果中国在发生了贸易战之后没有从其他国家(除美国外)增加进口,我们也做了一种情形模拟。在这种情况下,中国和美国都会有福利损失,而且中国的损失更大。原因就是因为中国工人工资下降了,但消费品的价格并没有下降,这样就会造成福利损失。所以,问题的关键在于发生了贸易战之后,中国是否增加进口。

第三种情形,美国退出WTO,对全球所有产品征收45%的高关税,世界各国也对美国所有产品征收45%的高关税,其他国家内部则保持原有关税水平。校准结果显示,这种情况对美国经济造成的不良后果最为严重,农产品产出会显著下降9%。由于国际贸易显著减少,美国国内生产一定会扩张,特别是以往依赖进口的行业,比如纺织业产出会增加86%。美国的福利损失会下降得特别厉害,真实工资下降2.246%。加拿大和墨西哥因为跟美国有裙带关系,所以也将受到负面影响。中国的福利影响基本不受影响,真实工资只损失0.033%(具体的排名见表4)。

表4 真实工资变化

单位:%

排名	国家	w_n/P_n	排名	国家	w_n/P_n
1	新加坡	1.298	53	希腊	−0.789
2	卢森堡	1.243	54	土耳其	−0.901
3	荷兰	0.550	55	越南	−0.927
4	挪威	0.544	56	哥伦比亚	−0.954
5	爱尔兰	0.411	57	以色列	−1.008
6	捷克	0.356	58	柬埔寨	−1.241

(续表)

排名	国家	w_n/P_n	排名	国家	w_n/P_n
7	瑞士	0.338	59	美国	−2.246
8	俄罗斯	0.322	60	哥斯达黎加	−2.427
9	丹麦	0.310	61	加拿大	−2.766
10	冰岛	0.262	62	墨西哥	−2.786
22	中国	−0.033			

注：w_n/P_n 是 n 国的真实工资变化，其中 w_n 和 P_n 分别代表 n 国的平均工资水平和综合价格指数。

资料来源：郭美新等，《特朗普贸易保护和中美贸易战》，北京大学中国经济研究中心讨论稿，2017年4月。

模型校准显示，如果中国要在中美贸易战中不受影响，关键在于保持贸易平衡，保持贸易平衡的关键是促进同其他国家的贸易。第一，推进地区贸易合作，建设高水准的自由贸易区。现在其实是千载难逢的好机会，中国应该发挥好自贸区的作用。一方面继续推进东盟"10＋1"的自贸区建设，同时积极建设 RCEP、中瑞自贸区、中格自贸区等。第二，推进贸易便利化，推动贸易全球化，5 年之内做实"一带一路"合作。包括扩大进口 2 万亿美元，增加中国对外直接投资 1500 亿美元，增加对沿线国家人员培训 1 万人，通过南南合作与发展学院等方式为沿线国家和地区培训高级管理人才。

总的来说，特朗普上台后实行了贸易保护政策，逆全球化趋势明显。"习特会"之后中美贸易呈现良好势头，但是有良好的开端不一定有完美的结局，如果特朗普坚持打中美贸易战，对美国负面影响可能更大，对中国的影响可正可负，关键取决于中国能否扩大进口。中国如果想避免负面影响，就必须推进自由贸易，积极扩大进口，积极做实"一带一路"的倡议，争取百花齐放的合作共赢国际环境。

（本文载于"博智宏观论坛"微信公众号，2012年6月6日；《人民日报》海外版，2012年6月10日）

"逆全球化"危机下如何力促中国经济增长

自第二次世界大战结束以来，经过 GATT/WTO 多回合谈判，贸易全球化已成为一个潮流和趋势。如同笔者和崔晓敏 2017 年在《经济全球化下的中国贸易和投资促进措施研究》中指出的，中国在贸易自由化和促进贸易便利化方面也做了大量的工作。自特朗普 2017 年 1 月上台之后，他在经济外贸投资方面的举措却都是"逆全球化"而动的。

特朗普当局上台的第一个举措是废除了 TPP，第二个是宣布要筑建墨西哥边境墙。当然，美国为此必须增加开支约 216 亿美元，而且有可能必须从墨西哥或其他发展中国家进口水泥，此外，还必须从墨西哥雇佣更多的蓝领工人。所以，哪怕美墨边境墙建起来，对美国也不见得利大于弊。第三个举措是对加拿大的原木产品征收 20% 的高关税，并威胁要废除北美自贸区协议。接着，特朗普又多次强调要限制外国的移民入镜，以图创造更多的美国就业岗位。不过，因为目前美国经济基本面已较好，基本接近充分就业水平，再多的贸易保护或限制移民也不见得能够创造出更多的就业岗位。

不过，尚不确定的一点是，美国特朗普政府是否会真的按照特朗普在竞选总统时所承诺的那样，把美国最大的贸易伙伴——中国定位为汇率操纵国，然后强迫人民币升值 45% 左右。或者，美国是否会对中国的主要出口产品征收类似的特保关税。这在特朗普上台之初，应该说都充满了不确定性。但自 2017 年 4 月初习近平主席访美会见特朗普之后，双方政府同意通过贸易谈判和深入对话来讨论解决双边贸易分歧，并在 5 月中下旬形成 10 条主要的贸易投资初步谈判成果，内容涉及农产品贸易、银行等服务业和投资的具体措施。所以，目前看，也许两国在接下来的一段时间里不太可能发生贸易战。

但是，不太可能发生贸易战不等于说不会有贸易摩擦。不可否认的是，自特朗普上台以来，逆全球化的危机已经浮现。那么，这种危机是否还会加剧，关键的一点就是看中美双方是否会发生大规模的贸易摩擦。所以，我们需要特别关注的是，如果中美之间有了大规模的贸易摩擦或者万一发生贸易战，会对中美两国经济甚至对全球经济产生什么影响。

为回答这个问题，笔者和清华大学的郭美新、陆琳和香港中文大学的盛柳刚三位教师合作发表了《特朗普贸易战对中美经济的影响》，通过几种政策模拟，分析了潜在的贸易战对中美及世界其他国家的贸易额、生产和福利的影响。我们首先分析了当前中美双边贸易结构与贸易争端。自特朗普就任以来，中美贸易争端集中在四个方面：一是特朗普政府指责中国加入WTO造成了美国GDP增速下滑、国内失业率上升和制造业岗位流失；二是美国指责中国对国内企业（特别是国有企业）的优惠政策，包括国家的扶植战略和政府采购过程中的偏向性，认为这对于外国公司是一种不平等待遇；三是美国指责中国对美国出口企业施加贸易壁垒，比如配额和许可，从而以牺牲国外企业的方式对中国下游制造业企业给予优惠；四是关于知识产权保护的争端。然而事实上，这些贸易争端又是与中美目前的双边贸易结构紧密相关的。

目前中国和美国已经成为彼此最重要的贸易伙伴。中美双边贸易额从2001年年底的980亿美元快速增长到2016年的5240亿美元，年均增速14%（见图1）。

在中美贸易中，最主要发生贸易争端的行业是钢铁行业。美国政府认为中国的钢铁和铝制品行业企业在政府的支持下向全球倾销钢铁和铝，扭曲了市场结构。据此，美国对中国企业进行了多起反倾销调查和反补贴调查。目前，欧美国家有一种看法，认为是中国因为在钢铁、水泥、电解铝等产业存在严重产能过剩，所以会对其主要的出口目的地——欧美市场进行倾销。那么，到底在学理上，是否真存在这样的一种因果关系呢？或者，更明确地讲，中国各主要的工业部分到底存在多严重的产能过剩呢？笔者和金洋、张睿2017年的论文《我国制造业产能利用率的

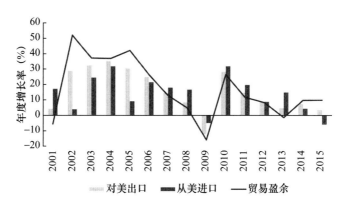

图1 2001—2015年中美双边贸易增长率

资料来源：COMTRADE数据库；郭美新等，《特朗普贸易战对中美经济的影响》，2017年。

衡量与企业生产率估算》对这个问题提出了一个答案。

在这篇论文中，我们强调产能利用率的衡量是理解和解决产能过剩问题的关键。他们利用资本折旧率作为代理变量，在生产函数分析框架中构建了一种同时衡量产能利用率和生产率的方法。该方法比较清晰地界定了产能利用率的概念，并具有广泛的可扩展性。他们利用该方法估计了中国工业企业1998—2007年的产能利用率。发现了在此期间中国工业企业的产能利用率经历了一个整体上升的过程，但是不同性质的企业具有高度的异质性。生产率较高、人均资本存量较低、出口产出比更高及利润率更高的企业更有可能伴随更高的产能利用率。本文还以钢铁行业为例分析了产能利用率在地域和时间维度上的差异。

为了更好地刻画中美两国间的贸易，必须把中美的双边贸易放到一个全球贸易的框架中，这个道理很明显，中美两国虽然是彼此最重要的贸易伙伴，但各自的市场也是向其他国家开放的。同时，如果一国对另一国实行高关税，那么不只会影响被征收高关税的国家该产业的生产和贸易，同时也会影响该国其他上下游产业的生产和贸易。所以，郭美新等在2017年的论文中考虑了一个多国家—多部门并允许上下游部门互动的李嘉图模型，关于中美潜在的贸易战对中美经济的影响做了几种不同情形的模拟分析。

在美国单边对中国所有产品征收45%高关税的情形下，美国的真实收入会下降，中国真实收入也会下降，但程度远小于美国，而那些如卢森堡、新加坡等小的开放经济体会因中国对其出口的增加而获利。在美国对中国所有产品征收45%的高关税，中国也以牙还牙，对美国所有产品征收45%高关税的情形下，中国从生产的角度看受损较大，但从真实工资变化角度看福利反而有所上升，而效小开放经济体仍然将从贸易战中"渔翁得利"。如果中国在发生了贸易战之后没有从其他国家（除美国外）增加进口，中国和美国都会有福利损失，而且中国的损失更大。

总之，在笔者与几位学者合作的关于特朗普潜在贸易战的论文中，我们的各类模型校准显示，美国在各类潜在的贸易战中基本都是受损最大的那一个。而中国可能在贸易战中受损，也可能受到的影响不大。出现那种结果的关键是取决于中国是否能实现贸易再平衡。而保持贸易平衡的关键是促进同其他国家的贸易，从其他国家多进口。

在刚刚结束的"一带一路"国际合作高峰论坛上，中方与"一带一路"国家就如何推进贸易全球化，促进贸易便利化做了深入的探讨，并提出了具体的合作倡议。具体的倡议可以分成三点。

先来看中方的第一个倡议，在进出口贸易方面，中国准备在未来5年内增加进口2万亿美元。换言之，要在5年内实现进口翻一番，这个力度可以说是非常可观的：目前中国的进口总额也就是2万亿美元，已经占了全球进口的一成以上。如果换成GDP，中国要在5年内进口一个印度。

中国5年内大幅度地增加进口，对贸易伙伴都是互惠双赢。中方增加进口，对"一带一路"的贸易伙伴而言，自然就是扩大对全球第二大经济体的出口。一方面有利于扩大他们的贸易顺差，另一方面能创造更多的就业机会。对中方而言，增加进口虽然会减少贸易顺差，但目前我国已有3万亿美元外汇储备，每年过多的外贸顺差其实给国内造成了一定的通货膨胀压力。所以，适当地减少贸易顺差其实是有利于中国宏观经济的。从微观层面来看，更多的进口带来了更多可供中国消费者选择的消费种类。市面上各产品的竞争更激烈了,自然出售价格也被杀低了。老百姓可以买到物美价廉的产品,何乐而不为?

当然,进口增加对一部分企业、行业会造成冲击,短期内企业可能会感受到竞争压力;但从长期来看,企业可以化压力为动力,努力提升产品附加值,提升产品质量。更为重要的是,中国从"一带一路"贸易伙伴,特别是东盟国家进口的多为原材料、中间品,这样,我国进口关税的下降、贸易便利化的推进其实相当于为中国企业节约了进口成本,降低了企业的生产成本,提升了企业的利润。所以,企业其实也是贸易全球化的获利者。

事实上,最近笔者利用制造业企业和海关的大数据研究发现,贸易自由化对提高企业全要素生产率的影响非常明显。其中,原材料中间品的进口关税减免对企业有明显的成本节约作用,因而企业能够留存更大利润,从而有效地提高企业全要素生产率。换句话说,经济全球化推动了中国经济的发展。该发现也得到了国际学术界的高度认可,笔者并有幸因此获得英国皇家经济学奖。

再来看中方的第二个倡议,振兴相互投资。未来 5 年,中方对"一带一路"相关经济体直接投资预计达 1 500 亿美元。这个数是什么概念? 2016 年我国的对外直接投资流量约为 1 450 亿美元,占全球直接投资的 9.9%,就是说,5 年之内我国对沿线国家的投资要在目前的基础上翻一番。力度之大,自不言而喻。

中国对外直接投资增加对沿线国家和地区经济的提升有明显的正面作用。

就投资类别而言,我国对"一带一路"沿线国家和地区的对外直接投资多为绿地投资,具体又可分为两类,第一类是基础设施类投资,比如中铁建和中信联合在北非修建的长达 1 216 千米的高速公路,西起摩洛哥,横跨阿尔及利亚,东达突尼斯。这类投资大大地改善了东道国的基础设施,"要想富,先修路",好的基础设施对降低东道国的交通运输成本、提高贸易效率、促进当地经济发展的作用自不复赘言。对此,笔者与刘丹、盛柳刚在《高速公路对中国制造业企业出口的影响》中专门研究了21世纪以来中国基础设施改善对中国制造业企业内销和出口的影响。通过构建企业距离国道省道高速公路的距离作为衡量企业所面临基础设施的变量，他们发现中国基础设施改善大力地提升了企业的内销和出口额。值得特别强调的是第二类对外直接投资，成本节约型的企业对外投资。过去15年，我国的工资大幅上涨，劳工成本明显增加。在劳动力密集型产业，相对于亚非拉许多发展中国家，我们已经没有任何比较优势。比如，目前广东普通蓝领工人的月工资大约为3000元，而北非的埃塞俄比亚工人工资折算成人民币，只有252元，不到东部沿海省份的一成，而他们工人的劳动生产率也有我国工人的一半左右。相比之下，埃塞俄比亚在劳动力密集型产业就有明显的比较优势。天下熙熙，皆为利来。正是洞察到这个商业"秘密"，生产鞋帽的东莞华坚公司才在亚的斯亚贝巴雇了3000名当地工人。像华坚这类劳动力密集型企业为节约成本走出去，到"一带一路"沿线国家和地区去投资并不是个偶然的事件，而渐渐成为一种潮流。到目前为止，已有近2000家中国民营企业到非洲去投资，并雇佣了大量本地工人，帮助当地解决了部分就业问题。当然，赠人玫瑰，手有余香。中方企业的海外利润也相当可观。

有意思的是，在目前中国制造业企业的对外投资中，将近一半的中国对外投资主要是以贸易办事处和进出口公司为代表的贸易服务型投资，以往的研究只关注汇率变化对制造业投资的"出口替代"影响，而忽略了出口与贸易服务型投资的"互补关系"，同时，人民币汇率的变化对中国对外投资的影响在这两类投资中应该有不同。对此，笔者与田巍在《汇率、贸易服务与中国企业对外直接投资》中研究了汇率变动对异质性出口企业对外直接投资的影响及影响机制，尤其是汇率对贸易服务型投资的"出口传导"效应。文章从理论建模和实证分析两个方向重新考察了汇率对贸易服务型投资的影响。理论上拓展了异质性企业对外直接投资的模型，区分了贸易服务型投资和生产性投资，并引入了真实汇率；实证上使用微观企业投资和贸易数据，定量分析了汇率对企业进行不同类型的投资影响大小。研究发现汇率上升显著地促进了企业对外直接投资概率，尤其是贸易服务型对外投资。

同时，中国制造业企业的对外投资和贸易自由化也都能有力地促进企业的研发。笔者与智琨、田巍在《对外直接投资、贸易自由化与企业研发》中同时考虑了企业对外直接投资和贸易自由化对企业研发的影响，并进一步讨论了两者对企业研发影响的交互性。文章将我国工业企业数据库与企业对外直接投资信息进行匹配，并计算了我国行业层面的最终品和中间品关税以衡量贸易自由化程度，通过面板数据固定效应模型进行实证分析。研究发现，对外直接投资总体上能够显著地促进企业研发。同时，这种影响与中间品进口自由化程度密切相关，对于中间品进口自由化程度较低的行业，对外直接投资对企业研发的促进作用更大。以上结论对不同模型设定和计量方法保持稳健。

中国企业走出去，到"一带一路"沿线国家和地区去绿地投资自然是好事。但如果当地工人没有生产、管理经验，小到无法有效使用复杂到机器设备，中到企业管理模式落后，大到国家官员缺乏经济发展的宏观战略布局，则可能就会事倍功半，甚至南辕北辙、无的放矢。

为此，中方提出了第三个重要倡议，促进"一带一路"国家和地区的包容可持续发展。具体地，中方将为沿线经济体提供10 000个来华研修和培训名额，培训他们使用先进的机器设备，传授管理经验。真正做到"授人以鱼，不如授人以渔"。

事实上，早在2015年在纪念联合国成立70周年的联合国大会上，习近平主席就倡议设立南南合作和发展学院，促进南南国家深度合作。2016年，习主席的这个设想已经成功落地。在商务部的大力支持下，由北京大学国家发展研究院承办，专门成立南南合作和发展学院，并已经完成一期招生，有来自"一带一路"沿线27个国家的48名学员在北京大学攻读国家发展硕士或博士学位。其中有来自埃塞俄比亚的部长，也有来自中亚各国的年轻学员。上个月，我们更是专门到赞比亚、津巴布韦面试新的学生。当地来参加面试的官员可谓是趋之若鹜、求学若渴，光是津巴布韦总统办公室就有五位高级官员参加面试，他们都很迫切地想学习中国发展经济的经验，努力把本国经济搞上去。

事实上，"一带一路"为人民币国际化提供了历史机遇，人民币国际化则为"一带一路"提供了流动性支持。笔者与张帆教授、俞建拖博士在《"一带一路"与人民币国际化的未来》中回顾了"一带一路"对人民币国际化的影响渠道和一国货币成为估计货币的条件，估算了"一带一路"对人民币国际化的中期影响。同时，他们使用引力模型估算了货币互换协议对双边贸易的影响，发现货币互换协议对双边贸易存在显著的正面影响，最终得出结论：中国与相关国家签订货币互换协议显著地提高了中国与该国之间的贸易值，并且互换规模越大，相应提升贸易值的作用也越大。

至此，我们花了大量的篇幅介绍了贸易全球化可以促进中国与其他贸易国的福利。我们福利的提升主要是从进口的积极作用这一角度来论证的。主要的原因是因为进口能够有效地降低国内消费品价格，但同时，我国企业也应该从提高"内功"角度出发，大力提升企业特别是制造业企业的全要素生产率。提升技术进步，促进企业经济增长。

2008年诺贝尔经济学奖获得者克鲁格曼教授曾经讲过：生产率不是一切，但在长期中近乎一切。为此，他发现东南亚国家早期经济的发展，只有资本的积累、劳动力投入的增加，但就是没有全要素生产率的提高，因此他预测这些东南亚国家迟早会发生经济危机。果不其然，他的论文是在1994年发表的3年之后，1997年东南亚国家就发生经济危机了。

那么，近年来中国经济到底有没有全要素生产率的增长呢？对这个问题，先前不同的经济学家有不同的研究发现。比如之前有研究用中国宏观行业数据进行研究，发现中国在20世纪90年代并没有实现全要素生产率的增长，所以对中国经济未来发展也很悲观。事实上，这是由于宏观数据有加总偏差的问题。最近，有一些学者包括笔者在内用了中国的微观企业数据，也就是规模以上的工业企业数据进行研究，发现2000—2008年，中国微观企业全要素生产率其实增长很快。

对全要素生产率的估算为什么有不同的结论？主要的原因除了宏观数据加总可能产生的误差以外，还有计量方法的不同。但我们的发现对各种最新的前沿衡量生产率的方法都是稳健的。如果是以附加值来衡量中国全要素生产率的话，中国该段时间有2.7%的年增长率；如果是以毛产出来衡量的话，则年增长率可以达到7%。这个发现比较可靠。因为如果中国微观制造业企业没有每年7%的年增长率的话，就很难理解为什么宏观的GDP增长率能达到8%以上。关于这方面的研究具体可参见笔者的专著《加工贸易与企业生产率：理论与实证》。

那么，如何才能够实现比较可持续的全要素增长率的增长？可能的途径至少有三点：第一是提高教育和培训投入；第二是多进行研发；第三则可以通过贸易自由化来实现全要素生产率的提升。

第一，提高教育和培训投入。人力资源的提升是实现全要素增长率提升很重要的途径，教育年限的增加可以提高工人的劳力生产率。不过我这里想强调的是，高等资源的增长，不仅包括正式教育，也包括非正式教育。作为非正式教育的重要形式，在岗培训也是促进工人的劳力生产率的重要途径。笔者与刘青、丘东晓的《工作培训与企业生产率》一文正是研究了企业内部的培训对提升企业生产率的影响。利用中国工业企业数据和海关数据匹配（2004—2006），他们研究了最终品贸易自由化对企业生产率的影响。他们发现：首先，如果进口竞争更为激烈的话，企业的平均利润会下降，这样，企业就不愿投入太多的资金进行内部培训；其次，低生产率的企业更可能培训工人，否则如果生产率没有升上去的话，这些企业就会被淘汰出局；最后，最终品关税减免对企业生产率的促进作用会对那些有较大的工人培训投入作用更大。

第二，多进行研发。我们知道目前中国政府正在鼓励大家进行"大众创业、万众创新"，这方向自然是对的，不过，我想强调的是，我们还需要区分两类不同的研发：一种研发是工艺研发和生产过程改进。第二个是新产品的研发。工艺研发和生产过程改进更适用的行业是传统的劳动力密集型产业（比如服装行业等），新产品的研发则可能对技术密集型产业或资本密集型产业更有效。

这里面就涉及一个问题，中国是一个发展中国家，固然更多的研发是从产品本身的工艺创新开始，不过，有没有可能中国的技术发展可以经历一个弯道超车的过程呢？也就是克鲁格曼教授所提到的"蛙跳理论"。发达国家因为在传统的技术上有明显的比较优势，如果这些技术比较成熟，他们不太愿意去尝试新的技术，而发展中国家刚进入某个行业，不论对当前成熟技术还是对新技术，他们的投入都差不多，这样的话，发展中国家更有可能对新产品进行研发。比如，华为现在是中国最大也可能是最成功的私有电信企业，每年的研发投入是110亿美元。华为的成功应该与其巨额研发投入息息相关。

第三，贸易自由化。具体而言，贸易自由化有三种不同的方式：国外关税的减免、中国最终品关税的减免和中国中间品关税的减免。三种方式都可以促进企业全要素生产率的提升。

先来看国外关税的减免对全要素生产率的提升作用。中国作为WTO的成员，当中国降低进口品关税的同时，国外的贸易伙伴国也会降低对中国出口品征收的进口关税。这就可以提升中国企业海外销售的市场份额，市场的扩大可以给企业带来更高的利润，从而有利于提升企业的全要素生产率。

再来看中国最终品关税的减免，也是可以通过进口竞争来促进企业全要素生产率提升的。怎么理解这一点呢？比如，说中国的汽车制造商奇瑞，当中国对进口丰田汽车降低关税的时候，就会给奇瑞带来与其他汽车厂商之间更激烈的竞争，这样生产率比较低的企业就会被淘汰出局，而生产率高的企业可以做大做强。另外，中国中间品关税的下降对全要素生产率具有提升作用。比如，如果我国降低了进口轮胎的汽车关税，那么相当于降低了本国汽车制造商奇瑞的成本，所以有利于提高其企业利润，从而促进其生产率的提高。

最后来看中国中间品关税的减免对全要素生产率的提升作用。在所有的不同贸易自由化形式中，到底哪个对企业的全要素生产率促进作用最大呢？在笔者发表在《经济学期刊》（*Economic Journal*）的论文中，用中国的微观企业数据进行研究，一开始我们发现最终品关税的下降对企业全要素生产率的促进作用比较大。但如果考虑到中国的贸易有一半以上是加工贸易（目前约有1万亿美元），而加工贸易是免交关税这个重要性质的话，我们的发现就会有所不同。特别地，如果去掉加工贸易的话，我们发现中间品关税减免对企业全要素生产率的提升作用更大。这个发现跟其他用发展中国家的数据做出来的结果是一样的。

总之，21世纪以来，我国的微观企业的全要素生产率有很大的进步，贸易自由化是重要的促进因素。新世纪以来，各种贸易自由化可以解释中国15%的全要素生产率的增长。

同时，我们也看到，中国经济目前也面临着一些挑战。特别是中国的老龄化对中国宏观经济的启示。中国现在的老年人的人数也在不断地增长。目前中国有13.7亿人，而人口抚养比是37%。所谓人口抚养比，就是年龄高于65岁的人和年龄小于15岁的人占总人口的比重。37%的人口抚养比从世界层面横向比较来讲是很低的，但从时间层面纵向比较的话，是在不断上升的。目前，我国60岁以上的人口有2.22亿人，占了总人口的16%，也就是说老龄化将会是我们面对的很现实的问题。

人口老龄化对中国经济的增长有三个方面的影响。

第一，不断增加的人口老龄化表明中国不再是一个劳动力廉价的国家。现在我们已经意识到了这一点，我们的劳动力不是可以无限供给的，2004年之前人口红利最多的时代已经过去了。之所以人口红利在下降，主要是两个原因导致的。一个是我们的劳动力本身的供应量在下降，另一个是我们在各个地区实施了最低工资法。

总之，目前我们已经不再是劳动力密集型的国家。对此，我们前面也已经举出中国与非洲等其他低工资国家的劳动力成本的差距了。这里学术界需要回答的一个问题是：我国各地区最低工资的实施能否提升我们出口产品的国内附加值？

笔者与崔晓敏、袁东的论文《最低工资和出口的国内附加值》研究讨论了最低工资上涨对我国出口企业国内附加值比的影响。研究发现，当要素替代弹性较大时，最低工资上涨促使企业生产成本上涨，用资本、中间品等替代非技术工人，并最终导致其利润率、成本加成和国内附加值比降低。然而，当非技术工人的可替代性较小时，最低工资上涨则可能使得企业的国内附加值比重被动提升。利用中国工业企业数据进行研究后发现：首先，最低工资上涨使得一般贸易企业的国内附加值比下降，但劳动生产率和资本密集度上升有助于冲销最低工资带来的负向影响。

其次，最低工资上涨则对不同生产率和劳动密集度的加工贸易企业存在异质性影响。特别地，当企业的劳动生产率和资本劳动比较低时，最低工资上涨可能迫使其国内附加值比重被动提升。

第二，回到真实世界中，紧接着的问题是到底有多少工作可以外包转移呢？中国目前的总就业数是7.8亿美元，其中，制造业就业数占了35%，这样一算，制造业的就业数2.5亿美元，而在制造业部门最少会有8千万工人。这其中哪怕一小部分转到外国去也会对当地的就业产生积极明显的影响。

那么，哪里才是中国劳动力密集型产业的目的国呢？通常的看法是离我们比较近的东南亚国家，但其实不然。这是因为东南亚国家的劳动力成本也在不断地上升，所以现在把生产的基地从中国转到东南亚国家的企业，他们在一两年之后会发现劳动力成本的优势又不复存在，那么，中国企业还要再搬家，所以东南亚国家并不是理想的选择。相反，那些投资环境比较理想、社会治安又比较好的非洲国家倒不失为一个理想的选择。

第三，如果劳动力密集型企业搬出去了，那么中国国内的劳动力如何找工作呢？我认为他们应从劳动力密集型行业更多地转到以服务为重心的行业。目前我们的第三产业占GDP的比重只有50%，比许多经济合作组织国家的75%—80%的水平要低得多，所以中国现在还有很大的发展空间。"大众创业"的一个成功的例子就是小黄车（ofo）共享单车项目，该项目是北京大学的学生发起的，该项目就做得很成功。

中国还应该尽快提高产品的质量和附加值。尽管产品的质量和国内附加值并不是相同的概念，但它们总体而言是正相关的。不久前，笔者和张睿的论文《中国制造业出口质量的准确衡量：挑战与解决方法》重新准确地衡量了中国制造业企业的出口品质量。研究强调了，当要衡量企业产品的质量时，传统使用产品的单价来作为代理变量的做法是不准确的。因为不同的产品如果有同一单价时，占有市场份额较大的产品质量应该比较好。不过，光考虑单价和市场份额这两个需求面的因素也不能完全决定产品的质量高低，同时还得考虑供给面的因素——高生产率的企业通常可以把产品的价格定得较低来保证竞争力，但这并不说明它们的产品质量差。总之，他们认为，只有产品的质量提升了，企业的生产率才能提高，中国经济才能持续地增长。

  总的来说，特朗普上台后实行了贸易保护政策，逆全球化趋势明显。习特会之后中美贸易呈现良好势头，中美未来的发展态势应该会有良好的发展。但中国也应该未雨绸缪，如果特朗普坚持打中美贸易战，中国必须努力避免负面影响，大力实现贸易全球化，推进自由贸易，积极扩大进口，积极做实"一带一路"的工作，争取"百花齐放春满园"的合作共赢的国际环境。同时努力提升企业生产率，保证中国经济的持续增长。

（本文载于《人民日报》海外版，2017年6月14日）

G20汉堡峰会：在不确定的世界中寻求最大共识

7月7—8日，G20将在德国汉堡举行第十二次领导人峰会，比起以前的峰会，这次可能是备受各界关注的一次峰会，也可能是看点最多的峰会之一。主要看点有三：第一，全球化的大旗还能继续飘扬吗？第二，特朗普"首秀"G20，是来"围炉"还是来"踢馆"的？第三，中国在G20峰会乃至以后全球经济贸易中会扮演什么样的角色？

背景

世纪之交，贸易全球化已成为时代的潮流。WTO各成员在多哈正式开启千禧回合谈判，本来各国信心满满，预期假以时日，各方可以深入谈判，像第八轮乌拉圭回合一样完美收官。不过，尽管近20年过去了，多哈回合虽说取得了许多阶段性成果，完成了超过80%的议题谈判，但行百里者半九十。富国在取消农产品出口补贴上，穷国在服务业准入和加强知识产权保护上都不愿意再轻易让步。再加上2008年的全球金融危机的冲击，外需疲软，各国特别是发达国家经济增长乏力。在这种背景下，各国基本对WTO多边谈判失去了信心，而努力通过地区贸易协议促进与主要贸易国的自由贸易。

不过，自2017年特朗普就任美国总统以来，更是多次强化单边利益，强调"美国优先"。全球化似乎不再是毫无争议的时代趋势；相反，以美国为首的孤立主义和逆全球化一时颇有市场。而特朗普又因其经常不按常理"出牌"，政策具有高度的不确定性，再加上美国依然是全球经济总量最大的国家，占有全球近 1/4 的 GDP，后经济危机时代也就成为高度不确定的时代。

正是在这背景下，汉堡的 G20 领导人峰会就显得更加重要了。毕竟，G20 占有全球经济的九成，贸易额则占了全球贸易的八成。不同于八国集团，G20 既有西方发达国家，也有亚非拉的新兴工业发展中国家。俗话说，牵牛就牵牛鼻子。如果 G20 这次峰会谈妥了，那么就很有可能影响以后的 77 国集团谈判，给 WTO 的多哈回合"临门一脚"，完美收官。至少，经济全球化和贸易自由化将成为时代不可逆转的潮流。各国也可以在自由贸易中实现贸易红利，促进经济共同发展。

美国

当然，G20 峰会能否取得丰富成果，很大程度上取决于美、中、俄和欧盟的态度。美国总统特朗普首秀 G20 峰会，他到底是来"围炉"还是来"踢馆"的呢？对特朗普来说，政策不确定性可能就是他的最大确定性。2017 年 5 月的七国集团会议，坚持贸易保护主义与孤立主义的特朗普在贸易和气候变化问题上与欧洲各国矛盾公开化。德国总理默克尔更是清楚地认识到"我们可以完全信赖别人的时代已经结束了"。的确，马歇尔计划在 70 年前可以有，但在今天不会再有了。

那么，对特朗普而言，在 G20 的首秀中，"围炉"和"踢馆"哪个是他最优的策略，已经是不言而喻。目前，北美自贸区弄不好已是分崩离析。墨西哥自不必说，就连"最铁兄弟"加拿大也开始貌合神离。事实上，加拿大对北美自贸区前途已非常悲观，并多次探讨建立中加自贸区的可能性。如果欧盟再拉不住，那么美国真的要成为"孤家寡人"。要知道，今天的全球格局可不是第二次世界大战过后美国在西方世界中一国独大了。何况这次他还要和普京首次见面，如果欧洲后院再起火，岂不会让人家笑话？特朗普是个精明的生意人，亏本的生意是不会做的。所以，你说他会过来"踢馆"吗？

中国

　　至于中国在汉堡 G20 峰会上的作用，那自然是不可或缺的。自特朗普威胁全球各国要退出 WTO、制裁主要贸易伙伴以来，中国一直高举自由贸易的鲜明旗帜。事实上，中国已成为贸易全球化最重要的中坚力量，甚至做好成为全球自由贸易最后捍卫者的角色。从积极推动多哈回合谈判、RCEP 谈判再到近年的"一带一路"倡议，中国一直努力推动贸易全球化的发展。G20 中大部分国家已深刻领略到中国巨大的国内市场和强大的"世界工厂"制造能力，只有与中国发展自由贸易，才能有效走出后金融危机时代的经济发展颓势。也正因此，可以预料，中国将是 G20 中最受瞩目、备受欢迎的国家之一。

　　对于特朗普政策的不确定性，欧洲的最优策略就是以不变应万变，不管美国怎么说、怎么做，与亚非拉各大发展中国家发展自由贸易，全面促进经贸合作，努力推动全球化发展。其实，如果特朗普真的继续一意孤行推行贸易保护主义，或者对中德等贸易顺差大国实行贸易制裁的话，美国国内物价就会因为无法从这些贸易大国进口低价高质的产品而居高不下，最后福利受损的还是美国普通老百姓。而相反，中国则可以与俄国、欧盟各国通过"一带一路"建设努力加强经贸合作，互相提升国民福利。所以，在这个大国博弈中，对欧盟而言，最优的策略就是不看美国脸色，不管特朗普是否是来"踢馆"，对美国丢掉幻想，自力更生，与以中国为代表的新兴发展中国家展开深度经贸合作，这样，欧盟方能在充满不确定性的世界中立于不败之地。

（本文载于《人民日报》海外版，2017 年 7 月 6 日）

"301条款"解决不了中美贸易失衡

中美贸易失衡问题并不是个新问题,而是由来已久。自美国总统特朗普上台后,这个问题又被重新翻出来,而且是"大题大做"。美方先是威胁要强迫人民币大幅度升值,接着特朗普又威胁要对中国征收高达45%的高关税。

8月1日,特朗普政权更是准备依据《美国贸易法》中"301条款"对中国展开调查,考虑对中方实施部分产品高关税制裁。一时,山雨欲来风满楼。中美贸易是"战"是"谈",又一次处在十字路口。

为什么会有贸易失衡?

要全面客观地理解中美双边贸易,第一个问题自然是贸易逆差有多大,使得山姆大叔再次坐不住了。看看美方公布的数据,2016年美国对中国货物贸易逆差高达3470亿美元,占美国货物贸易逆差总额的47%。就是说,中国一国的贸易顺差,与其他近200个国家(地区)对美国的贸易顺差差不多。从这个角度看,难怪特朗普政府又要大惊小怪。

不过,如果只强调这个数,那么对中国并不公平。从中方的角度看,双边贸易失衡并没有这么大。

第一,在美方的统计中,从中国香港地区出口到美国的产品也计算在内,这并不合理,因为中国香港地区本来就是全球最大的一个自由贸易港,从中国香港地区出口的商品并不都是从内地转口过来的。

第二,美国只强调他们的货物贸易逆差,但从来不提服务贸易顺差。事实上,虽说比起货物贸易,服务贸易现在盘子还不是很大,但作为中美"百日谈判"的一个主要成果,中方开始大尺度地对美方放松服务准入。所以,美方服务贸易的顺差自然也会与日俱增。

最重要的是,中方虽有巨额贸易顺差,但其实钱并没有往中国人的口袋里流。因为中国长期处在全球价值链分工的低端,主要是做装配加工品,产品附加值低。

一句话,今天的中美贸易失衡,不是中方刻意为之,而是全球价值链分工和两国产业结构差异、要素禀赋差异等因素导致的不同比较优势的共同结果。美国处在全球价值链的顶端,在产品的设计、研发方面占尽先机。但美国劳工成本相对于中国来讲,平均要贵三倍左右,在工业品制造上并没有比较优势。这个现象不仅在鞋帽等劳动力密集型产品上明显,在交通运输设备这些产品上也存在。

或者说,中国在货物贸易上有顺差,就如美国在服务贸易上有顺差一样,是两国经济结构差异的存在。

贸易谈判解决双边失衡

如果理解了这点,特朗普总统就大可不必这么"愤怒"了。那么,如何解决双边贸易失衡呢?说到底,解决办法不外两招:贸易谈判和贸易战。如果目前美国一意孤行,置全球贸易自由化之趋势于不顾,冒天下之大不韪,一定要霸王硬上弓,对中国单方面地实施霸道的"301条款",可能最后的结果还是搬起石头砸自己的脚。

之所以如此,理由有三。

首先,美方对中国部分产品征收高关税,固然会减少中国对美的出口,但却不见得有利于生产这些产品的厂家和背后的特殊利益集团。因为如果不从中国进口,美国还是得从其他国家(如印度尼西亚、墨西哥等国)进口,毕竟美国企业在这些产品上,没有任何的比较优势。

其次,更为重要的是美国发动贸易战,真正吃亏的还是美国普通老百姓。有一本名为《离开"中国制造"的一年》的书,讲的是一家普通美国家庭,发誓1年不买任何中国制造产品,后来,他们发现,小日子根本没法生活下去。不买2美元的中国拖鞋,就得买贵6—7倍的韩国拖鞋。生活成本贵得离谱。我们最近的一个研究也发现，如果美国征收45％的高关税，没有了中国的物美价廉产品，美国国内物价大幅度提高，最后受损最大的还是美方。其结果必然是损人不利己。

最后，中国自然不能坐以待毙，来而不往非礼也。美国如发动"301条款"，事实上是以国内法凌驾于国际规则之上。根据WTO规定，中方有权到WTO争端解决机构告美国，该机构有义务在一年半之内做出终裁。如果中方胜诉，中方可以合理合法地对美国出口中国产品，特别是美方有大量贸易顺差的农产品征收"双反"。如果这样，美国必然是"赔了夫人又折兵"。

所以，看来贸易战解决不了问题。想要解决问题，还是得老实回到谈判桌上来。事实上，在过去三个月紧锣密鼓的"百日谈判"中，中方已经尽显诚意，主动在多个领域降低市场准入条件，增加进口，美方不宜太急。时下特朗普不妨多向他的前任奥巴马总统学习，多提升本国产品的国际竞争力，可以也学前任出台个"五年出口倍增计划"。毕竟，要想减少贸易逆差，关键是得多练内功，提升自身产品的国际竞争力。同时，取消对华高科技产品的出口限制。只有自己想通了多出口多挣钱，而不是去减进口堵人家财路，才是长久之道。

这么粗浅的道理，特朗普先生这么精明的商人，怎么会想不通？说到底，估计还是脑子里有根深蒂固的"老大不能吃亏"的想法吧。

（本文载于《每日经济新闻》作者专栏"贸似如此"，2017年8月7日）

"301调查"这着棋美方未下先输

当地时间8月14日,美国总统特朗普签署行政备忘录,授权审查所谓的"中国贸易行为",包括中国在技术转让等知识产权领域的做法。在特朗普授权下,美国贸易代表罗伯特·莱特希泽可能按照美国《1974年贸易法》第301条,对中国发起所谓的"301调查"。

一石激起千层浪。一时间,"301调查"成为热门话题。

不过,美国官员当天未明确地说明美国贸易代表将在何时作出最终决定。按照法律流程,一旦启动"301调查",美国将首先与中国磋商解决,如果双方无法达成一致则调查可能持续长达1年。

事实上,这并不是美国第一次企图使用"301调查"为难中国。早在20世纪80—90年代,美国曾频繁对包括中国在内的多个贸易伙伴发起"301调查"。但1995年WTO成立后,美国政府开始很少使用这一过时的调查工具。

特朗普此一举动,意欲何为?中方应该如何应对?在笔者看来,"301调查"是着臭棋,美方未下先输。来而不往非礼也,美国如果真的启动"301调查",中国可以有理有利有节地进行回应,包括做好启动"双反"的准备。

"301调查"是臭名昭著的贸易大棒

自美国开国以来,其实山姆大叔长期奉行贸易保护的"关门主义"。早在20世纪30年代初的全球大萧条期间,美国就启动《斯穆特—哈维关税法案》,对进口品征收高达60%的关税。其时美国已是全球经济翘楚，老大如此做事，其他国家自然纷纷效仿，这对全球大萧条无异于"雪上加霜"，某种程度间接地导致了一些国家走上法西斯道路，最终爆发了第二次世界大战。

战后，作为最大赢家，美国经济总量甚至达到全球的半壁江山，一时风光无两。但好景不长，70年代初随着布雷顿森林国际货币体系的瓦解，美国外贸比较优势明显下降。为力挽颓势，美国通过了《1974年贸易法》，其中出现了几条针对外贸逆差的杀手锏。大棒之一就是臭名昭著的"301条款"。

"301条款"又分几个版本，比如特朗普现在对中国挥起的大棒其实是叫"特别301"，基本内容是说，如果美国裁定本国的知识产权在国际贸易中受到了相当的损害，则美国有权单方面对贸易国启动贸易调查。一旦论证做实，则可以对贸易国征收高关税或实行其他非关税壁垒。

当然，是否一定要找到铁证呢？那自然也不必，"莫须有"的证据就够了。简单说，按照"301条款"的逻辑，看你不顺眼，山姆大叔什么时候想整你一把，你都等着挨揍吧。

这么说来，中国是天下第一家"冤大头"吗？当然不是。美国从来都是把贸易大棒挥向全球第二大的经济体的。1968年，日本取代德国成为全球第二大经济强国之后，美国开始掉转炮头对准日本，这在80年代初的"日美汽车战"表现得淋漓尽致。其时，美国同样指责日本汽车对美国市场进行低价倾销，并导致美国通用等汽车公司亏损。因此，威胁要对日本启动"301条款"调查，并征收反倾销税。故事的最后是日本妥协，自愿限制日本汽车出口，美方偃旗息鼓。

当然，日本也精得很，吃亏的事情是不会做的。日本人一方面"明修栈道"，积极配合美国，限制汽车出口；同时，"暗度陈仓"，丰田、本田等公司大规模跑到美国本土去建厂投资，挣钱笑得合不拢嘴。这次"301调查"，美国人是赢了"面子"，输了"里子"。

德国哲学家黑格尔有句名言：历史有重演的特性，它会一直持续到教训被人领悟为止。莫非特朗普先生没听过这句话？要知道，中国现在对外直接投资全球占比已达一成，暂居全球第二。

对中国启动"301调查"违背世贸规则

当今中国经济位居全球第二,美国又准备向中国挥起"301"大棒,连"温情脉脉"的面纱都懒得带上,方法可谓直接、简单、粗暴。

不过美国这样做,首先法理上站不住。21世纪的今天,中美都是WTO的成员国,而且是最重要的贸易大国。WTO明文规定,国际贸易中,出现任何不公平贸易行为,一方可到WTO争端解决委员会击鼓鸣冤,争端解决委员会保证18个月内做出最终裁决。美国如果单方对华启动"301调查",等于违背国际经贸规则,无视国际经贸协议。

再来细看,美国指责中国的论据是否在理。特朗普政府主要提出:中国既不保护美国企业的知识产权,又限制美国在华的投资,在华投资需要以合资公司的形式。这真是"欲加之罪"。

(本文载于《每日经济新闻》作者专栏"贸似如此",2017年8月18日)

"301调查"：过时的贸易保护主义大棒

8月14日，美国总统特朗普签署总统备忘录，授权美国贸易代表罗伯特·莱特希泽决定是否就中国可能损害美国在技术转让、知识产权、创新的相关情况展开调查。8月18日，罗伯特·莱特希泽发表声明称，将根据美国《1974年贸易法》第301条对中国正式启动贸易调查（以下称"301调查"）。

何谓"301调查"

"301调查"源自美国《1974年贸易法》，该法中含有几条针对外贸逆差的"撒手锏"，大棒之一就是第301条款（以下称"301条款"）。《1988年综合贸易与竞争法》对"301条款"做了修改，增加了"超级301条款"（针对限制美国产品和劳务进入其市场的国家）和"特别301条款"（针对那些对知识产权没有提供充分有效保护的国家）。

根据该条款规定，美国贸易代表在得到美国总统授权后，通过调查，如果能够裁定他国立法或行政上违反贸易协定，损害美国所应享有的权利和利益，则可以采取强制性报复措施。如果能进一步裁定贸易国有"不正当"的做法，并对美国商业带来负面影响的，便可实施"301条款"——对贸易伙伴征收高关税或者强加其他贸易壁垒。

需要强调的是，"301条款"是美国国内法，却被用来以一国单边法律处理国际多边或双边的贸易争端，美国作为WTO成员，这种行为在法理上是站不住脚的。

1994年，GATT成员同意把GATT升格成为WTO，其中最主要的原因之一就是在 WTO 的框架下，各成员如有任何贸易争端，都应诉诸 WTO 争端解决委员会来解决，各成员不得擅自制定本国相应的制裁措施。

其实，在 WTO 成立之前，美国对其贸易伙伴多次通过"301 条款"进行贸易恫吓，最著名的当属 20 世纪 80 年代初的美日汽车贸易摩擦。这次贸易摩擦以日本做出"自愿"限制汽车出口的决定而告终。

自 WTO 成立以来，美国也曾对中国、乌克兰甚至是关系最密切的贸易伙伴加拿大发起或威胁发起"301 调查"。此次美国之所以对中国发起"301 调查"，也与中美经贸关系现状紧密相关。

中美经贸关系现状

自 1978 年我国改革开放以来，中美贸易发展迅速。1986 年，美国成为中国的第二大进口国和第三大贸易伙伴。1999 年，美国政府彻底废止杰克逊-瓦尼克修正案，中国自此得到美国的永久最惠国待遇。自 2001 年中国加入 WTO 以后，中美经贸关系进入蜜月期，双边贸易额迅速增长，根据海关总署和商务部发布的数据，中美双边贸易额从 2001 年的 805 亿美元增长到 2016 年的 6 196 亿美元（包括货物贸易和服务贸易）。

与此同时，中美之间的贸易失衡也不断扩大。根据海关总署和国家统计局数据，中国对美贸易顺差从 2000 年的 297.4 亿美元上升到 2016 年仅货物贸易顺差就有 16 528 亿元人民币（据 2017 年 1 月 1 日汇率约合 2 406 亿美元）。中国对美国持续扩大的贸易顺差是引发中美贸易摩擦的直接原因。在布什总统和奥巴马总统任期内，美国政府向中国纺织业和其他低端制造业产品实施严格的配额和高额的关税，以此保护美国本国产业。不过，这些局部的贸易摩擦并不能改变两国推行自由贸易合作的总体趋势。美国新任总统特朗普上任后，推行贸易保护主义政策。

为使中美回到自由贸易、互惠互利的合作轨道，中方积极寻求与美国合作，分别实施中美经济合作百日计划、中美全面经济对话等四个高级别的对话机制。但美方仍然没有意识到中国对美国的巨额贸易顺差是因为两国基于要素禀赋不同、经济发展阶段差异、国际分工的区别所造成的，坚持认为美国的大量贸易逆差导致美国丢失了大量的工作岗位。

事实上，中美贸易顺差虽在中国，而利益顺差却在美国。这主要基于两个原因：第一，中国虽有大量贸易顺差，但产品的附加值非常低，比如iPhone，虽为中国制造，但其进口到中国的各类中间品加起来已占了产品售价的约九成以上。换言之，中方只挣了不到一成的利润，而重头则留给做研发的美国。第二，中国虽有大量因贸易顺差而积累的外汇储备，但由于目前外汇储备主要是投资美国国债，这相当于美国是从中国融资来发展本国经济，所以最大的得益方还是美国。

美国为何要对中国启动"301调查"

由于美国对中国存在巨大的贸易逆差，特朗普本来希望通过把中国定义成为"汇率操纵国"，从而强迫人民币大幅度升值，降低中国产品的出口竞争力，减少美国对中国贸易逆差。但因为没有足够事实来佐证中国有操纵汇率的嫌疑，退而求其次，对中国发动"301调查"。

特朗普当局此次对中国挥起的贸易保护大棒其实是"特别301"，基本内容是说，如果美国裁定本国的知识产权在国际贸易中受到了相当的损害，则美国有权单方面对中国与知识产权相关的产品征收高关税或实行其他非关税壁垒。

其实，就知识产权保护而言，根据收入水平区别对待是国际经贸谈判中的一个基本标准。再者，中国这些年对知识产权保护的成绩有目共睹。此外，美国指责中国说部分美资企业在华投资受到限制，被要求采取合资形式，然而，对非生产型非制造业的企业或者涉及国家安全的企业投资，任何一个国家都会有所保留，中国的做法无可厚非。

反过来看，美国对外资企业的调查更为严厉，设置的门槛也是最高的。第一，美国不允许外资企业染指关系到国计民生、国家安全的行业；第二，哪怕中国的民营企业去美国投资，有的也会受到限制。

事实上，中方非但没有排斥美国在华投资，而且非常积极主动地吸收美资。为了吸引外资，来华投资的企业在中国一度享有优惠政策。例如，在利税征收上，中国对外资企业长时间实行"免二减三"的税收政策。从这个角度看,美国的指责客观上是站不住脚的。

"301调查"对中国影响几何

按照"301调查"的规定,如果中国被"301调查"裁定有"不正当的"做法,并对美国生产和外贸带来负面影响的话,那么美方所采用的报复性措施不仅针对中国本身,也可以扩大到其他出口类似产品的国家。同时,贸易制裁并非仅锁定在受调查的与知识产权相关的行业本身,而是可以扩大到其他行业的产品。当然,制裁最重的情况是中止对中国的最惠国贸易待遇,这将直接违背WTO的基本原则——WTO的成员必须给予另外一个成员跟其他成员一视同仁的最惠国贸易待遇(有自由贸易协议的除外)。

美方也可能把贸易制裁侧重在与知识产权相关的行业,比如计算机软件行业上,但因为软件行业的贸易额太低,中方在软件行业上并没有明显的比较优势,出口额也不高,所以可能性较小。更可能的情况是,美方会对中国存在比较严重的过剩产能行业下手,理由则是美方主流认为,正是因为中国有了严重的产能过剩,才会对美国进行低价倾销。所以,具体来说,有七大产能过剩的行业未来会面临比较大的压力。这七大产业分别是钢铁、水泥、光伏、纸箱、船舶、电解铝、玻璃。此外,中方传统的优势产业,如纺织业也可能面临一定的制裁风险。

中国应对"301调查"主要在三个方面

第一,通过加强与其他WTO成员特别是跟中国有比较接近的出口类型的新兴工业国家沟通,抢占舆论制高点。让他们意识到美国如果对中国发动贸易制裁,则有可能"唇亡齿寒"——其他国家的类似产品也会面临美国贸易制裁的风险。这样,他们也会积极加入到中方阵营,努力阻止美方接下来可能发起的单边贸易制裁。准备好到WTO争端解决委员会申诉,让WTO更多的成员看到事实的真相。

第二,做好美国产业界、学术界甚至是政界那些支持自由贸易议员的工作。让他们了解到中方在知识产权保护方面其实进步很大，中方企业在美国和中国注册了大量的专利保护，事实上美方产业界也正是中美自由贸易最大的受益者。同时，多争取美国对华友好的智库的支持和理解，让更多各界精英和普通大众认识到，美国贸易制裁只会使美国人享受不到价廉物美的中国产品，对美国的福利造成损失。

第三，做好启动"双反"的准备。"301调查"是针对国家层面，而非企业层面，所以，一旦美方启动调查，商务部应对美国进口农产品进行反倾销反补贴调查。

中国外交部发言人华春莹8月14日表示，在中美利益相互交融日深，已经形成你中有我、我中有你的紧密格局下，打贸易战没有前途，没有赢家，只会双输。

中国商务部发言人也强调："美方应珍惜当前中美经贸关系良好的局面和合作态势，美方的任何贸易保护主义做法必将损害双边经贸关系及双方企业利益。"

（本文载于《半月谈》，2017年9月）

备战促和，沉着应对

2018 年 3 月 23 日，美国总统特朗普签署备忘录，根据 2017 年发起的特殊"301 调查"初步结果，认定中国在美国知识产权和商业秘密方面存在盗窃行为，拟对中国税额约 600 亿美元的货物征收高达 25% 的进口关税。具体措施将由美国贸易代表办公室在两周内落地具体征收关税方案。7 小时后，中国商务部出台具体应对措施，对约 30 亿美元的美国进口农产品加征 15% 或 25% 的高关税，至此，中美贸易摩擦升级。中美贸易战也有可能一触即发。

特朗普为何步步紧逼

中美贸易摩擦近一年来逐步升级，早在 2017 年年初，特朗普一上台便马上威胁要把中方定义为汇率操纵国，征收高达 45% 左右的关税。接着，2017 年 7 月至 8 月，又指责中国存在盗窃美方知识产权的行为，开始启动对中国的"301 条款"调查。到了 2018 年年初，美方再次升级贸易摩擦，准备对其主要进口国的进口钢铁产品征收高达 20% 的关税。同时，又似乎网开一面，指出有些国家可以通过谈判取得关税豁免。可以预期的是，处于北美自贸区的加拿大和墨西哥可以获得豁免，欧盟各成员国最终也能"顺利过关"，但唯独中国不太可能获得豁免。这不，最近靴子落地，根据所谓的"301 调查"结果，准备对中方 600 亿美元的产品课税。中美贸易摩擦步步升级，终于擦枪走火了。

特朗普团队之所以这么做，表面的原因，自然是中美贸易逆差，中美贸易失衡。以中方口径计算，2017 年中美贸易逆差保守的数据也高达

2 760亿美元，占了美方逆差的2/3。对此，美方断定，之所以有大量双边贸易逆差，主要是因为中方长期实行出口退税等补贴政策，并存在知识产权盗窃乃至对美国市场低价倾销行为。

因此，美方希望通过对中方征收高关税来减少贸易逆差。尽管钢铁产业在中美的贸易额相对较低，只有17亿美元，占比不到中美贸易额的1%。但美方贸易摩擦首指钢铁产业，主要是因为美国的钢铁工会力量很强，经常组成特殊利益集团游说两党，影响到总统及两院选举结果。

不过，这次"301调查"结果比坊间预计的结果更差。因为20世纪90年代，美国对华三次"301调查"都是"雷声大雨点小"，所以市场上多少预计这次调查也会无疾而终。但特朗普不是克林顿，不但开出天价筹码，涉税金额达600亿美元，而且箭指中国核心产业：高铁装备、新一代电子通讯业、新能源汽车等。其实，美国在这些领域认定中方存在知识产权保护过弱或者剽窃美方技术等问题，是"欲加之罪何患无辞"。美国高铁产业并非世界领先，中国何来剽窃？相反，众所周知，许多高铁装备技术都是中方自主研发的。

所以，特朗普通过"301调查"来挑起贸易争端，可以说是"项庄舞剑，意在沛公"。此次"贸易战"所指的产业都是"中国2025制造"发展的核心产业，这些产业代表着中国国家高端制造业发展的方向，已经超越了贸易争端。所以这次的贸易摩擦升级表面上是因为双边贸易失衡，实质上是美方希望通过贸易壁垒打压中国未来发展的高端制造业产业。

对美方而言，这可不是什么阴谋论，甚至可以说就是"阳谋"。美国总统此前国情咨文中已经写得很明白，"中国是美国发展的战略竞争对手"。卧榻之旁，岂容他人酣睡？作为一个竞争意识很强的商业高手，特朗普当然懂得"不战而屈人之兵"为上上策。所以，如果中方对美方不断扩大的贸易摩擦不作为，恐怕是"树欲静而风不止"。

中方只能"备战促和"

为回答这个问题，不妨回溯下过去一年中美贸易博弈。当特朗普2017年威胁要把中国定义为汇率操纵国的时候，中方的确做出了很大的让步，并尽最大诚意，力求平息贸易争端。在特朗普百日计划出台后，中方在2017年5月推出早期收获成果，在10个领域增加从美进口。事实上，如果美方对华高科技产品不采取出口限制的话，中方更愿意从美方进口更多。

但事与愿违，2017年8月美方开启对中方的"301调查"。中方对此并没启动大规模的双反措施。接着，11月特朗普访华，为了争取贸易合作双赢，中方更是开出2 500亿美元进口大单，这完全可以弥补美方一年的中美双方贸易赤字。特朗普走的时候很开心，高赞中国的合作支持。这一趟，特朗普是赢了面子，也得了里子。但时隔不久，一开年就杀个回马枪，重启钢铁高关税。这就是两面的特朗普！

应该深刻地认识到，中美两国双边贸易失衡，并非两国贸易政策制定所导致的结果，而是两国要素禀赋比较优势的自然结果，也是两国深度融入到全球经济一体化的必然结果。

相对于美国而言，中国是劳动力丰富型国家，纺织鞋帽等劳动力密集型产品的成本优势非常明显，所以中方在这些劳动力密集型产品上有比较优势。至于电子、机械、交通运输产品等中国出口量最大的产品，其实大多是加工贸易，目前加工贸易还占中国出口的1/3，并且其中许多核心零部件都是从美国、欧盟、日韩等国家和地区进口的。

这就会有两层含义：第一，中方有巨额贸易顺差，不等于中方有巨额贸易利差。

第二，如果中间品大部分从美国进口，特朗普对中方最终品课税，其实受损最大的也还是美国企业。笔者与上海财经大学的余智教授、美国乔治敦大学的路德玛和马伊达教授的一个合作研究已为此提供了大量的实证研究结果，即目前美国学术界和部分企业界有识之士对特朗普当局非常不满。诺贝尔经济学奖得主迈克尔·斯宾塞在一次学术研讨会上甚至鼓励中方对美方征收更高的关税，以牙还牙。

以目前情形来看，中方已经无路可退。如果一味纵容，美方肯定会变本加厉，到时，中方制造业将面临更大挑战，实体经济发展会更难，和气生财只是一厢情愿。所以，如今之策，只有备战促和，以小战换大和。

当然,并不是说中方目前对美国 30 亿美元进口品征收高关税,特朗普就会停手、进行贸易谈判。在国际经贸博弈中,知己知彼是最起码的要求,同时也要知道对方也是"知己知彼"。聪明人不会假设自己比对方更聪明,在这个具有完美信息的博弈中,如果美方继续将贸易摩擦升级成贸易战,美方能赢吗?中方该怎么办?

美国或成贸易战最大输家

那么,如果特朗普继续升级贸易摩擦,做实"301 罚单",同时,对中国出口到美国最重要的机械、电子设备、交通运输产品征收高关税的话,那么,贸易战就会全面来临。对此,中方该何去何从?

早在 2017 年贸易摩擦开始升级时,笔者与清华大学的郭美新、陆琳和香港中文大学的盛柳刚三位教授合作研究了中美贸易战对中美双方的经济福利影响,论文已经发表在 MIT 主办的 AEP 上。我们基于一般均衡模型框架,运用最新 62 个主要贸易国的数据进行模拟计算,讨论了如果特朗普首先打起贸易战,对中方主要出口品征收高达 45% 的高关税,美国会赢吗?中国如何面对?

特朗普发起贸易战,中方有三种策略:不还手;单手还手(即对美贸易报复);还有双手还手(就是对美贸易报复,同时,对其他国家加大贸易开放程度)。不管是哪种情况,在全球 62 个国家中,美方基本上都是最大的输家。透过模型背后的数据和公式,直观的理由如下:

第一,如果美方对中方主要产品征收高关税,中国产品基本上无法进入美国市场,美国老百姓得为此付出翻倍的价格购买同样的消费品,翻倍的价格推高了居民消费价格指数(CPI),导致老百姓真实福利下降。

第二,如果中国产品进入不了美国,美国也无法拿回相应制造业的蓝领工作岗位。因为东盟其他国家在劳动力密集型产品的比较优势都比美国明显得多,美国不从中国进口也必须从其他国家进口。美国国内厂商根本没有能力争夺市场并创造相应的工作岗位。

第三,如果贸易战全面开打,中国不能再到美国并购投资,绿地投资也会很困难，这样美国会损失更多的就业机会，目前保守的估算是26万个工作岗位。

第四，如果贸易战再进一步升级成为金融战，中国拿3万亿美元从欧盟、东盟进口产品，不买美国国债。这样，釜底抽薪之下，美方计将安出？

中方应对贸易战的三种对策

回过头来讨论贸易战开打，中方的可能对策和影响。

中方的第一个对策：只挨打不还手，继续打太极，口诛笔伐而实不至。如果这样，由于中方失去了占目前出口总额13%的美国市场，中国的出口受到很大影响，会有大批制造业企业倒闭或减产，工人下岗失业。所以总体福利恶化，在62个主要贸易国中福利变化排名居中。

中方的第二个对策：来而不往非礼也，中方以牙还牙，对美方主要出口品征收高达45%的关税。同时，没有其他贸易策略政策，中方依然保持巨额贸易顺差。如果这样的话，短期内中方损失会更大。一方面中方因无法向美方出口而导致就业受到影响；另一方面国内上游生产品价格会上涨，所以国内生产者价格指数（PPI）或者消费品价格指数会上涨，老百姓真实收入下降。在62个主要贸易国中福利变化排名居后。所以如果打贸易战，我们应该对短期阵痛有充分的心理准备。但如果能以战止战的话，短期的贸易战阵痛则可以换来长期的自由贸易所得。

中方的第三个对策：中方以牙还牙，对美方主要出口品征收高关税。同时，扩大从其他国家特别是欧盟、东盟及"一带一路"倡议沿线国家的进口。欧盟和东盟目前是中国的最大和第三大贸易伙伴，"一带一路"倡议沿线68个国家则占了中国外贸的1/4。如果中国能从这些国家增加进口，则可以有效降低上游生产品和下游消费品的国内价格，有效地提升老百姓的真实工资水平。这样，中国基本上不会受到中美贸易战的影响。总体经济福利变化不大。

综上，短期看，中美打贸易战，中方肯定会有阵痛。但长期看，如果中方只打不还手，中方会输了面子，也输了里子（最怕的还是欧盟也跟风而上），是下下策。如果中方实行贸易报复，以牙还牙，短期会受损严重，长期则可以"以战止战"，是中策。如果中方实行贸易报复，同时增加从欧盟和东盟国家的进口，则中国基本不受中美贸易战影响，是为上策。

有利有理有节应对中美贸易摩擦

摸清全面开打中美贸易战的可能影响后，如何应对目前的中美贸易摩擦呢？

要先做好预判：特朗普下一步会怎么办？一种可能，600亿美元的罚单目前是在试探中方的反应。如果中方听之任之，接下来先落实600亿美元涉税罚单，然后步步升级贸易摩擦。如果这样，中方的最优策略是做出强硬反应，并以官方渠道公布。给美方传递信号：如继续制造贸易摩擦，中方一定反制，并不给自己任何退让的可能或空间。这其中多少有点破釜沉舟、置之死地而后生之感。给定中方的强硬反应，利益优先的特朗普多半会知难而退，随后找个台阶下，大家握手言和，和气生财。

当然，特朗普也可能好赖不吃，继续硬对硬。如果这样，中方要做好全面打贸易战的准备。目前的最佳做法是积极备战，以战促和。可以争取贸易谈判，但不要把希望寄托在WTO争端机制的"扯皮"上面。毕竟，空谈误国。

那么，如何做到"备战促和"呢？笔者认为，要做到"有利、有理、有节"三点。

有利就是要打痛敌人，但不要一下子打中其要害。窃以为这次对美国30亿美元的进口品征税就是很好的例子。先不打大豆、飞机，因为这样会伤筋动骨，美国肯定会全面反击，这不是我们的初衷，毕竟，中美合作共赢是我们追求的终极目标。对农产品课以重税，马上动了美国农会的蛋糕。美国农业虽然只占其GDP极小一块，但美国农会非常团结，经常组成利益集团游说两党，这样，特朗普后院起火，麻烦不小。可以"乱其心志"。有理自然是必须证据确凿。这点容易，如美国长期限制其白糖进口等。有节则应该是打打停停。对特朗普，要"观其言，查其行"。边战边和，不妨以战促和。

总之，今天的中美贸易是你中有我，我中有你，双方贸易利得剪不断理还乱。中方必须抛掉幻想，积极备战，不惜以小战换大和。天下大势，浩浩荡荡，顺之者昌，逆之者亡。全球化的趋势不可能因为特朗普一人而有根本性的改变。只有坚持自由贸易，努力促进全球化才能利己利人。

(本文载于《人民日报》海外版，2018年3月26日)

博鳌讲话中看开放的善意

当前，面对贸易保护主义抬头、中美两国贸易摩擦呈上升之势的国际环境，中国是否要继续开放受到外界强烈关注。在博鳌亚洲论坛2018年年会开幕式上，中国国家主席习近平做了分量十足的主旨演讲，他用"深刻改变了中国，也深刻影响了世界"对改革开放给予了高度评价，并提出了四项扩大开放的重要举措，向世界表达了中国对外开放的决心。

笔者认为，从中国最高领导人的演讲中可以看出，40年，对于中国的改革开放而言只是一个开始，构筑全面开放的新格局将是接下来的工作重点，对外开放作为中国的一项基本国策将得以延续。

习近平在讲话中从放宽市场准入、改善投资环境、保护知识产权、主动扩大进口这四方面定下了具体措施，给世界一个明确的信号：中国开放的大门不会关闭，只会越开越大，中国的开放格局不会因为与美国的贸易摩擦而有所改变。习近平讲话中提到的四项重大举措不仅对中国扩大开放起重要作用，对推进全球多边贸易合作也有深远影响。

放宽市场准入

放宽市场准入是中国继续积极推进多边贸易合作，促进开放的重要举措。

当前，多哈回合谈判仍难圆满收官，其原因主要是发展中国家的服务业处于较高保护水平，而同时，发达国家对本国的农业也给予了较高程度的保护。习近平主动表示要大幅度放宽市场准入，在服务业特别是金融业方面落实放宽银行、证券、保险行业外资股比限制、放宽外资金融机构设立限制，扩大外资金融机构在华业务范围。让外部资本能更大程度地流入中国，开放本国服务业市场，体现了中国积极推动多边贸易合作的决心。同时，中国将把市场开放的成果共享给WTO，对多哈回合谈判将起到积极作用。

在制造业方面，目前中国仅保留对汽车、船舶、飞机等少数行业的限制。以汽车行业为例，此前中国对汽车行业有股本的限制，外资车企持股最高不能超过50%，倘若股比放开，将有利于外资企业与中国企业开展更深化的合作。

改善投资环境

全面落实准入前国民待遇加负面清单管理制度是中国提高对外开放水平、改善投资环境的重要举措。习近平在讲话中提到，要在2018年上半年完成修订外商投资负面清单工作。

中国的第一份负面清单来自上海自贸试验区，该清单明确列出了不符合国民待遇等原则的外商投资准入特别管理措施。负面清单的实施是中国对外开放的一项"看得见"的举措，已经在上海自贸区进行了很好的实践。十九大报告和2018年的政府工作报告中都明确提到要全面推进实施负面清单制度，该制度将在2018年推广到各个行业。

保护知识产权

无论是外资企业还是国内企业都对知识产权保护有重要需求。在创新驱动发展的时代，保护企业知识产权就是保护企业的命脉。对国家而言，更是提高中国经济竞争力最大的激励。把违法成本显著提上去，就是要充分发挥法律的威慑作用，让人"不敢违、违不起"。

同时，中国要加强知识产权的保护，势必会打击到特殊群体的利益。国家提出要把侵犯知识产权的成本提上去，是要通过对外开放来倒逼对内改革。加大了知识产权的立法与保护，违法成本将上升。

主动扩大进口

根据 WTO 的规定,发展中国家可以制定与发达国家不同的关税水平。习近平在讲话中提到"今年,我们将相当幅度降低汽车进口关税"。笔者认为,中国主动降低汽车关税表明了中国积极全面开放的态度。

随着中国人均收入的不断提升,到 2020 年中国有望进入发达国家行列。根据 WTO 的规定,加入发达国家行列后,中国在汽车方面的关税将大幅下降。一般而言,关税制度是多方磋商的结果,中国单方面主动提出降低汽车的高关税,表现了一种大国开放的姿态。

习近平的讲话表达了一种大国开放的态度,表现了中国扩大开放的诚意与善意。当前,正值中美贸易摩擦升级期间。习近平释放的对外开放包容的态度与中国商务部对美的强硬态度并不矛盾。他讲话中提到的多项措施既需要尽快实施落地,也具有长期性。从长远来看,中国仍然希望跟世界各国走合作的道路,毕竟和平发展才是中国一直的追求。

(本文载于《橙新闻》,原标题为"习近平博鳌讲话表现出开放的诚意与善意",2018 年 4 月 9 日)

扩大开放，彰显中国推进全球化的诚意

2018年4月10日上午，中国国家主席习近平出席博鳌亚洲论坛2018年年会开幕式并发表主旨演讲，回顾中国改革开放40年伟大历程，宣示新时代深化改革、扩大开放的坚定决心与重大举措，彰显了中国继续与世界同行、共创亚洲和世界美好未来的满满诚意与大国担当，赢得各界高度认可。

站在改革开放40周年的新起点上，中国的开放之路又将通往何处？当前，面对贸易保护主义抬头、中美两国贸易摩擦呈上升之势的国际环境，中国是否要继续开放受到外界强烈关注。在博鳌亚洲论坛2018年年会开幕式上，中国国家主席习近平作了分量十足的主旨演讲，他用"深刻改变了中国，也深刻影响了世界"对改革开放给予了高度评价，并提出了四项扩大开放的重要举措，向世界表达了中国对外开放的决心。

从习近平主席的演讲中可以看出，40年，对于中国的改革开放而言只是一个开始，构筑全面开放的新格局将是接下来的工作重点，对外开放作为中国的一项基本国策将得以继续延续。

习近平在讲话中从放宽市场准入、改善投资环境、保护知识产权、主动扩大进口四方面定下了具体措施，给世界一个明确的信号：中国开放的大门不会关闭，只会越开越大，中国的开放格局不会因为与美国的贸易摩擦而有所改变。习近平讲话中提到的四项重大举措不仅对中国扩大开放起重要作用，对推进全球多边贸易合作也有深远影响。

放宽市场准入

放宽市场准入是中国继续积极推进多边贸易合作、促进开放的重要举措。

当前，多哈回合谈判仍难圆满收官，其原因主要是发展中国家的服务业处于较高保护水平，而同时，发达国家对本国的农业也给予了较高程度的保护。习近平主席表示要大幅度放宽市场准入，在服务业特别是金融业方面，落实放宽银行、证券、保险行业外资股比限制、放宽外资金融机构设立限制，扩大外资金融机构在华业务范围。让外部资本能更大程度地流入中国，开放本国服务业市场，体现了中国积极推动多边贸易合作的决心。同时，中国将把市场开放的成果共享给WTO，对多哈回合谈判将起到积极作用。

放宽市场准入意味着其他国家，特别是发达国家，更多的银行业企业及服务业企业会进驻中国国内的市场。这会对国内同行业的企业会造成一定程度的竞争。一些绩效比较差，竞争力比较弱的企业会在这个开放过程中被淘汰出局。但是对那些具有一定积累、基础比较好的企业会在放宽市场准入过程中做大做强。这些企业可以通过与国外企业合资或更加深入地合作，在未来竞争中立于不败之地。

在银行业方面，允许外资银行进入中国市场对中国银行业到底是一个正面还是负面的冲击不可一概而论，因为中国银行业如果能通过与外资银行深度合作，向外资银行学习先进的管理及运营经验，特别是在降低成本、提高效率、拓宽国际业务方面增强自身实力的话，假以时日，中国银行业的总体水平会大大提高，赶上那些进驻中国的外资银行，继而做大做强。

在制造业方面，目前中国仅保留对汽车、船舶和飞机等少数行业的限制。以汽车行业为例，此前中国对汽车行业有股本的限制，外资车企持股比例最高不能超过50%，倘若外资持股比例放开，将有利于外资企业与中国企业开展更深入的合作。

改善投资环境

全面落实准入前国民待遇加负面清单管理制度是中国提高对外开放水平、改善投资环境的重要举措。习近平在讲话中提到，创造更有吸引力的投资环境。加强同国际经贸规则对接，增强透明度，强化产权保护，坚持依法办事，鼓励竞争、反对垄断。2018年上半年将完成修订外商投资负面清单工作，全面落实准入前国民待遇加负面清单管理制度。

负面清单的核心是"法无禁止即可为"。使用负面清单的原则会使内资企业和外资企业都具有更广泛、更大自由的运营空间，对整个改善中国的投资环境来说是非常正面的影响。中国在这方面已经取得了成绩，我们可以看到经过原来的11个自由贸易区的试验，负面清单已经成为大家广为接受的一种运作模式。

负面清单的概念已经深入人心，它的实施有利于改善中国的投资环境，有利于国际化和国际业务的发展。

中国的第一份负面清单来自上海自由贸易试验区，该清单明确列出了不符合国民待遇等原则的外商投资准入特别管理措施。负面清单的实施是中国对外开放的一项"看得见"的举措，已经在上海自贸区进行了很好的实践。十九大报告和今年的政府工作报告中都明确提到要全面推进实施负面清单制度，该制度将在2018年推广到各个行业。

知识产权保护

习近平主席在讲话中强调加强知识产权保护。这是完善产权保护制度的最重要的内容，也是提高中国经济竞争力最大的激励。对此，外资企业有要求，中国企业更有要求。2018年，我们将重新组建国家知识产权局，完善执法力量，加大执法力度，把违法成本显著提上去，把法律威慑作用充分发挥出来。我们鼓励中外企业开展正常技术交流合作，保护在华外资企业合法知识产权。同时，我们希望外国政府加强对中国知识产权的保护。

关于知识产权保护，我认为有两点要注意：第一，中国在知识产权保护力度和深度方面虽然达不到发达国家的水平，但是，动态地看，中国在知识产权保护方面已经取得了成绩。改革开放以来，中国的知识产权概念从无到有，从非常微弱到现在明显改观。企业对知识产权保护的观念也从原来的忽略到现在的非常重视，应该说已经取得了长足的进步。

第二，要正确区分关于知识产权在发展中国家和发达国家间不同的要求和不同的界定。发达国家因为人均收入比较高，所以进行知识产权保护的成本比较低。而发展中国家，因为企业运营的固定成本比较高，在某种程度上进行知识产权保护要付出的成本相对较大。因此在这种情况下应该区别、区分发达国家和发展中国家知识产权保护的力度。比如，一本相同内容、相同版本的教材，在西方发达国家的售价就比在亚太地区发展中国家的售价高，因为亚太地区发展中国家人均收入通常较低，而西方发达国家人均收入高，对知识产权的定价在发展中国家的定价就相对比较低。

无论是外资企业还是国内企业都对知识产权保护有重要需求。在创新驱动发展的时代，保护企业知识产权就是保护企业的命脉。对国家而言，更是提高中国经济竞争力最大的激励。把违法成本显著提上去，就要充分发挥法律的威慑作用，让人不敢违、违不起。

中国要加强知识产权的保护，势必会打击特殊群体的利益。国家提出要把侵犯知识产权的成本提上去，是要通过对外开放来倒逼对内改革。加大了知识产权的立法与保护力度，违法成本将自然上升。

主动扩大进口

中国是全球第二大进口国，每年的进口总额达 20 000 亿美元，占中国 GDP 的 20％左右，所以中国进口的全球领先地位毋庸置疑。习近平主席在讲话中提出，"中国不以追求贸易顺差为目标，真诚希望扩大进口，促进经常项目收支平衡"。

中国主动扩大进口的好处主要有两点：第一，可以为老百姓提供更多选择的消费品；第二，为企业提供质量更好、技术含量更高的中间品和资本品。消费品品种的增加可以降低国内消费品的价格，从而提高老百姓的福利。中间品和资本品的进口可以使下游的厂商接触到更多的中间品。事实上，国外的中间品跟国内的中间品加起来，会产生"一加一大于二"的"熊彼特创造效应"，这是我们扩大进口的积极意义。

中国一直致力于扩大进口，比如 2018 年即将举办的中国国际进口博览会。事实上早在2017年，中美贸易摩擦加剧之前，中国就制订了计划举办此次博览会。这说明中国将扩大进口作为一项长期的发展战略。从某种角度上讲，扩大进口将对中美贸易产生的积极影响，如果中美贸易摩擦加剧的话，美国不从中国进口产品，中国出口品制造业部门的就业及平均工资水平会下降。

但是，如果中国从欧盟、东盟，或"一带一路"沿线国家增加进口的话，就可以降低中间品的价格，从而总体上降低老百姓的消费价格，中国就能在中美贸易摩擦中"独善其身"，把损失最小化。这也会给世界带来福利。例如，2017年，仅中国一个国家的经济的增长就为世界经济增长贡献了30%，可以说，世界上没有第二个国家能够像中国一样对拉动世界经济增长产生如此大的作用，也正是从这个意义上来讲，中国成为拉动世界经济增长的火车头。

同时，中国正在努力从贸易大国向贸易强国迈进。这里最重要的是提高出口产品的附加值，提升产品出口质量。只有出口质量达到美国、日本、德国等出口强国的水平，中国才能够由一个贸易大国变成贸易强国。

要实现产业升级，关键在于促进出口加工贸易的转型升级。中国目前的劳动成本相对于东南亚国家而言，其实已经没有比较优势。但是，相对于美国而言，中国还是有明显比较优势的。这就是中国为什么目前还能向美国出口大量劳动力密集型产品的原因。

如果从附加值的角度来讲，尽管中美贸易顺差在2017年达到2 740亿美元，但是中国的贸易利得其实非常小。以智能手机为例，iphone 4在中国出口大致为179美元，加上保费、运费在美国的售价是500美元左右。而在179美元中，中国自己只挣到6.5美元。也就是说，尽管中国的贸易顺差非常大，但贸易产品的附加值是非常低的。

正如习近平主席提到的，希望发达国家对正常合理的高技术产品贸易停止人为设限，放宽对华高技术产品出口管制。美国长期以来，特别是特朗普上台以来提出美国优先政策，对中国的高科技产品的出口设有一定程度的限制。奥巴马在位时提出了出口倍增计划，强调高端制造业回流的同时要出口，倍增的意思是希望出口美国高端制造业产品，美国高端制造业的中间品包含了大量的技术。这个政策使中国可以通过扩大进口来引进所需要的技术。但是，现在特朗普放弃了这个计划，反其道而行。

此外，特朗普政府在强调中美贸易逆差时故意忽视服务贸易美方顺差的事实。事实上，正是因为美国不愿意出口具有附加值较高的高科技产品到中国，而美国自身又不是全球制造业中心，劳动力密集型产品没有比较优势，所以自然就会有贸易逆差，这便是"搬起石头砸自己的脚"。

根据WTO的规定，发展中国家可以跟发达国家制定不同的关税水平。习近平在讲话中提到，"今年，我们将相当幅度降低汽车进口关税"。我认为，中国主动下降汽车关税表明了中国积极全面开放的态度。随着中国人均收入的不断提升，到2020年中国有望进入发达国家行列。根据WTO的规定，加入发达国家行列后，中国在汽车方面的关税将大幅下降。一般而言，关税制度是多方磋商的结果，中国单方面主动提出降低汽车的高关税，展现了一种大国开放的姿态。

总之，习近平主席博鳌讲话表达了一种大国开放的态度，表现了中国扩大开放的诚意与善意。中国希望各贸易大国能够从自身做起，大力合作，积极推动贸易全球化，共同争取"百花齐放春满园"的合作共赢国际环境。

（本文载于《今日中国》（*China Today*），2018年第5期）

对话访谈

中美贸易战取决于美方，政府还须未雨绸缪

近日发布的《中国褐皮书（China Beige Book）》中，美国著名的中国经济问题专家史剑道认为，2017年美中贸易或将陷入"报复循环"。美国《财富》杂志也发表评论文章，担忧中美贸易战似乎不可避免。其实，国际社会种种忧虑不仅来自特朗普胜选前后的激进言论，更表现在特朗普经济外交团队的贸易和投资保护主义倾向上。

2017年中美贸易摩擦恐怕难以避免，无论是钢铁、轮胎、光伏的制造业之争，还是美国是否认同中国的市场经济地位，随着新总统对中美关系重要性和复杂性的认识日益加深，中美之间的经贸合作与博弈都将产生新的火花。

对此，北京大学国家发展研究院副院长余淼杰教授称，对于特朗普这届政府我们应谨观其言，慎察其行。随着双方经贸往来的不断深入，2017年中美的贸易"摩擦"会越来越多，但贸易战却不一定爆发。

以下为采访实录：

贸易战取决于美方态度　政府应未雨绸缪

《人民日报》海外版：今年以来，美国针对中国多个产品征收高额的双反税（反倾销税和反补贴税），商务部国际贸易经济合作研究院原院长霍建国也在接受媒体采访时表示，随着特朗普上台后，中美贸易摩擦可能频繁增多，但目前尚未看到全面贸易战出现的可能性。您对于中美贸易战的说法是否认同？

余淼杰：我觉得我们对特朗普这一届政府要观其言，察其行。如果

你看他上台之初,一是废除TPP;二是建立美墨移民墙;三是把从中国定义为汇率操纵国。前两件事他上台一个月之后做了,然而把中国定义为汇率操纵国的话,目前为止还没有出台相关措施。所以,会不会爆发全球的贸易战,我觉得最终的一个标志就是看他有没有将中国定义为汇率操纵国。如果他把中国定义成汇率操纵国的话,就意味着中美贸易战的开战"信号"。对于我们自身来讲,政府应该未雨绸缪。

爆发不了贸易战的另外一个原因就是,特朗普政府无法集中精力对华做全部的贸易限制,但这届智囊团里的代表人物,包括商务部长、贸易主席,还有他的总统经济部都是对华的鹰派。即便这样,我们也不能轻易判断中美贸易战,还要走一步看一步。会不会爆发贸易战,取决于双方的态度,甚至更取决于美方的态度。中方当然不希望"开战",习主席在2016年的论坛上也讲我们希望自由贸易的全球化,贸易战对两个国家的确都不好。

贸易摩擦"升级"加剧 美调整特保关税或成趋势

《人民日报》海外版:如果中美双方的摩擦"升级",未来一段时间,高扬"贸易保护主义"和"逆全球化"大旗的特朗普政府将出台怎样的对华贸易政策,相比奥巴马政府又有哪些新变化和趋势?

余淼杰:奥巴马这8年,中美经济虽然也有不少贸易摩擦,但是总体而言,中美贸易关系比较平稳。当然奥巴马后期推出了TPP,现在看来也无疾而终,所以不用太担心。但从特朗普上台,如果说他要搞全球贸易战,第一个可能应该就是汇率,他很有可能要求人民币汇率再升20%或者30%。第二种可能是对部分产品,尤其是钢铁、陶瓷、铝制品等,甚至光伏产品增收高额的特保关税,税率会在45%左右。

为什么我判断是45%呢?有两方面的原因,第一方面,2002年小布什上台的时候,他曾经对进口美国钢铁征收高达30%左右的进口关税,然后逐年递减,而且主要是针对韩国,所以我们有章可循。第二方面,奥巴马时期,你可以看到2009年他对中国的商用轮胎也是增收高达45%的关税,然后逐年递减,这是这样一个逐年递减取消的机制。所以我觉得接下来钢铁方面很可能会遭受他们这种特保关税,然后其他就是双反。

重启 BIT 不能拯救贸易战　提升造血功能更重要

《人民日报》海外版：有智库机构学者认为，面对即将到来的"危机"，中国更应反思以往的被动反应模式，积极行动起来，主动建议与美方择机重启 BIT 谈判。您认为此时应建议重启 BIT 吗？为什么？重启的时机又是什么？

余淼杰：我觉得这种观点有一定道理，但是值得商榷，为什么这么讲呢，因为说重启 BIT 中国双边直接投资，必须各有妥协，各有放弃的利益。美国希望中国加强知识产权的保护，开放服务业市场，特别包括银行业在内的金融服务业。中国希望很多企业到美国直接投资的时候，跟其他国家一样能够被一视同仁对待，不要受到歧视，但中国的诉求并没有得到很好地满足。

美国在这方面经常用发达国家的标准来要求发展中国家，虽然中国现在的市场规模比较大，但是中国本质上还是一个发展中国家，所以这个就是我们在 BIT 谈判中所必须坚持的，即必须区分发达国家和发展中国家的不同国情。所以在特朗普时代，不断地进行 BIT 谈判，是有必要的，是合理的，但是如果是希望 BIT 的谈判能解决中美贸易战，这种想法有些过于乐观。

《人民日报》海外版：您的意思是不能完全依赖 BIT？

余淼杰：对，不能完全依赖，甚至事实上，哪怕中方在 BIT 方面做了很大妥协和让步，也不见得就有所帮助，因为这是投资，而美方担心的是出口。

《人民日报》海外版：如果未来特朗普政府采取一系列对华贸易政策或制裁，我们如何提高自身的优势，或者"金刚钻"的功能，来突破这种壁垒呢？

余淼杰：我觉得最重的一点，就是在出口方面。我们要注意到，第一点，中国不应该过度依赖美国，将美国作为最终的出口目的地。在中国的出口目的地中，美国第一，欧盟第二，而其他目的地占了 13% 的份额，2 万亿美元的 13%，至少是 3 000 多亿美元，这是一个非常大的数。所以，第二点，我们可以化整为零，多加强对发展中国家或地区的出口，尽管发展中国家单个市场很小，但是加在一起体量也不小，特别是在新兴工业市场。

《人民日报》海外版：请您具体讲一讲新兴工业市场。

余淼杰：新兴工业市场的增长潜力很大，我觉得中国可以从政策上加以推进，主要做好金砖五国的出口工作，因为金砖五国他们相对其他发展中国家，经济增速较快，市场规模也比较大。不管是巴西、俄罗斯，还是印度其实都有巨大的潜力。如果从政策层面讲，争取跟金砖国建立起自贸区，就相当于打开了南部市场。我觉得真正要解决中美的贸易摩擦，需要做到没有美国，我们也能畅通自如。作为商家，从微观个体来讲，如果要找更多赚钱机会的话，思路就应该拓开，眼界和格局要大一点。比如说中国的汽车可以出口到印度尼西亚去，印度尼西亚其实也能盈利一点，而且他们对中国汽车的需求也很大。

《人民日报》海外版：刚才您说，说我们的出口不能依赖美国，第二个方面要积极开拓其他地区的市场，比如说东南亚的新兴工业市场，第三点是什么呢？

余淼杰：第三点是做好海上丝绸之路。中企"出海"有两种情况，一类是拿市场，比如借鉴华为，另外一类，建立贸易中心或者贸易办事处，其实也是一种对外直接投资，为了帮助更多出口的产品"走出去"。但现在面临的问题是，不是所有的国家都可以去，必须是去比较成熟的市场才可以，像英美或者其他发达国家。因为中国的劳动力成本在快速地上涨，上涨之后相对埃塞俄比亚等国而言，中国的劳动成本是非常高的，是他们国家的10倍，虽然他们劳动力生产率只有我们的一半，但是相比而言他们仍有更高的比较优势。

坦率来讲，之前中企出海也有诸多不顺畅的地方，一方面源于国家因素，另一方面源于企业内部。有些企业虽然在国内做得不错，但还没做好出去的准备。

中企出海另外一个关键点在于要尊重当地的风俗，包括文化、人物、思维等方面。此外，还要不断地加强自身素质。在这方面华为做得较好，他们在智利的圣地亚哥市中心盖起了华为的大楼。

《人民日报》海外版：看来我们未来还得沉下来，踏实做海外这块市场。

余森杰：比如以出口为例，如果金砖五国自贸区做好了，那么中国的产品大量出口到其他金砖国家，比如说南美的巴西，把这样一个很大的市场带动以后，智利、秘鲁等国家，也就能更便利地开拓了。

中美贸易关系增长点锁定个人投资和出国留学

《人民日报》海外版：随着中国大众旅游时代蓬勃兴起，以旅游业为代表的服务贸易正成为中美贸易关系中新的增长点。美国商务部的数据显示，2015年，中国居民赴美旅游达到259万人次，较前一年增长18%。2015年中国游客在美总共消费301亿美元，带动了美国零售、餐馆、酒店、休闲娱乐等一系列产业发展。随着签证、移民的审核门槛放宽，未来那些会是新的增长点吗？

余森杰：对，刚才我们所讲的是货物贸易，而您现在提出的这个问题是服务贸易。服务贸易和货物贸易的区别在于说，货物贸易上我们存在大量的贸易顺差，而服务贸易上我们实际上存在贸易逆差。之所以会出现这个情况，是因为大量国人赴美旅游。这个贸易逆差对中国来说其实是好事，美国当然也高兴。

美国说自己有大量的贸易逆差，但他们没有算服务贸易。对中国来说，也是一个非常愉悦的事情，因为自己本来就愿意去。所以我觉得中美的服务贸易在未来的话，有两个增长点，一个增长点就像您刚才所讲旅游方面，因为在奥巴马的惠华政策下，中国人赴美旅游增长很快。特别是B1B2签证、10年签证等的确带来了很多便利，所以您看，每个热门城市的机场都能看到很多中国人。这不仅仅促进了服务贸易，而且也构成了货物贸易的一部分，旅游也会减少一些货物贸易的贸易差。

我相信随着中国的经济增长，中美贸易会增长得特别快，对美的服务贸易另外一个长期存量是教育，也就是国人到国外去留学。以前研究生阶段留学的人比较多，而现在很多家长让子女在大学甚至高中时就出国了，这对美国是一个投资的过程，因为毕竟留学需要很多开销。

（本文载于《人民日报》海外版，2017年3月9日。记者：刘琼）

中国有三招可以对付美国"301调查"

"301条款"违反WTO规定

金融界：特朗普上任7个月了，从他的这个执政方式看，您如何评价这个不按套路出牌的美国总统，这个新总统带给世界和中国最大的变化是什么？

余淼杰：经过这半年多的观察，特朗普给人最主要的印象是：刚硬有余，柔软不足。无论从内政还是外交看，特朗普都缺乏一个成熟政治家应有的"妥协"与"迂回"的素质。虽然他也取得了一些成绩，但其实目前他内政和外交都面临着巨大的挑战。

谈到特朗普带给世界的变化，最主要的是他的贸易保护主义。北美自由贸易区可以说是当下最成熟的自贸区，但是目前看来，特朗普执政下的美国与加拿大和墨西哥的关系都很紧张，比如说美墨在边境墙上的扯皮，美国对加拿大进口产品征收20%的关税等，都引发了两个盟国的极度不满。

就中美关系看，经贸上经历了一波三折，在他上台之初，就威胁要把中国列为汇率操纵国，但事实上经过初期"百日计划"之后，经贸上取得了一些成果，但因为并没有达到特朗普的期望，现在又要对中国发起"301调查"。

金融界：关于"301调查"，到底是什么样的调查？如果开始调查，WTO是否会插手？这对中国来说意味着什么？可能会产生哪些影响？特朗普到底在打什么算盘？

余淼杰：关于"301调查"，要追溯到第二次世界大战后，美国作为最大赢家，经济总量甚至占据全球的半壁江山，一时好不风光。但好景不长，70年代初随着布雷顿森林国际货币体系的瓦解，美国外贸比较优势明显下降。为力挽颓势，美国通过了《1974年贸易法》，其中出现了几条针对外贸逆差的杀手锏。大棒之一就是臭名昭著的"301条款"。

"301条款"又分几个版本，比如特朗普现在对中国挥起的大棒其实是叫"特别301"，基本内容是说，如果美国裁定本国的知识产权在国际贸易中受到了相当的损害，则美国有权单方面对贸易国启动贸易调查。一旦论证做实，则可以对贸易国征收高关税或实行其他非关税壁垒。

不得不说，"301条款"是一招臭棋。

第一，"301条款"从法理上讲是违反WTO规定的，WTO明文规定，国际贸易中，出现任何不公平贸易行为，一方可到WTO争端解决委员会击鼓鸣冤，争端解决委员会保证18个月内做出最终裁决。美国如果单方对华启动"301调查"，等于违背国际经贸规则，无视国际经贸协议。

第二，美方称中国在知识产权方面保护得不够，并且认为中国限制美国公司在华投资。其实这两个攻击都站不住脚。

一方面，知识产权并不是一个新话题，发展中国家和发达国家的很多谈判最终都会在这一点上陷入僵局。富国要穷国老百姓在软件等行业支付与富国居民一样的钱，穷国老百姓付得起吗？根据收入水平区别对待早已成为国际经贸谈判中的一个基本标准了。再说，中国这些年的知识产权保护进步和成绩有目共睹。从这点上看，美国的这个指责不太站得住脚。

另一方面，美国指责中国美资企业在华投资受到限制，被要求采取合资形式，这也是不对的，我国境内有大量的美国独资企业。当然如果是非生产型企业或者涉及国家安全的话，任何一个国家都会有所保留。

其实美国对外资企业的调查才是最厉害的，设置的门槛才是最高的。首先，美国不会允许关系国计民生、国家安全的企业有外资参与；其次，一般中国企业到美国投资也都是采取合资形式，美国现在却反过来指责我们；最后，中国的民营企业去美国投资，有的企业也是受到限制的，比如华为、三一重工等在美投资就受到美国的阻拦。

事实上，中方非但没有排斥美国在华的投资，而是开着大门，敲锣打鼓地迎接。为了吸引外资，对来华投资的企业在中国一度给予优惠政策。比如，在利税征收上，中国对外资企业长时间实行"免二减三"的税收政策。那些来华投资生产性的企业，经营期限在十年以上的，从获利年度起，头两年免征企业所得税，第三至五年减半征收。

中国有三招可以对付美"301调查"

金融界："301调查"可能什么时候真正落地？史上美国曾经对不少国家都进行过该调查，对方国家的应对措施对中国有哪些借鉴意义？

余淼杰：按照法律流程，一旦启动"301调查"，美国将首先与中国磋商解决，如果双方无法达成一致则调查可能持续长达一年。调查的结果出来可能是有两种形式，可以调查，也可以不调查。他的目标是想逼中国在谈判中做出更大的妥协，如果不做出更大的妥协的话，他就会进行"301制裁"。

美国从来都是把贸易大棒挥向全球第二大经济体的。1968年，日本取代德国成为全球第二大经济强国之后，美国开始掉转炮头对准日本，这在80年代初的"美日汽车战"中表现得淋漓尽致。其时，美国同样指责日本汽车对美国市场进行低价倾销，导致美国通用等汽车公司亏损。因此，威胁要对日本启动"301调查"，并征收反倾销税。故事的最后是日本妥协，自愿限制日本汽车出口，美方偃旗息鼓。

当然，日本也精得很，吃亏的事情是不会做的。日本人一方面"明修栈道"，积极配合美国，限制汽车出口；同时，"暗度陈仓"，丰田、本田等公司大规模跑到美国本土去建厂投资，挣钱笑得合不拢嘴。这次"301调查"，美国人是赢了面子，输了里子。

金融界：我们有哪些应对方式呢？主要有哪些行业会受到影响？

余淼杰：当下的中国与彼时的日本不同，当年美日之间主要是汽车战，而对中国来说，具有比较优势的主要是纺织产业和机械运输设备业。

对中国来说，即使纺织品不出口到美国，还可以出口到别的国家，而对美国来说，如果不从中国进口纺织品，就要从越南、印度尼西亚等劳动力丰富的国家进口，换言之，只是挤出了中国出口，并没有挤出其他国家出口，因为美国产品在这方面是不具备比较优势的。

交通运输设备也是一样的道理，因为中国从他国进口核心零部件，经过中国的加工包装出口到美国，如果美国不从中国进口，照样要从他国进口。中国肯定会受到负面影响，但是美国也并没有从中受益，只不过是将出口的份额从中国转到其他发展中国家而已。

至于哪些行业会受到影响，我认为国内严重产能过剩的行业受影响会比较大。具体来说，光伏、纸箱、船舶、汽车等行业都会受到较大的影响。

金融界：中国要如何应对呢？

余淼杰：中国的应对主要体现在三个方面。

第一，中方应该掌握舆论的制高地，准备好到WTO争端解决委员会那里申诉，让WTO更多的成员看到事实的真相。

第二，做好启动"双反"的准备。一旦美方启动调查，中方应对进口的美国农产品（比如鸡禽、牛肉等）进行反倾销反补贴调查。因为美国在这些农产品上并没有比较优势，之所以能够出口，是因为美国国内存在大量补贴，所以对他们进行反补贴调查，一查一个准。

第三，目前美方对华是服务贸易顺差，中方可考虑在医疗、旅游、航运等行业对美进行必要的贸易限制。可以采取限制医疗机械的进口，限制去美国旅游的人数等各种措施，如果这样的话，对美国的经济、服务贸易方面有一定程度的打击。

我觉得中国可以从以上三个方面着手。因为美方还没有对中国征收高关税，所以中方当然不宜先出手。但是中方要出手的话，在道德阵地上不能输，一定要去WTO立案。

特朗普任期内中美贸易战不会开打　但贸易摩擦不可避免

金融界：如果走到这一步的话，算是贸易战吗？

余淼杰：至少在特朗普执政的前四年内，贸易战不会开打。贸易战开打的前提是美国把中国列为汇率操纵国，比如人民币汇率升值40%，那么会对所有行业产生影响，不像现在只是影响某一个行业。虽然说贸易战打不起来，但是贸易摩擦不可避免。

在奥巴马时代，中美关系相对风平浪静，依然有贸易摩擦存在，何况现在是更加孤立、更加强调贸易保护主义的特朗普时代。

金融界：如果贸易摩擦比较频繁的话，对中国的影响更大还是对美国的影响更大？

余淼杰：我们曾经做过模拟，设定了几个前提。其一，美国对中国征收45%的高关税，中国不还手；其二，中国还手，也对美国征收高关税。得出的结论都是美国受到的影响会比中国更大。理由很简单，如果美国不从中国进口产品，就会导致美国国内产品价格上升，影响国民福利。有一本很著名的书名为《离开"中国制造"的一年》，讲的就是这个故事，试着一年不买中国产品，一年之后基本上活不下去，生活实在很不方便。

当然，中国也会受到影响，但中国的受损程度可大可小，可以降到很低，在"一带一路"的大背景下，如果中国能够跟其他国家逐步实现贸易平衡，从其他国家多进口我们需要的产品的话，则有利于减少跟美国发生贸易摩擦而受到的损失。

金融界：其实让特朗普不爽的归根结底还是中美之间巨大的贸易顺差，这个巨大不平衡背后的原因有哪些？

余淼杰：根本原因是两个国家生产结构和要素禀赋的差异。现在虽然美国的全要素生产力比中国高，但是其增速并没有中国快，这就意味着，中国的制造业产品对美国来说有明显的比较优势，所以，中国的产品就能够卖到美国去，美国的产品就卖不到中国来，这是由一个国家的要素比重结构所决定的。其次，中国加入WTO以后，很多国家对进口中国产品的关税大大降低，中国出口可以很好地打入他国市场。

一方面是基于比较优势，另一方面是基于规模优势，中国出口产品具有很强的竞争力，而这两点美国都没有，所以美国产品处于不利位置。当然，在服务贸易领域，美国的比较优势还是很明显的，但是，中美之间的货物贸易体量远远大于服务贸易。

特朗普这套贸易保护主义不会带领美国实现复兴

金融界：您认为特朗普的这套打法能实现他的目标吗？

余淼杰：这是很愚蠢的做法，肯定实现不了。奥巴马在任期间曾经提出"美国出口倍增"的口号，他不限制进口，同时扩大出口，相当于先把蛋糕做大，大家共赢。奥巴马最后是实现了这一目标的。现在特朗普一味搞关门主义，是非常不明智的。

支持特朗普的也都是一些没有认知能力的草根，美国的精英集团是极力反对特朗普的。7个月过去了，这种情况并没有发生变化。

金融界：特朗普曾经公开表示，2017年要把美国的GDP增速提到4%，但是世界银行的预测只有2.3%，这个差距还是非常大的，您认为他能搞成功吗？他能带领美国实现振兴吗？

余淼杰：这是不太可能的。美国现在的经济总量接近18万亿美元，这个基数巨大，除非找到一个强有力的增长引擎，否则绝不可能实现4%的增速。但是我们现在看到美国经济并没有特别亮点的地方，凭什么能够增长4%，所以这个目标不太现实。

现在美国经济之所以表现得还不错，主要是奥巴马当时经济政策的滞后效应，并不是特朗普政策的效果。当前美国的内政外交都面临着严峻挑战，而且美国国内从未产生过像现在这样巨大的分裂。我认为他并不能带领美国走向复兴。

（本文载于金融界"金融街会客厅"栏目，2017年8月23日。记者：张仙）

再谈"对外改革，对内开放"

2017年10月第十七届经济学年会在宁夏大学召开。宁夏大学经济管理学院传媒中心学生记者郭依青在宁夏大学文荟楼对余淼杰教授进行采访。

以下为采访实录：

记者：余老师您好！我们非常期待对您的采访，也非常荣幸能在银川采访到您！自改革开放以来，我国的经济和社会实现了快速的发展，请问您认为战略贸易政策在中国目前经济发展中扮演什么样的角色？

余淼杰：战略贸易政策既有狭义的理解也有广义的理解。针对狭义的理解，比如说：国际上两家大型企业，像波音和空中客车这样的大型飞机制造商，为了争夺市场，当地的政府（即美国和欧盟）给予企业相应补贴，通过补贴来改变某个机型在市场上的位置。整个市场的需求是有限的，比如说空客380或者波音747、777等在市场上需求是有限的，但是通过战略性贸易政策，能够使其在竞争中所处的地位从不利变成有利，这是战略贸易政策的狭义理解。广义的战略贸易政策其实跟一个国家或者一个经济体的长远发展或者产业政策紧密相关。它的意思是说一个国家发展到一定阶段的话，为了促进某些产业的发展，政府可以有所作为，给这个产业比较积极的、主动的政策，来促进这个产业的发展。

记者：您提出的战略性方针"对外改革，对内开放"预计会对中国经济哪方面影响最大？会有什么附带效应？

余淼杰：我在以前写的一篇文章中提到过"对外改革，对内开放"这个概念，因为我们知道，一般都说"对外开放，对内改革"，我们反过来讲，应该说是跟当前这个大的经济环境是紧密相关的。为什么呢？我国自2001年加入WTO以来，开放已经成为不可逆转的趋势。那么开放了17年之后，中国经济开放下一步的重点在什么地方？我个人认为应该有所调整。也就是说，原来我们开放的重点或者说对外出口贸易的重点是美国或者是欧盟还有日本，但是我们也注意到，特别是到2008年金融危机之后，国际经济受到比较大的影响，它们对国外产品的需求有所下降。

如果我们还依然把目标瞄准在这些国家的话，那么我们国家的出口就会受到一定程度的影响。再看看我国现在的出口情况，我们一个国家的出口占了全球出口的13%，是全球最大的出口国；进口占了全球的12%，进口加出口，也就是说我国是全球最大的贸易国。我觉得，跟其他国家不一样，国际贸易对中国经济的发展是非常重要的。比如说，为什么近几年来中国经济的增速有所减慢，从以前的8%到现在的7%甚至到6.5%，逐步的下降。它的原因一个是经济体量在增加，经济体量增加了，要达到一样规模的增长，那比重就会下降。另外一个角度来讲，也是因为外需的疲软。不管怎么讲，都说明国际贸易对中国经济的发展特别重要。这几年经济增速下降另外一个原因是出口增速的下降，出口增速的下降拖累了整个经济增速的发展。所以，对外开放应该有所改革。

我个人的想法是，也许不应该只是把目标瞄准到像美国和欧盟这样大的经济体。第一，因为这些大的经济体经济增长空间有限，比如说美国现在的经济势头不错，但是前面还有多大的空间来接受中国的出口，这很难说。第二，欧盟的经济疲软就更加明显，每年的增速达到1%以上就已经算是一个很漂亮的数字了。所以我国对外开放的重点不要再放在美国或欧盟这些国家，而应该放在新兴工业国家，因为新兴工业国家跟中国一样，它们对中国的产品有很大的需求，它们发展的空间也很大。对外开放中的改革就体现在目标不一样，这是对外改革的第一点。

对外改革的第二点，我觉得是产品质量要有所提升。因为以前中国产品的出口主要是靠低价，靠廉价打进对方市场中去。但是其实在2004年之后，中国的劳动力工资明显上升，中国的产品虽然相对于美国和德国来讲还比较便宜，依然有一定的比较优势，但是，相对于像越南、印度尼西亚、孟加拉等国家，我国的产品比较优势便不再明显，甚至没有，因为它们比我国的产品市场成本更低，所以它们能以一个更低的价格把产品卖出去。之所以中国目前在国际市场上还占有一定份额，甚至是最大的份额，一个主要的原因是因为这些国家的经济体量太小，比如越南、印度尼西亚等。所以他们不足以占据中国出口产品的市场，他们会吞噬我们一部分，但他们没办法全部占据。从这个角度来讲，如果我们想在国际市场上保持比较大的竞争力，我们对外产品的质量应该说是一个重中之重，我觉得这也是国家提出中国制造的一个重点，所以这是对外改革的第二个点。

对外改革的第三点，我认为是提高产品的附加值。虽然我国的出口每年都接近两万亿美元，甚至有所上升，但是它的附加值是相当低的。我以一个比较流行的产品为例，iPod，它是美国设计、中国制造、在中国出口，出口单价是209美元，但是它的进口的原材料进入到中国的时候是200美元，换言之，一台机器在我国出口价格为209美元，只赚了9美元，所以有必要区分出口金额及出口的盈利这两个不同的概念，这两个概念差别很大。现在中国是全球的世界工厂，我们也深深地融入到全球一体化中，这是大势所趋，不可逆转不可回避的，但核心及重点是如何提升产品的附加值。

所以我觉得对外改革就是以上三点，第一是目的地，第二是产品的质量，第三是提升产品的附加值。

对内开放最重要的一点，我觉得是要保证要素市场上公平竞争。我们强调两个市场，一个是产品市场。产品市场上已经基本公平了，消费者到产品市场上买东西的时候并不会在意这个产品是国有企业生产的还是民营企业生产的，只要产品质量好、价格便宜就可以。另外一个是要素市场，在要素市场上仍有不公平竞争的存在。比如说相对于国有企业而言的民营企业，它们买地价格和向银行借钱的利率都相对较高，所以他们在竞争中就相对处于不利地位。那么对内开放就是，首先要保证一视同仁，在要素市场上没有歧视，不歧视民营企业。对内开放的第二点，一些行业应该更加开放给民营企业。当然我们也知道，涉及民生、国家安全的产业由国家和国有企业专门来经营是可以理解的，但那些商业性的、竞争性的产业应该开放给民营企业。这是我对对内开放的第二个理解。对内开放的第三点，我们知道像北京、上海、广州这些一线城市，要想在当地落下户口是相当困难的。户籍制度是计划经济遗留的一个产物，随着我国进入市场经济的过渡期，这些制度其实可以逐步地废除。也就是说，那些一、二线城市应该采用各种各样的政策去吸引、去欢迎那些有专业技能的人才，让他们留下，给他们在当地落下户口，然后逐步废除户口制度。这是我对对内开放的第三个理解。

记者：您指出现在中国经济发展要积极开拓新兴市场，发展南南贸易，其优势在哪里？

余淼杰：这跟上面所讲的内容就紧密相关了。我刚才说对外改革的一个重点是要跟发展中国家、新兴工业发展中国家多建立贸易关系、多开展贸易。我觉得南南贸易的下一步重点可以是南南自贸区。比如说一个很重要的例子或者说一个好的方向就是创建金砖国家的自贸区。因为金砖五国，包括除中国以外的巴西、俄罗斯、印度及南非，我们可以看到它们在地区甚至世界范围内的贸易额、产值都非常大，中国的经济跟它们也紧密相关。现在的贸易其实不再只是我方出口纺织品，你方出口汽车，这样不同行业之间的贸易，而更多的是行业内部贸易。你方出口汽车，我方也出口汽车，大家互相出口不同的汽车，是这种产业内的贸易，甚至是企业内部的贸易。这样的话，要素禀赋相近的国家互相贸易其实是有很大好处的，它能够更好地促使这类国家获得更多的产品，降低这些国家的物价水平，从而提高这些国家的福利水平。

就中国战略而言，我觉得开展南南贸易，或者说和金砖国家加强贸易，可以通过不同的途径来实现。如果向西发展的话，大家都知道是我国提出的"一带一路"倡议。如果向东、向南发展的话，一个是"海上丝绸之路"，另外一个是 RCEP，也就是东盟"10＋6"国家联合体的国际贸易区。东盟 10 个国家包括 2 个发达国家（文莱和新加坡），4 个比较发达的国家（菲律宾、泰国、马来西亚和印度尼西亚），以及 4 个最不发达的国家（柬埔寨、老挝、缅甸和越南），之后再包括 6 个他们周围的国家或者说东亚比较重要的国家，即中、日、韩再和大洋洲的澳大利亚、新西兰及印度。这 16 个国家组成 RCEP，在 TPP 被废处之后，RCEP 逐步发展成为全球最重要的地区贸易协议。毫无疑问中国在 RCEP 中起着主导的作用。所以，我觉得 RCEP 对未来中国贸易，乃至东亚、南亚地区贸易起到相当重要的作用。"一带一路"倡议对我国过剩产能的产业缓解也是非常有利的，因为沿线国家和地区要发展基础设施的话，需要钢铁、水泥、煤炭等，对我国来讲的过剩产能对它们来讲却是燃眉之需，所以这个贸易也是互惠互利的。

（本文载于北京大学国家发展研究院网站主页）

中美贸易战：美国将是最大的输家？

《北大青年》（以下简称"北青"）邀请北京大学中美人文交流研究基地执行副主任王栋副教授与北京大学国家发展研究院余淼杰教授，为我们解读这场"中美贸易战"。

北青： 您可以解释一下什么是"贸易战"吗？

余淼杰： "贸易战"和"贸易摩擦"不一样。广义的贸易战是一个国家将另一个国家认定为汇率操纵国，要求其汇率上升30%—40%，这会对该国家所有的产品都产生影响。而狭义的贸易战不一定对这一国家的所有产品产生影响，但会涉及相对较多的产品种类，涉及的产业对这个国家比较重要。狭义的贸易战意味着要打这个国家的"痛处"，所以有时这又叫做"局部贸易战"。

从中美贸易目前的情况来看，并不是广义的贸易战。但值得注意的是，美国征收高关税的产业对中国来说都是很重要的产业，例如，新能源汽车、高铁、通信技术等，都是"中国制造2025"行动纲领中计划主要发展的产业。美国剑指中国当前最在意且影响长远的一些产业，从这个意义上来说，这就是贸易战的开始。目前来看，可能还没有到"会战"的程度，但起码是一场战役，形容为"硝烟弥漫"也不为过。

北青： 这场贸易战为何会爆发？

王栋： 我对特朗普发动贸易战的解读就是这服务于国内政治的需要。特朗普说，中国对美国采用不公平的贸易手段。首先，这个理由是站不住脚的。以钢铁为例，中国对美国的钢铁出口量很少，只占美国进口总量的2%，加拿大才是美国在钢铁方面最主要的进口国，而且，美国自己的钢铁产量就已经占了其需求总量的2/3。

其次，经济学家普遍不认为这场贸易战是经济理性的。美国对中国征收了惩罚性关税后，只会使双方的金融市场更加不稳定。贸易战这种征收惩罚性关税的方式，显然是没有赢家的，是没有人能从中获益的。所以，发动贸易战主要是出于政治考虑。美国11月要进行中期选举，特朗普为了谋求连任而采取这样的手段争取选民。同时，最近对特朗普"通俄门"的调查也越演越烈，不排除其发动贸易战为自己解困的可能。

特朗普发动贸易战肯定经过了一个精心的利益计算。他计算的不是一个经济学的账，更可能是一个政治账。

北青：贸易战为什么在这个时间节点爆发？

余淼杰：历史上，贸易战可谓比比皆是。美国对各个时期的世界第二大经济体都发动过贸易战，例如，20世纪60年代对德国，20世纪80年代对日本。现在美国对中国发动贸易战也是出于其把中国定义为虎视眈眈的竞争国的心态。美国觉得自己的比较优势在逐渐丧失，老大的位置不保，在这样的情况下，选择对中国发动贸易战。

王栋：我认为贸易战爆发的一个大的背景是中美关系。在奥巴马政府时期，中美贸易摩擦一直都存在，但是规模很小。从2008年到现在，中国快速崛起，而且我们在外交上展示出一个非常进取的姿态。贸易战的爆发在一定程度上反映中美实力相对差距缩小之后，美国的一种战略上的焦虑，美国对中国意图的判断越来越倾向于负面。

这是一个大背景，另外一个大背景和特朗普本人的个性有很大关系。他的个性是完全不按常理出牌的，和原来美国政治人物深思熟虑、理性的形象不一样。他总是给人"打破常规、不讲道理，做法简单粗暴，但是很有效"的印象。这让美国民众觉得他是一个真正维护美国利益尤其是维护基层民众利益的人，这样一来，特朗普就可以牢牢抓住基层民众的选票。

北青：在这场贸易战中会有赢家吗？

余淼杰：不管出现哪种情况，美国都是最大的输家。

美国在汽车、钢铁、新能源这些产业上征收高关税，目标是维持本国比较高的就业率。但事实上，对于那些美国从中国进口并有大的贸易逆差的产业，如衣服鞋帽产业，美国不从中国进口，也必须从其他国家进口。因为美国在这些产品上并没有优势，现在从中国进口是因为中国的这类产品相对于印度、越南等国家的同类产品，价格更便宜。对中国征收高关税的结果并不是美国自己制造，而是必须从印度、越南等其他国家进口，所以并不能给美国创造就业岗位。

与此同时，征收高关税会导致中国出口美国的产品价格提高，这对美国消费者来说是个灾难。因为他们要付出更高的价格买同样的产品。生产者剩余不一定改善，但消费者剩余变差，所以整个美国社会的福利肯定变差。在这样的损失面前，因提高关税增加的一小部分收入是微不足道的。

北青：那中国会不会在贸易战中受损？

余淼杰：短期内，贸易战肯定会对中国产生一定负面影响。

第一，中国产品卖不到美国市场中去。如果中国什么都不做，对中国的就业当然不利，损失的是生产者的利益。第二，如果中国进行报复，对美国产品也征收高关税，而没有其他政策配套，那对双方都是损失。因为美国产品进不来，国内相同的产品比较贵，这对中国消费者也不利。

但如果中国能够通过其他的经济战略改变劣势，就可以减少损失。比如可以通过落实"一带一路"倡议，或签订更多地区贸易协议等方式，从美国以外的其他国家增加进口，就能够降低国内消费者购买产品的价格，中国就能在贸易战中相对减少损失。

北青：中国提出的应对贸易战"一不会怕，二不会躲"具体指什么？

王栋：美国对我们强加贸易战，我们不回应是不可能的。中国处于防守，被迫要做出反应，来维护我们国家的利益。中国要采取反制手段，也要让特朗普感觉到疼：他打过来，你打回去，也得把他门牙敲掉一颗。这样会起到威慑的作用。

但中国的回应，不能是他打我们一下，我们就狠狠地再打回过去。回应必须适度。

我曾经用十六字总结过对中美关系的前瞻，"丢掉幻想，做好准备，不怕最差，争取最好"，今天这依然是适用的。我们回击的目的虽然不是打到最后两败俱伤，但是必须要做一个坚定的反应，奉陪到底，中国自己的国家利益必须要捍卫好。

北青：这场贸易战会是持久战吗？

余淼杰：这取决于美方。如果中国的反制确实打到了其痛处，议会也给特朗普施加压力的话，特朗普可能会有所妥协，这场贸易战就不会扩大。但如果继续扩大，中国就要做好最坏的准备，即贸易摩擦恶化成全面贸易战，中方出口到美方的产品基本上都会被征收高关税。

中国最佳的应战策略是"以战促和"。和平不可能是轻轻松松从天上掉下来的，在反制中，中方应该恪守"有利、有理、有节"的原则。同时力度要够，蛇打七寸，才能让对方觉得打下去两败俱伤。这样，美方才会收手。所以目前，积极备战、以战促和是中方唯一正确的选择。

北青：中美贸易战是否会对全球化进程造成阻碍？

余淼杰：如果美国选择妥协，回到谈判桌，这对经济全球化是一件好事情。但如果美国变本加厉，贸易战时间持续很长，那么这对经济全球化进程就是一种直接破坏。因为中美贸易战并不仅仅是中美两国的对抗，现在的产品都有很长的价值链，一部iPhone的诞生就源自很多国家。中美贸易战看上去只是中美的对抗，然而形成对抗的范围远远不止于此，许多贸易国也会因为美方发动的贸易战而直接受损。

不过，我认为全球化进程的大趋势不会受到影响。历史的趋势不会因为任何人的阻挡而发生大的变化。自由贸易已经成为一种深入人心的观念，不是短期内可以改变的。

王栋：我刚出版了一本新书，书名是《再全球化：理解中国与世界互动的新视角》，对全球化当前的挑战及未来的发展方向做了较为系统的研究。我的核心观点是，现在出现了一些"逆流"，但没有进入到整体逆全球化的阶段，而是进入到了一个新的阶段，我称之为"再全球化"阶段。在这个阶段，以中国为代表的新兴经济体扮演了引领者的角色。特朗普代表"支流"和"逆流"，不代表全球的发展。

不管美国怎样，我们还是要继续做我们该做的事情。中国要深化改革，不要因为美国跟我们打贸易战就停止改革。我们该开放的市场还是要开放，市场也不是专为美国开放的；我们还要增强我们的产业竞争力。

我觉得我们国家和个人的选择应该是同一个逻辑。自己变得更好更强才是在当今这个不断变化的世界的立足之法。

北青：中美贸易战对国际贸易秩序会产生哪些影响？

余淼杰：一定会产生深远的影响。以前是地区间的贸易摩擦居多，而现在则是世界上两个最大的经济体的直接贸易冲突，贸易战的范围也越来越大。当然，美方发动贸易战是对WTO多边贸易体制的直接破坏，美国用自己国内法取代国际法的做法，粗暴地践踏破坏了国际经贸规则，从而使本来已日趋完善的WTO争端解决机制被弱化。

北青：这场贸易战会对股市产生怎样的影响呢？

余淼杰：相对而言，我觉得贸易战对中国实体经济的负面影响不会过大，但股市就是在赌一个"明天"。中美贸易战无疑给股市蒙上了悲观的气氛，眼下的"刀光剑影"难免让人产生贸易战会扩大的忧虑，所以对股市会有很负面的影响，比如，美国的波音公司或其他在美国上市的中国概念股。

北青：除了宏观上的影响之外，这场贸易战对普通人的生活会产生哪些影响？比如，您觉得中美贸易战会影响国内物价吗？

余淼杰：我觉得影响相对而言可以说是比较小的。比如，我国对美国的葡萄酒征收高关税，但葡萄酒市场的弹性大，不买美国的葡萄酒也可以买其他国家的。所以我认为不会对物价产生很大的影响，不必过分担心。

北青：对想要出国留学的同学来说，会有负面影响吗？

王栋：收紧留学签证的政策是有的，这个和贸易战本身没关系，而是和现在整个中美关系出现一些负面的发展倾向有关系。这对于想出国的同学来讲，可能会产生一些负面影响。但是我相信，美国国内也有很多理性的声音。所以我觉得大家还是不用担心这么多，把该做的事情做好，车到山前必有路。万一很极端的情况发生，也不用太担心。除了美国，英国、加拿大等国家也有很多好学校。

（本文载于《北大青年》，2018年3月。记者：刘沛宜、张卓辉、张君曼、王泰程、钱玉婕）

中美贸易战，特朗普不会赢

美国总统特朗普于2018年3月22日签署了制裁所谓针对中国"经济侵略行为"的总统备忘录，涉及征税的中国商品规模可达600亿美元，中方予以了坚决的反击。特朗普此举的真实意图是什么？若中美双方打起贸易战，将对中国经济产生哪些影响？中国将如何应对？

《商学院》（以下简称"BMR"）杂志对中国国际贸易研究领域的专家北京大学国家发展研究院副院长余淼杰教授进行了专访。

BMR： 此前，美国针对中国开启所谓"301调查"时，有专家称，一直以来，"301条款"的最后威胁从未启用，这次也不会。因为，贸易战会使中美两国两败俱伤。但是，这次特朗普签署"制裁"中国的备忘录，确实带来不小震动。

您认为，特朗普这次对中国的强硬"制裁"，主要原因是中美贸易逆差吗？特朗普能通过提高关税达到他想要的目的吗？让中国减少1000亿美元贸易顺差，这种要求是不是无理取闹？特朗普当权派的真实目的是什么呢？

余淼杰： 特朗普政府这次贸易制裁或挑起贸易争端的行为，短期目的确实是缓解中美贸易逆差。因为2017年中美贸易逆差2 760亿美元。对美国来讲是一个很大的数字，中国是他们最大的贸易逆差来源国。

长期来看，特朗普此举有着更深远的内涵，主要是因为中国经济的崛起已经成为非常明显的事实，美国明显感觉到自己"世界第一大经济体"的地位受到挑战。从历史上看，美国有这种传统，哪个国家处于"世界第二大经济体"威胁到美国"经济老大"的地位时，它都会对其进行贸易制裁。

比如，20世纪60年代的德国、20世纪80年代的日本，都是因为这种背景而遭到美国打压。在这一背景下，美国在所谓"301调查"之后采取的提高关税措施，并不是贸易制裁的结果。

我的预判是，美国挑起的贸易争端后续会越来越多。从本质上看，即使中美之间的贸易逆差在减少，只要中国经济总量不断发展，美国就会中国采取遏制措施。从美国总统国情咨文中可以看出，特朗普明显把中国看作贸易上的战略竞争对手。

BMR：虽然，特朗普还没有公布将对中国哪600亿美元商品课以重税，但是，罗伯特·莱特希泽在参议院财政委员会概述了将会被征收新关税的中国产业，包括航空、现代铁路、新能源汽车和高科技产品等。据英国媒体报道，美国将锁定在科技、通信和知识产权领域，包括半导体、电信设备和电脑组件等，涉及产品总额约相当于中国对美出口总额的1/8。而中国商务部的反击，首选的是农产品，包括鲜水果、干果及坚果制品、葡萄酒、猪肉等。但还没有涉及大豆、大飞机。美国在高新技术等产业提高关税对中方产生的压力，与中方在农产品等领域提高关税对美国产生的压力相比，哪个更大呢？目前，是不是意味着贸易战已经打响了？

余淼杰：中美双方互相提高关税的产业都是两国各自关注的产业。特别是美国对中方提高关税的一些高科技产业是"中国制造2025"行动纲领要发展的核心产业，比如高铁、新能源汽车、新一代通信技术等。虽然这些不是双方贸易量最大的部门，但从某种角度上看，美国是用"项庄舞剑，意在沛公"的方式遏制中国未来将重点发展的核心产业。

所以从这个角度上看，这相当于打到了中方的痛处，中方不得不回击。中方在农产品上反击，是一个标准动作。因为农产品产业虽然不是美国最重要的产业，只占贸易额中的小部分，但是，能够影响到特朗普当局的选情。美国农会跟日本农会一样在选举中角色非常重要，而且农产品是美国在中美贸易中长期顺差的部门。所以，中方对这些部门进行反击，从某种角度上看，也是打到了美国的痛处。美国农会可能会由此游说国会，进而左右总统决策，因此这是一个很关键的部门。

是不是意味着贸易战已经打响,取决于如何定义贸易战。准确来讲,这次是一个涉及贸易金额比较大的贸易争端。

贸易战概念通常有全面贸易战和局部贸易战之分。发动全面贸易战的情况比如,美国要求中国产品的汇率提升30%,类似于所有产品都增加关税30%。而目前来看,这次应该是局部的贸易战,或者是一个比较大的贸易摩擦。

BMR:除了钢铁、铝和上述的高新技术产业,美国要提高关税的商品是不是会扩大到家电、玩具、纺织等这些逆差大的产业呢?会对中国的产业结构有怎样的影响?对中国哪类企业会产生直接影响呢?

余淼杰:如果形势进一步恶化,美方有可能会对中国的白色家电、玩具、纺织等贸易逆差比较大的产业征收高关税。而中国也有可能采取更多更强硬的回应方式,比如对美国进口大豆及飞机征收高关税。如果发展到这种程度,就是全面贸易战,此时一定会对中国的产业结构产生深远影响。

如果中方对美国的产品征收高关税,对中方同类产业来讲,短期看是好事情,但长期来讲并不好。比如对中国对美国大豆或其他农产品征收高关税,短期内能起到保护中国农产品的作用,长期来看,如果中国企业不思进取,生产率就不会提升。贸易自由化才真正有利于两国发展。

从另外一个角度上讲,如果美国对中国的产品征收高关税,会直接影响中国这些产业的出口,相关企业的经营会受影响,短期是坏事情。但是,长期来看是好是坏,取决于企业有没有扩大出口目的国,不把目标集中到美国。如果企业能够把出口转移到欧盟国家或其他国家,那么其受到美国高关税的影响就会相对减弱。

BMR:中国出口到美国的商品占我国GDP的4%,但是,美国对中国出口商品只占美国GDP的0.6%。如果中方强硬接招,贸易战有可能持久打下去吗?谁损失会更大?

余淼杰:GDP占比的确是这样,但这并不代表贸易对双方来讲不重要。

如果中方现在一味退让,没有任何贸易摩擦,美方并不会就此停手。

美国先是针对钢铁、铝提高关税，然后是"301调查"，接下来美方还可能会有其他特殊保障机制。所以，"树欲静而风不止"，中方如果一味退让，美方只会得寸进尺，扩大贸易制裁或者贸易摩擦。所以，中方不能就此放任。

谁的损失会更大呢？我们有一篇严格的学术论文已经分析过，美方挑起贸易战，中方无论有没有反击，美国的损失都会是最大的。中国会在短期内损失很大。因为打了贸易战后，涉及的中国企业部分产品出口受阻，中国对美国产品征收高关税，中国产品的价格也会上涨。但是，如果中方可以扩大从其他国家的进口，损失就会减少。因此，即使打贸易战，中方如果应对准确，美国的损失将会更大。

之所以美国损失最大，主要有两个原因。第一，美国之所以打贸易战是希望可以让一部分产业回流，但是，目前来看，"301调查"相关产业的回流是不存在的。第二，美国国内的物价会相对提高，从而使消费者福利受损。

BMR：此次对中国的贸易调查更像是借知识产权保护之名，行贸易保护之实，以重振美国经济。凡此种种，成为特朗普拿起美国20年弃置不用的"301条款"贸易保护撒手锏的重要背景，针对世界第一大贸易国，特朗普又可以延续竞选时的战斗风格，继续调动选民基本盘的热情了。"301调查"的重点，是针对中国侵犯美国知识产权和强制美国企业做技术转让的指控。这一指控是不存在的吗？会给中国产业格局带来哪些调整呢？

余淼杰：因为涉及"制裁"的产品，美国强调是"301调查"的结果，其实是借知识产权之名行贸易保护之实。为什么这么说？比如"制裁"所涉及的高铁装备，美国并没有像样的高铁产业，那何来中国窃取美国的产品和技术呢？美国并没有足够的证据表明所谓"制裁"的事实依据，基本是空穴来风。虽然，中方无法承诺在知识产权上完全没有问题，但是，美国的指控绝大部分是站不住脚的。

BMR：有人认为特朗普提高关税不过是一种谈判手段，目的是让中国取消对外企技术转让的要求。实际上，在中国的高新技术开发区，如果外企愿意转让技术，可以享受优惠税收政策；如果不愿意转让，则不能享受税收优惠。有些外企既想享受税收优惠，又不愿转让技术，因此提出抗议。

特朗普将指示财政部提出限制中国在美投资的措施办法，主要将针对的是高新技术产业的投资吗？特朗普是担心我国在科技创新领域超越美国吗？福耀玻璃、比亚迪都在美国有建厂，特朗普欢迎什么样的中国资本进入呢？

余淼杰：美资企业在华投资的确存在这样的选择。

特朗普限制中国在美投资的措施，主要是担心中国的强大。目前，主要限制集中在对高新技术产业的投资上，因为这是美国经济发展的核心产业，他们说得很清楚。

其实，现在不仅是高新技术产业在美国投资受到限制，传统产业也一样。比如，三一重工这样的民营企业在美国收购其他企业、进行投资也会受到阻碍。只要是中资背景的企业进行投资，特朗普都心存芥蒂，能阻拦就阻拦。

BMR：未来哪些中国企业在美国投资将会遇到障碍？中国企业通过兼并收购美国企业的方式来扩大海外市场，甚至实现技术转移，这条路是不是走不通了？

余淼杰：不能说现在在海外通过并购或者绿地投资的方式来扩大海外市场完全行不通。

并购通常会比较困难，但绿地投资相对比较直接。而绿地投资也能够实现技术的转移，因为企业也需要在当地雇高级工程师，人力本身也是种"技术"。虽然相对来讲并购比绿地投资更困难，但并不是说无路可走，中方企业要积极应对。

BMR：据相关研究报告，中国企业在美投资项目现已遍布46个州和425个国会选区，为美国创造超过14万个就业岗位。2015年美对华出口和中美双向投资为美国GDP贡献2160亿美元，支持了美国国内260万个就业岗位。特朗普肯定看到了这一点，为什么还要跟中国打贸易战？

余淼杰：美国通常并不会这么看。美国会认为中国的出口导致了美国劳动密集型产业的 300 万工人失去工作岗位。我国直接对外投资给美国创造这么多就业岗位虽然是事实，但这就是所谓的"双重标准"。

美国不提中国创造的就业，只提出口给美国造成的岗位损失。这一次它是借用中美表面上的贸易逆差，抬高筹码。它提出对中国的所谓"制裁"后，预料到中国会有所反应，但是如果中国反应不是很强烈，它便可能得寸进尺。所以，美国当局的行为是在利用其全球第一的霸权地位来打压其他国家。

BMR：中美的贸易逆差实际上只是"视觉差"，美国还是处于高附加值链上的。特朗普看不到这一点吗？这种逆差，能说明中国抢走了美国制造业、抢走了蓝领工人的就业机会吗？

余淼杰：确实，中国低端产品如纺织、钢铁等劳动力密集型产业或者是资本密集型、附加值比较低的产品出口，的确是影响到美国蓝领就业，我们不否认这一点。但是更重要的是我们让美国的消费品价格更低。此外，哪怕中国不出口这些产品给美国，美国自己也不能够创造这些工作岗位，必须从其他国家进口这些产品。

所以，即使特朗普知道美国处于高附加值产业链顶端，仍然会以这一点为借口。这个就是典型的"得了便宜还卖乖"。

BMR：下一步，您觉得特朗普会落实备忘录提升关税吗？中国下一步将如何应对？

余淼杰：目前，中方说法非常有技巧，暂时停止对部分从美国进口的农产品、猪肉等产品免税。如果特朗普不落实备忘录，那么中方则会继续进行免关税。如果真的是打贸易战，美国将征收高关税的产品范围扩大，中国便没有其他选择，只能对美国的大豆、大飞机等产品征收高关税了。

当然中方希望美国能够回到谈判桌上来进行贸易谈判，这对两国都有利。

（本文载于《商学院》杂志，2018 年 3 月 24 日。记者：陈茜）

美国这行业叫苦连天：特朗普关税政策"史上最糟"

美国总统特朗普以"危害国家安全"为由签署备忘录，并指令有关部门对从中国进口约 600 亿美元商品大规模加征关税的举动引发媒体对"中美贸易战"的担忧。在此期间，美国国内对"钢铁产品加征关税"的质疑声日渐高涨，在美国田纳西州，与钢铁直接相关的汽车产业已经开始叫苦，并称这是"华盛顿有史以来最糟糕的政策"。

美国国内质疑钢铁关税政策：搬起石头砸自己的脚

据美国 CNBC 网站消息，美国前财政部长、经济学家劳伦斯·萨默斯于 2018 年 3 月 24 日表示，特朗普的钢铁关税政策将损害美国的经济利益，特别是美国工人的利益。他表示，"关税对美国国内工人造成的伤害可能远远多于获益，因为在钢铁消耗产业的工人是钢铁生产产业的 40 倍"。

"我不认为征收钢铁关税是一项谨慎的政策"，劳伦斯·萨默斯表示，这简直是"搬起石头砸自己的脚"。他进一步指出，关税政策给美国经济带来的风险将远远超过没有钢铁关税的情况，"我不知道它将对中国带来什么影响，但我认为在中国采取行动之前，美国的经济就已经遭到重创"。

特朗普的钢铁关税政策同样使美国汽车产业盛行的田纳西州深受影响。据《田纳西人日报》报道，田纳西州联邦参议院议员拉马尔·亚历山大于 2018 年 3 月 26 日公开抨击特朗普征收钢铁关税"是华盛顿有史以来最糟糕的政策"。

"这对我们来说十分不利",亚历山大表示,钢铁关税政策损害美国商业利益,对汽车产业盛行的田纳西州影响尤为严重。据拉马尔·亚历山大介绍,田纳西州是汽车行业的生产大州,在该州 95 个县中的 87 个县中共有 929 家供应商及 3 个大型生产工厂,而如今美国钢铁关税征收 25％,美国国内生产商会抬高原材料的价格,汽车的制造成本随之增加。

学者:对待不公平征税,中国可采取反制措施

特朗普曾于 2018 年 3 月 8 日表示,美国将对进口钢铁产品征收 25％关税、对进口铝产品征收 10％关税,而该项措施于 2018 年 3 月 23 日起正式生效。就在 23 日这一天,特朗普又签署了对欧盟、澳大利亚、加拿大、墨西哥、阿根廷、韩国和巴西的钢铁产品和铝产品关税豁免的政策,豁免期将于 2018 年 5 月 1 日结束。外界有观点认为,此举"针对中国"意味明显。

那么美国加征钢铁产品关税究竟对中国有何影响?北京大学国家发展研究院副院长余淼杰在接受海外网采访时做出了客观分析。余淼杰表示,客观地讲,中美钢铁贸易量并不大,只有 17 亿美元,而这 17 亿美元占中美贸易额不足 1％,所以我们要从多角度分析此次征税。

分析美国钢铁征税对中国的影响要看征税对象是"粗钢"还是"精钢"。余淼杰认为,如果是粗钢,短期内势必将对国家和企业产生负面影响,因为"产品卖不出去,会导致国内产能过剩,短期利益会受到损害"。不过,余淼杰进一步指出,负面冲击也有可能产生正面效应,"这在某种程度上能促进国内加速调整产能,变压力为动力,使钢铁产业走高端路线"。

那么,面对不公正的关税政策,中国到底该如何应对?余淼杰认为要"对症下药",首先,"中国要关注美国征收高关税的依据是什么,调查美国为何采取反倾销的措施"。余淼杰进一步指出,中国可进行相关调查,用事实证明中国的产品并不存在倾销行为,而美国征税是不公平乃至是歧视的行为。这样一来,中国可劝说美国取消征税,或采取反制措

施,比如"中国同样也可以针对美国类似的进口产品进行调查,甚至启动'双反'政策(征收反倾销、反补贴关税)"。

正如外交部发言人华春莹于2018年3月21日在例行记者会上所言,打贸易战没有赢家。这个世界上没有谁能穿着传说中刀枪不入的"金丝软猬甲",乱舞大棒伤人,自己却毫发无损。多家美国贸易协会的请愿、多名经济学家的观点及世界多国的反应都明确无误地表明了这点。中方不想跟任何人打贸易战,"但如果有人非逼迫我们打,我们一不会怕,二不会躲"。

(本文载于《人民日报》海外版,2018年3月28日。综编:李萌)

中美贸易摩擦升温，东盟是喜还是忧？

东盟同时是中国和美国重要的贸易伙伴，也是全球价值链中的关键一环。在特朗普签署备忘录，将对中国进口商品大规模征收关税的背景下，我们不禁要问，中美贸易摩擦如果进一步升级，东盟是否也会受到影响？

中美贸易摩擦，涟漪波及东盟

美国是最大的发达国家，中国是最大的发展中国家，中美经贸关系走向何方对两国及其他国家的影响深远，一直备受关注。

北京大学国家发展研究院副院长余淼杰在接受本刊记者采访时表示，就目前的形势来看，中美贸易摩擦近期内不会愈演愈烈。但如果中美贸易摩擦进一步升级，东盟作为中国的第三大贸易伙伴，在这次博弈中也将受到直接或间接的影响。

余淼杰认为，毕竟目前中国的加工贸易占据中国出口贸易的1/3，达到7 000亿美元，相当于瑞士的GDP水平，而如果中国的贸易出口受到限制，中国将会减少从东盟等国家的原材料进口，如此一来，东盟国家的贸易出口也会减少，这对东盟等国家，尤其是长期为中国提供上游产品的国家来说是非常不利的。

以泰国为例，橡胶作为泰国重要的出口商品之一，在泰国对外贸易中占有重要的地位。中国是泰国最大的贸易伙伴，在泰国对中国的商品出口结构中，天然橡胶和橡胶制品占有较大的比重。

就出口份额增长率来看，2017年1—10月，出口到中国的天然橡胶金额与同期相比增长了52.53%，橡胶制品金额增长率更是高达359.95%。

由此可见，橡胶是中泰贸易的支柱型商品，中国市场需求对于泰国橡胶的供应也有着较大的关联作用。

如果美国利用"301调查"对中国高性能医疗机械、农机装备、新能源汽车等产业设立高关税壁垒，不仅会给中国带来负面影响，也会令泰国受到牵连。

不过，余淼杰也表示，从另一个层面来说，如果中方应对得当，客观上看，中美贸易摩擦也有可能为东盟国家带来好处。

余淼杰认为，针对美国挑起的争端，中国可能会出现三种对策：一是打不还手；二是以牙还牙；三是在回击的同时，配以合适的政策辅助措施，如增加对东盟等国家的进口，以降低上游生产品和下游消费品在中国国内的价格。而在这当中，实施第三种对策可能性比较大，因为这可以化解贸易争端对中国当前的不利影响。这对东盟国家也是有好处的。

中国拟对自美国进口产品加征关税主要集中在农产品领域，而东盟国家中，大多是农业大国，农产品丰富，而且在价格上也具有优势，这意味着如果中国转向从东盟进口农产品，将在很大程度上扩大东盟国家的出口贸易，减少东盟对中国的贸易逆差。

另外，在中国—东盟自贸区框架下，中国也会更倾向于在劳动力成本较低的东盟国家投资建厂，带动当地人员就业，进而提振当地经济发展。

余淼杰认为，如果中美贸易摩擦升级，中国将会非常重视东盟，增加与东盟市场的对接。所以不管是从国家宏观层面也好，还是企业微观层面也好，中国都可能会降低对美国市场的依赖，同时逐渐培育好中国—东盟双方的市场，坐实中国—东盟自贸区合作机制，这对双方来说是合作共赢的。

所以，此次中美贸易摩擦对于东盟而言，可以说是喜忧参半的。

对话协商化解分歧才是区域共鸣

新加坡已故总理李光耀曾经说过，如果大象之间打起架来，它们脚下的小草就会无端遭殃。意思是像中国和美国这样的大国之间如果发生争端，新加坡这样的小国家就会处于非常尴尬的境地，甚至可能会卷入纠纷而无端遭殃。

对此，包括新加坡在内的东盟国家都意识到中美贸易摩擦将给本国带来或大或小的影响，同时也更希望看到中美双方能够以对话协商的方式解决经济分歧和摩擦，遵循贸易自由化和投资便利化的时代潮流。

新加坡

新加坡外交部部长维文随即表示，这种以牙还牙的情况是个非常糟糕的主意，"所有国家都应该避免实施最终会令自己蒙受打击的措施，这也会导致其他国家采取报复措施，打乱过去70年来一直维护的和平与稳定繁荣模式"。

印度尼西亚

印度尼西亚经济统筹部长达尔敏也表示，美国与中国之间的贸易战，可能会对印度尼西亚产生间接的影响。中美两国不能互相进口的货品会转向印度尼西亚市场，但对印度尼西亚出产同样货品的厂家及企业将有不利的影响。

泰国

泰国商业大学研究机构则表示，此次中美贸易战或将在短期之内对全球造成冲击，自然也包括泰国在内。例如，泰国发生洪涝灾害，日本机动车制造行业会受到影响，因为部分配件进口来自泰国。因此，冲击将体现在两国进口和出口双向。而中国进口商品来自多国，影响必将连带扩散。

在经济日益交融的今天，各国已形成"你中有我、我中有你"的紧密合作格局，两国之间的贸易摩擦都会影响到双方甚至多方的经济增长。

因此，通过对话协商化解分歧，遵守国际贸易的"丛林法则"才是最佳选择，也是国际社会所期待的。

这正如新加坡《联合早报》发表的文章中写道：尽管中美双方都发表强硬言论，如果两国决意选择更狠地报复对方，任性妄为是要付出代价的，也将对中美双方及全球经济造成巨大伤害。要避免爆发一场贸易战，中美双方必须进一步谈判，做出一些让步，这是国际社会期待的最好结果。

值得一提的是，尽管近年来中美贸易摩擦有所升级，但根据此前特朗普的总统令，美国贸易代表办公室将在总统签署协议后的15天内公布商品清单，同时美国对华加征关税产品清单的公示天数也将从30天延长至60天。

对此，余淼杰分析认为：协议从签署到执行，中美两国还有一段时间可以谈判，因此，此次贸易摩擦在短期内不会升级至贸易战。

从另一个角度来看，中国与东盟等相关国家可以借此契机未雨绸缪，进一步开拓海外市场，以及通过技术升级和转型，提高企业产品的竞争力，这对企业的长远发展来说，未尝不是件好事。

（本文载于《中国—东盟博览》杂志，2018年3月30日。作者：陈丽冰；编辑：黄乙司）

美延长清单公示时间，学者称或现回旋余地

当地时间 2018 年 3 月 28 日，美国贸易代表罗伯特·莱特希泽表示，美国对华加征关税产品列表的公示天数将从 30 天延至 60 天。北京大学国家发展研究院副院长余淼杰在接受香港新闻网记者采访时表示，美国此举或为避免贸易摩擦进一步扩大，中美回到谈判桌的可能性仍然存在。

自美国总统特朗普签署备忘录指令有关部门对华采取限制措施至今，一周已过去。美原定于 15 天内公布的加征关税产品列表尚未揭盅，如今又将清单的公示时间从原定的 30 天延至 60 天。

在这一周内，数位美国官员接连释放出与特朗普强硬态度截然不同的信号。此前声称"不怕贸易战"的美国财政部长姆努钦日前也"谨慎乐观"地认为美国可与中国达成贸易协议。

分析人士认为美国回到谈判的可能性在于特朗普的诸多顾虑。余淼杰表示，美国选民的支持是根本原因。中国给美国开出的 30 亿美元清单，虽未涉及大豆、飞机等美国出口最多的产品，但囊括多类美国农产品，这可能影响美国农会对特朗普的支持，特朗普或因此而做出让步。

据境外媒体报道，美国民间已出现不少声音希望避免贸易摩擦加剧。在中国的 30 亿美元清单中，美国红酒赫然在列，虽然份额仅不到 8 千万美元，但美国红酒商仍不希望失去中国这个增长迅猛的市场。

避免贸易战的呼声不止于美国国内，国际社会也不希望看到中美贸易摩擦扩大。WTO 总干事罗伯特·阿泽维多此前表示，中美若爆发贸易战，全球经济增速将面临快速下滑的风险。

余淼杰认为，中美贸易摩擦的风险远超过双方列表上的数字，虽然 600 亿美元在中国 2 万亿美元的出口额中看似微不足道，但根据国际贸易中的"放大效应"，增收关税导致产品价格提升，即便提升很微小，也会对生产者和消费者的利益造成极大损伤。

（本文载于香港新闻网，2018 年 3 月 30 日。记者：庄恭）

中美贸易战：从一触即发到重回谈判桌

从剑拔弩张、一触即发到偃旗息鼓、重回谈判桌，中美贸易战在短短3天时间里战情逆转。

2018年3月23日，美国总统特朗普签署备忘录，表示依据"301调查"结果，将对从中国进口的商品大规模征收关税，并限制中国企业投资并购美国企业。由此，打响了中美贸易战"法令枪"。

随后，中国商务部迅速予以反击，拟对由美国进口的30亿美元产品加征关税。中国外交部同时也明确表态，我们不想打贸易战，但也不怕打贸易战。我们有坚定的决心和充分的准备予以坚决应对，捍卫国家利益。

在中国政府强力反击下，特朗普政府随即偃旗息鼓，鸣金收兵。2018年3月26日，美国财政部长姆努钦对外放风称，有望与中国达成谈判协议，从而避免贸易战。随后，特朗普政府贸易顾问彼得·纳瓦罗也发出了"美中重回谈判桌"的宣言。

不过，值得注意的是，姆努钦重申关税会继续推进，纳瓦罗也称对中国投资限制将很快宣布，且美国可能达成非常利好的NAFTA重谈协议。

对此，中国国际贸易研究领域专家、北京大学国家发展研究院副院长余淼杰教授在接受《中国联合商报》记者采访时表示，中国政府对特朗普的强力回击，非常及时也非常正确，这样美国不必真如特朗普所令，对600亿美元的进口中国产品征收关税。不过，他同时也指出，特朗普是一个不按常理出牌的人，随时可能出尔反尔，甚至变本加厉，中国政府决不能掉以轻心，必须制定更为周全的反制措施，方能立于不败之地。

美挑起贸易争端剑指中国核心技术

根据中方统计数据，2017年中美贸易顺差达到2758亿美元，由于统计口径的差异，根据美国统计局的数据，美国2017年对中国的贸易逆差达到3752亿美元，占美国全球贸易逆差5660亿美元的2/3。

余淼杰认为，特朗普政府这次贸易制裁或挑起贸易争端的行为，短期目的是缓解中美贸易逆差。但从长期来看，主要原因是中国经济的崛起让美国明显感觉到自己世界第一大经济体的地位受到挑战。在这一背景下，美国在所谓"301调查"之后采取的提高关税措施，并不是贸易制裁的最终结果。虽然美国政府还没有公布将提高关税的中国商品清单，但是美国贸易代表罗伯特·莱特希泽在美国参议院财政委员会概述了将会被征收新关税的中国产品名录，其中包括航空、高铁、新能源汽车和高科技产品。而这恰恰是"中国制造2025"要发展的核心产业，美国是用"项庄舞剑，意在沛公"的方式来遏制中国未来将核心发展的产业。至少在中国制造业，特别是高端制造业、新一代技术方面遏制中国，让中国慢一点赶超美国。这一点在特朗普政府内部也是存在共识的。

"特朗普短期想保护本国制造业，长期是保证国家的核心竞争力。"余淼杰说，"但他虽然想保护A产业，却损害了B产业或者是A产业的上游产业。这是因为全球化下的贸易和生产，都是你中有我、我中有你，相互依存的"。

而从中国对美国的投资来看，特朗普将指示美国财政部提出限制中国在美投资的措施办法，主要针对的是高新技术产业的投资。余淼杰指出，因为这些产业是美国经济发展的核心产业。其实，传统产业在美投资也一样遇阻。只要是中资企业进行的投资，特朗普都心存芥蒂，不是拒之门外就是抬高筹码。事实上，近年来，中国企业在美投资项目已遍布46个州和425个国会选区，为美国创造了超过14万个就业岗位，特朗普是"得了便宜还卖乖"。

在余淼杰看来，美国挑起的贸易争端后续会越来越多，有可能将针对中国使用市场准入、投资安全审查、排"中"性区域合作等多元战略组合，进行"围追堵截"和战略遏制。"从本质上看，即使中美之间的贸易逆差在减少，只要中国经济总量不断增长，美国就会对中国采取遏制措施。从美国总统国情咨文中可以清楚看出，特朗普明显把中国当作贸易上的战略竞争对手。"

中国强力反击 美妥协称重回谈判桌

美国对中国发起的"301调查"，主要针对的是中国侵犯美国知识产权和强制美国企业做技术转让。但此次美国对中国的贸易调查更像是借知识产权保护之名，行贸易保护之实。

余淼杰表示，特朗普依据"301调查"结果发动贸易制裁，就是在试探中国的底线。如果中国反应不是很强烈，他便可能得寸进尺。但这次他打到了中国的痛处，中国不得不奋起反击。不过，目前比较有意思的是，中方并没有针对美国的大豆、汽车、飞机等产业，而是采取"打边角，留余地"的战术，首先在农产品上进行反击。虽然农产品产业不是美国最重要的产业，但是却能够影响到特朗普政府的选情。美国农会是选举中的关键部门，如果中国通过对农产品进行贸易制裁，进而影响农会利益，农会一定会组成特殊利益集团去游说特朗普政府，进而左右特朗普决策。余淼杰认为，鉴于此，特朗普政府选择妥协，重回谈判桌。

当然，中方希望美国能够回到谈判桌中来，放弃贸易战，进行贸易谈判，这对两国乃至全球都是一件好事情。那么，这是否意味着特朗普将不再向600亿美元的中国商品征收关税？中美贸易战也不会由此爆发？余淼杰认为，这主要取决于中方的反应和态度，特朗普全部不征关税是不可能的。从目前的情况来看，中方反应很强烈，态度很强硬，特朗普征收一部分关税是大概率事件，最终可能会从600亿美元降到100亿美元。当然，中国一向都是以最大的诚意、尽最大的可能促进自由贸易的。如果特朗普能重回谈判桌，中方也会继续推进全面开放的新格局，在某些领域，如金融领域，加快开放。但同时，考虑到特朗普是一个不按常理出牌的人,所以也不排除他会继续扩大对中国商品的征税规模,从600亿美元增加到1 000亿美元,甚至2 000亿美元。如果是这样,中国没有其他选择,只有对美国的大豆、汽车、飞机产业甚至服务贸易等征收高关税。如此一来,中美贸易战就会全面爆发。

余淼杰认为,现在中国最佳的应对策略是"备战促和,以小战换大和"。在反制中,中方应恪守"有利、有理、有节"的原则,加足力度,蛇打七寸,让对方觉得打下去两败俱伤。这样,美方才会收手。在目前,积极备战、以战促和是中方唯一正确的选择。

如果贸易战开打 美国会是最大输家

如果中美贸易战真打起来,中美双方谁的损失会更大?余淼杰通过一篇学术论文,分析了中美贸易战真打起来谁输谁赢。结果表明美国是最大的输家。中国当然也会受损失,但如果中国能有合适政策配套,则可以将损失降至最低。

具体可以从四个层面来理解:第一,美国挑起贸易战的目的是希望制造业回流。美国认为中国商品卖到美国去,导致美国丧失了300万个工作岗位。这是只见树木不见森林,中国大量对外投资直接促进了当地就业,但美国却对此视而不见,反而阻止中国企业到美国去投资建厂,这将使美国失去更多的劳动岗位。况且就目前的情况来看,贸易制裁所涉及的钢铁、铝,以及"301调查"针对的高新技术制造产业是不可能让美国制造业回流的。

第二,就事论事。假设美国征收高关税致使中国商品无法进入美国市场,美国就能够增加这300万个就业岗位吗?答案是依然不行。美国在中国的出口产品上并没有比较优势,这不是和中国人争,而是和全球198个国家和地区争。不允许中国商品进入美国,越南、柬埔寨、印度尼西亚制造的商品也会进入美国,这只不过是钱让中国挣,还是让其他国家挣的问题而已。

第三,限制中国商品出口后,美国民众不得不付出更高的价格去购买别国商品。消费价格上升,引起通货膨胀,真实的购买力会下降,这也是一件坏事。如果中美贸易战范围扩大到生活用品、消费品上，对美国老百姓的影响将立竿见影。

第四，中国对美国的贸易盈余，除了以极低的利率为美国各行各业提供大量发展资本外，大多数都购买了美国国债，用于支付美国政府规模庞大且日益增加的联邦赤字。美国政府预计本财年的财政赤字将从 2017 年的 6 670 亿美元扩大到近 1 万亿美元，预计 2027 年年末将达到 2.4 万亿美元。而美国最大的外国债主就是中国，中国目前持有约 1.2 万亿美元的美国国债。如果中国对美国的债券失去兴趣，美国经济将会遭到毁灭性打击。

综上所述，不论哪种情况，不论怎么算，美国都是最大的输家。

（本文载于《中国联合商报》。记者：毕淑娟）

特朗普打"贸易战"助中国崛起？
外媒的逻辑不可信

2018年4月2日凌晨，中华人民共和国国务院正式公布了对原产于美国7类128项进口商品加征15％或25％关税的决定。针对美国此前对进口钢铁和铝产品加征关税的回击，正式落地。外媒持续关注中美之间的贸易纠纷，其中也出现了一些"美国对华贸易打压有利于中国开放"的"新颖"观点。那么，特朗普是否"无意间"帮了中国大忙？中国是否将成为中美"贸易战"的获益者呢？

新加坡《联合早报》中文网于2018年4月2日刊发国际文化战略研究和咨询专家伟达的文章《美国对华贸易战的意图》，该文章认为中美的贸易争端，实际上对中国经济和社会的整体进步起到推动和借鉴作用，如开启强化了中国社会的"知识产权保护"意识与实践，有助于中国认清真正市场经济与计划经济的操作和政策差异，等等。英国《金融时报》专栏作家爱德华·卢斯也曾盘点西方对中国崛起的"神助攻"，并认为美国对钢材征收高关税，恰是给中国的一系列"助攻"中最新的一项。

对此，北京大学国家发展研究院副院长余淼杰认为，外媒的这种观点有失偏颇。因为美国掀起"301调查"的主观目的并不是推动中国经济和社会的整体进步。正如特朗普多次强调的那样，美国对美中贸易中的巨额逆差大为不满，施加惩罚性关税或者采取其他手段进行贸易制裁，首先是为了减少贸易逆差。这是典型的单边主义和贸易保护主义，严重违反WTO规则。

正如伟达在文章中分析的那样，回顾历史不难发现，从1991年到

2010年的20年间,美国曾对中美贸易发起过5次"301调查",最终双方均达成妥协,如签订了三个知识产权保护协议、中国同意取消美国商品进口贸易壁垒、停止能源出口政府补贴行为,等等,真正的贸易战并未开打。余淼杰认为,从客观结果上看,中国在这个过程中的确实现了进一步开放。不过,这应该归功于中国的积极应对,比如大力推行从欧盟到东盟的进口替代战略等。

余淼杰总结道,所谓特朗普"助攻"中国崛起的观点,类似于"点赞"鸦片战争的逻辑。不能因为英国发动这场战争,客观上使中国打破闭关锁国、自然经济加速解体,就将其视作"功臣"。面对中美两国利益的碰撞,中国在这个关键时点更应"练好内功",重新塑造政治经济环境,提升自身经济增长潜力,做好改革开放的文章。

尤其是在知识产权这个问题上,英国《金融时报》中文网2018年4月2日刊发文章《中美贸易战中被忽略的大象:技术转移与安全声明》,指责中国通过有控制地参与全球贸易,承接了大量的技术转移,进而全面逆比较优势而行,实现赶超,令西方感到"不安全"。余淼杰指出,这忽视了发展中国家与发达国家之间的差异性。就知识产权保护而言,没有哪个国家做到了完美。中国在这方面的表现也绝非有些人中所形容的那么不堪。而且,中国作为发展中国家,理应在技术转移所需承担的费用等方面,受到差别化对待。总之,以知识产权为借口胁迫中国坐到谈判桌上的做法,是不公平的。中国可以处理好知识产权保护方面的问题,所谓的"贸易战"开启强化了中国社会的"知识产权保护"意识与实践,并不合逻辑。

(本文载于《人民日报》海外版。记者:吴正丹)

听北大三位经济学家论剑：
中国为何反击？

来而不往非礼也。

2018年4月1日夜，中国宣布对自美进口的128项产品加征15％或25％关税。此举代表针对美国此前对进口钢铁和铝产品加征关税的回击正式落地。

为什么选择在这个时间发布消息？按中华人民共和国商务部相关人士的说法，是因为按规定，2018年4月2日零点后的通关要征税。

回顾中美贸易摩擦以来的时间线：2018年3月23日发布清单征求公众意见，3月31日评论期结束，4月1日夜发布消息决定加征关税，4月2日执行。

可以说，中国政府的态度相当清晰：中国绝不会坐视自身合法权益受到损害，一旦利益受损，将坚决出手回击。

2018年3月29日，北京大学国家发展研究院"朗润·格政"论坛举行，主题正是"中美贸易摩擦新进展与应对策略"。北京大学国家发展研究院名誉院长、新结构经济学研究院院长林毅夫，北京大学国家发展研究院院长姚洋，北京大学国家发展研究院副院长余淼杰，针对美国为何挑起贸易争端、中国应该如何应对等问题进行发言。

以下为三位专家在论坛上的发言实录：

林毅夫：所谓中国带来的贸易逆差是"欲加之罪"

表面来看，美国挑起此次贸易争端的原因是长期以来中美贸易不平衡，美国对中国贸易逆差巨大。数据似乎能佐证这一观点。从1985年起，美国对中国开始有贸易逆差，当年超过6千万美元，占美国对外贸易逆差总额的0.3%；到了2016年，美国对中国的逆差已经达到3 470亿美元，占其总额的44%。似乎中国正是美国贸易逆差的来源。

但事实上，从20世纪50—60年代开始美国对东亚整体的贸易逆差长期保持在高位，这是由于美国大量从东亚经济体进口劳动密集、出口导向型产品。在此后半个世纪的时间里，东亚的劳动力密集型产业在各国间发生转移，美国贸易逆差的对象也随之变化。具体来说，20世纪50—60年代，日本劳动力密集型产业发达，这一时期美国对日本有逆差；20世纪70—80年代日本产业升级，劳动力密集型产业转移到"亚洲四小龙"，美国对四小龙的贸易逆差随之增加；20世纪80年代，亚洲四小龙工人工资上涨、劳动力成本优势减弱，中国开始改革开放，劳动力密集型产业转移到中国，于是1985年起美国对中国贸易由顺差转为逆差并逐年扩大。

把东亚作为整体来看，美国对外贸易逆差中来自东亚的比重近20年来其实在下降，20世纪90年代有80%来自东亚，90年代初最高时超过100%，而近年这一数字已经降到50%，这说明近年美国贸易逆差的增量部分并非来自东亚或中国。

美国贸易逆差的扩大是从20世纪70年代开始的。在20世纪50—60年代，美国虽然对日本有贸易逆差，但对全球总体上是平衡的。美国贸易逆差从20世纪70年代显现，尤其在20世纪80年代中期以后迅速扩大，与1971年美元与黄金脱钩导致布雷顿森林体系崩溃，以及后来的金融自由化有密切关系。金融自由化开始后，金融监管放松，银行准备金率下降，贷款增加、支持消费；同时，各种金融创新和衍生品蔓生，股票市场和房地产市场繁荣，财富效应同样刺激居民消费，储蓄动机减弱，储蓄率降低。国际宏观经济的一个原理是贸易逆差基本等于消费与储蓄之差。金融自由化之后，美国消费与储蓄之间的缺口逐年扩大，贸易逆差自然不断增加，这才是美国巨额贸易逆差的根本来源。而同时，美元作为国际储备货币的地位又帮助美国维持贸易逆差的长期增长。如果是其他国家有长期巨额贸易逆差，他们早已出现严重的金融危机。然而美国没有，这是因为美元是国际储备货币，美国可以增发美元进口国际产品以维持贸易逆差。

美国挑起贸易争端实为争取选民民意和遏制中国崛起。特朗普政府十分清楚所谓中国带来的贸易逆差只是"欲加之罪、何患无辞"。那么美国为何要极力给中国安上这一"罪名"？原因有二：第一，中期选举在即、迎合民意、争取选民。美国工人实际工资已经40年没有增长，中产家庭的比重在所有家庭中的比重不断下降，美国民众的失落感加剧。

造成这种情况的原因有三点：首先，通过金融自由化和随之而来的金融创新，财富快速向华尔街集中，在2008年金融危机之前的几年，美国华尔街金融机构的盈利占美国所有企业盈利的40%以上。其次，近30年来高科技行业迅猛发展，出现了微软、苹果、谷歌、脸书等一批科技巨头，财富向硅谷集中。一般家庭如果不是在金融或高科技两个行业中工作，收入增速就相对较慢，收入比重也随之下降。最后，工厂生产和办公室自动化，替代了许多传统的工作。

然而，多数普通民众不明其理，看到中国蓬勃发展，自己收入的相对地位不断下降，以为是中国的发展导致了自己就业机会和相对收入的困境。特朗普政府将矛盾焦点指向中国，先引导民众认为是中国等对美净出口国家抢走了他们的工作，再宣布制裁中国以迎合民意。

在此应该指出的是，正是由于中国出口价廉物美的消费品，才使得美国一般民众在真实收入不增长的情况下，生活水平得以不断提高。我记得1980年刚到美国留学时，带去的一件丝织品衬衫为同班美国同学所羡慕，由于中国的大量出口，现在在美国的百货公司经常看到一般蓝领的消费者购买丝织品衬衫，而且一买就是几件甚至半打。

第二，美国挑起事端的另一个原因是为了遏制中国崛起。仔细看美方制裁中国出口商品名单，可以发现多数商品并非中国出口美国最多的一般消费产品，却与"中国制造2025"计划所列的行业高度重合。实际上，我国在这类产品中提供的附加价值并不高，中国内地仅仅是做全球价值链中劳动加工这一环，真正资本密集度高、附加值高的组件多是从韩国、日本和我国台湾地区进口的。"项庄舞剑，意在沛公"，和20世纪70年代制裁德国、80年代制裁日本和亚洲四小龙一样，这次美国制裁中国这类行业，目的在于借此遏制中国制造业的战略崛起，而非在于缩小中美的贸易逆差。

如何应对此次中美贸易摩擦呢？面对此次贸易摩擦，我国应做到三点：

第一，保持定力，继续按照我国的进程和需要，进行改革开放，不要被外部因素打乱节奏，不要乱了自己的阵脚。

第二，我们可以采取必要的反制措施，对美国部分产品加征进口关税，这些产品出口量减少，会使其国内生产者蒙受损失。同时，美国关税提高后，其国内进口商品价格增长，最终成本要由美国民众承担。美国的进口商品消费者和出口商品生产者都受到损失，可能会改变美国选民对贸易制裁的态度。

第三，我们应加强国际和国内舆论引导。国际上，我国应站在维护贸易自由化和全球化的道德制高点，并在WTO框架内对美国对华"301调查"进行抗议，要求仲裁。对国内，要注意避免激进民族主义抬头，影响我们改革开放的进程。

余淼杰：应对中美贸易摩擦，应不惜"以小战换大和"

特朗普自上任始，不断扩大中美贸易摩擦。起初，美国欲将中国定义为汇率操纵国；2017年7—8月对中国进行"301调查"；2018年年初对欧盟、中国、加拿大等主要贸易国家和地区的进口钢铁征收25%的高关税、进口铝征收10%的高关税；接着，美国准备对约600亿美元的中国10大产业贸易品征收高关税。

特朗普不断扩大贸易摩擦，其背后原因有三点：

其一，美国制造业面临300万个就业岗位的丢失，其认为这是由中国的产品出口美国导致。其二，是中美巨额的双边贸易失衡。2017年，美国对中国贸易逆差约为2 760亿美元，占美国总体贸易逆差的2/3。其三，中国成为全球第二大经济体，被美国定义为"战略竞争对手"。

中国此番应该如何应对？从历史上看，中国多采取谈判的方式来化解矛盾，通常抱有很大诚意争取自由贸易。但此番"301调查"表明，中国再行退让，也不会换来美国的退让，只会让美国更加步步紧逼。从国际上看，我们也无路可退，只能破釜沉舟，积极应对。

假设贸易摩擦最后升级为贸易战，余淼杰教授与清华大学的郭美新、陆琳和香港中文大学的盛柳刚三位教授合作，发表在MIT主办的学术期刊AEP上的论文考虑了如下三种情形：

(1) 如果发生贸易战，美国对中国所有产品征收45％高关税，中国不予还手；

(2) 如果发生贸易战，美国对中国所有产品征收45％高关税，中国以牙还牙，对美国所有产品也征收45％高关税；

(3) 如果发生贸易战，美国对中国所有产品征收45％高关税，中国以牙还牙，对美国所有产品也征收45％高关税；同时，中国增加对其他贸易经济体的进口。

不同情形下的贸易战，中美两国谁受益谁受损？首先，从中美两国双边贸易结构来看，机械和电子产品是中国对美国出口的最主要产品（2016年出口额约为1730亿美元），占中国对美国出口总量的44％；纺织品是第二大出口产品（2016年出口额约为420亿美元），占总出口量的11％。当下贸易争端的最主要行业钢铁行业，只有17亿美元，占中美两国贸易总额的比例不足1％。因此，钢铁行业的贸易摩擦主要是因课税对美国背后的特殊利益集团的影响。但真正影响中美两国贸易大格局的行业是纺织业和机械制造业。以纺织业为例，美国的进口纺织品是本国产品的1.4倍，美国纺织品的产量占全球产量的3％，无足轻重，而中国纺织品的产量占全球产量的40％以上，对各国消费者影响巨大。

一方面，美国此番"301调查"所选产业，均是较少影响美国国内消费品价格的产业，所以使美国内老百姓较少反对。另一方面，他们所选的行业都是"中国制造2025"中计划发展的核心产业，所以能直接打击中国。因此，中国需要对此反击。

进一步，我们使用OECD 2015年"61+1"个国家和地区的数据

(61个国家和地区包括 34 个 OECD 成员和 27 个非 OECD 新兴市场经济体，包括金砖五国、亚洲四小龙、亚洲四小虎及东南亚低收入国家如越南、柬埔寨等；另外一个国家或地区是其他国家或地区），考虑多国（地区）多部门（33 个部门，包括 18 个可贸易部门和 15 个服务业部门）的情况，允许上下游部分相互联动，估算如果发生贸易战，贸易各方的贸易额、产出和福利将会如何变化。

估算的结果如下：

情形一：如果美国单方面征收高关税，中国不予还击。美国的进口将减少而产出将增加。美国的电脑、纺织品、电子产品的产出显著增加，而在征收关税以前美国这些产品大量依赖进口（主要来自中国）。特别地，石油、纺织品、木制品和电脑等产品的进口量下降约 1/4，最为显著。对中国来说，总产出将在 11 个部门发生下降，但影响并不大，总产出减少比例不及 5%。但在美国对中国实施单边贸易关税这一情形下，中国对美国的出口几乎被摧毁，平均下降 75%。

尽管如此，在全球 62 个经济体真实工资变化排名中，美国将排第 59 位，而中国排第 38 位，美国最终的损失仍会大于中国。原因在于：首先，高额关税将会导致美国国内的物价水平上涨，真实工资下降，从而造成社会福利损失；其次，美国并不能拿回 300 万个就业岗位，甚至将会由于阻止中方在美投资而进一步丢掉 26 万个工作岗位。

情形二：美国开战，中国报复，中美互征高关税。这种情形下，美国总产出、总进口及从中国进口的变化都与第一种情况相似，但在全球 62 个经济体真实工资变化的排名中，美国排倒数第二位，中国排倒数第一位。因为打贸易战，中国的产品无法出口至美国，国际市场受损；此外，无法从美国进口材料和中间品使得中国产品价格上升，也使得中国产品增值收入下降。

情形三：中国报复的同时加大开放力度，增加从欧盟和东盟等国家和地区的进口。在这种情况下，美国在所有经济体中排名第 60 位，中国排名第 37 位，美国受损严重，而中国基本没受负面影响。最关键的是，中国可以借此机会推进地区贸易合作，加大开放力度。例如，继续推进东盟"10＋1"的自贸区建设；另外，推进贸易便利化和贸易全球化，五年之内落实"一带一路"国家和地区间的合作。

如何推进"一带一路"倡议？有三方面措施：贸易方面，五年内从这些地区扩大进口2万亿美元；投资方面，增加中国对外直接投资1500亿美元；人员方面，增加对沿线国家人员培训1万人，例如，我们通过南南合作与发展学院为沿线国家培训高级管理人才。从此三方面着手，我们落实全面开放是有可能的，把坏事变成好事也是有可能的。

总之，应对目前的贸易摩擦，适宜"备战促和"，不惜"以小战换大和"，只有这样，才有可能避免更大的贸易摩擦甚至是贸易战。假设贸易战全面扩大，中国更应积极推动贸易全球化，落实"一带一路"倡议，努力争取"一花独放不是春，百花齐放春满园"的合作共赢国际环境。

姚洋：站在制高点应对贸易摩擦，才是上上策

贸易战对美国也是不利的，那么特朗普为何仍然坚持？余淼杰老师的学术研究成果已经表明，如果打贸易战，无论中国采取哪种措施，都会受到损失，那么特朗普为何还要执意这么做呢？分析这个问题时，我们应该把注意力从贸易上移开，因为600亿美元的制裁看似很多，其实只占中国出口总量很小的比例，作用非常有限。但除了贸易以外，特朗普还要对中国企业在美国的并购进行限制，这才是更危险的。美国经济学家萨缪尔森曾指出，如果中国的劳动生产率在美国具有比较优势的那些产品上发挥出来，美国就会遭受更大的损失。

目前对于中国来说，短期内提升技术实力的最便捷途径就是通过并购和购买的方式，从欧美获得技术。过去这种方法起到了很好的效果，但现在欧美都已经明确把中国定义为竞争对手，设置各种技术障碍，导致我们的产业升级之路出现困难。表面上看，目前贸易战引起了热烈的争论，主要关乎短期部分领域的贸易和国家形象，但影响其实可以忽略不计，而美国对中国公司技术的限制是真实且紧迫的，对中国发展的制约也是根本性的。

那么中国应当怎样应对这场贸易战呢？主要的功夫应该花在国内，

有以下三个重点：

首先，降低关税，培育出一个更加丰富的中产阶级市场。降低关税不仅可以提高民众的福利，而且可以培育和完善中国的中产阶级产品市场。目前我国的高关税，直接造成的是市场的分割，国外进口产品到中国，形成了非常骇人的奢侈品市场，那些琳琅满目的商品，其标价令外国人都瞠目结舌。但另一面，中国的本土产品质量又不够高，大量的地摊货、劣质品并不能满足中产阶级的需求，这些领域还有巨大的发展空间。一个有启发意义的例子是汽车市场，过去我们对汽车的关税是85%，加入WTO后降到25%，当时很多人担忧我国的本土汽车行业面临危机。但随后的事实证明，恰恰是我们加入WTO之后，关税下降，才让国内汽车厂商有了生产低价汽车的动力，同时也让国际厂商有了生产低价汽车的动力，我们才看到更高效的竞争，和随之而来井喷式的汽车销量增长。

其次，继续深化国有企业改革。国有企业具有技术和资金优势，但是，部分低效的国企如果不改革，长期来看，可能会成为影响中国经济发展的肿瘤。客观地说，中国有些国有企业在技术、产品和研发能力上都已经达到世界一流水平，但为何还是存在效率较低、转型较慢的问题呢？最重要的原因是内部激励不足和外部竞争不充分，同时还存在预算软约束下的无序扩张问题。只有把国有企业的激励搞对、进行混合所有制改革，同时引入适当的竞争，才可以把国有企业的积极性真正调动起来，提高国有资本配置和运行的效率。

最后，加强负面清单管理。时任国务院副总理的汪洋在中美战略与经济对话中，以准入前国民待遇和负面清单为基础，将中美双边投资保护协定的谈判推向了实质性阶段。这次总理在政府工作报告中再次提到负面清单管理，这确实是我们下一步工作的方向。过去，中国对商业活动各方面的限制是比较严格的，比如国内开办咨询公司有资质、人数和资金方面的限制，很多行业还有对外资更严苛的准入条款，其中的一些不当限制在某种程度上约束了国内企业的发展和竞争。随着我国经济的发展，部分行业和企业已经具备相当的国际竞争力，不需要过分惧怕外资进入和国际竞争。比如我国银行业在加入WTO之后，反而经营得越来越好。再比如汽车行业，存在过于严格的持股比例限制，特斯拉电动车这样符合中国未来汽车发展导向的企业，也因为受制于股权比例，而很难顺利在中国办厂。如果说中美经贸关系是中美关系的"压仓石"，就更不应该通过种种条款从而把希望来中国投资的外商挡在门外。如果"压仓石"都没了，中美关系的稳定性可能进一步降低。

综合来看，我们应该站在一个制高点上去应对这场贸易战。2011年我们在"中国2020"课题中提出，未来的全球治理应该形成"一元多极共治"的格局。一元，就是指一元的秩序，世界的秩序应该只有一个，不应该让世界再陷入冷战或其他混乱状态中；多极，就是在21世纪内不会出现一个大国主导世界的格局，世界可能呈现多元化发展。可喜的是，中国在国际话语体系中的声音也越来越洪亮了：中国目前在IMF有了一个稳定的副总裁席位；人民币加入SDR篮子，进一步迈向了国际化；林毅夫教授担任了世界银行的首席经济学家，随后我国每一届都可以派一个副行长去。中国在世界各大组织中不断展现力量，未来还可以逐步壮大，实现多极共治。一旦意识到这一点，我们就明白，站在更高的位置、以开放的胸襟来回击特朗普的倒行逆施，才是上上策。

（本文载于《每日经济新闻》，2018年4月3日。编辑：杨欢）

中对美展开"对等报复",拟对大豆、飞机等加征关税

美国政府依据"301调查"单方认定的结果,宣布将对原产于中国的进口商品加征25%的关税,涉及金额约500亿美元。

"美方这一措施明显违反了WTO相关规则,严重侵犯中方根据WTO规则享有的合法权益,威胁中方经济利益和安全。"中国商务部表示,"对于美国违反国际义务对中国造成的紧急情况,为捍卫中方自身合法权益,中国政府依据《中华人民共和国对外贸易法》等法律法规和国际法基本原则,将对原产于美国的大豆等农产品、汽车、化工品、飞机等进口商品采取加征关税的措施"。

商务部称,最终措施及生效时间将另行公告。

兴业证券分析师王涵认为,与以往的中美贸易摩擦相比,此次双方表态和采取措施的节奏显示双方态度强硬。他指出,从"301调查"的法定流程看,美国贸易代表办公室(USTR)公布清单的最后截止时间是2018年4月6日,本次提前了两天。

"一方面是对中国宣布加征关税决定的回应,一方面也说明中美双方目前均处于态度较为强硬的阶段。"王涵在一份报告中表示。

此前,中美双方已就部分产品关税措施进行了一次交锋。

美国总统特朗普2018年3月8日签署公告,认定进口钢铁和铝产品威胁美国国家安全,决定于2018年3月23日起对进口钢铁和铝产品加征关税,税率分别为25%和10%。随后,我国国务院关税税则委员会决定对原产于美国的部分进口商品中止关税减让义务,自2018年4月2日

起实施。据中方测算，上述产品涉及美国对中国约 30 亿美元出口。

北京时间 2018 年 4 月 4 日，美国发布建议征收中国产品关税的清单，涵盖约 1 300 个单独关税项目，产品涉及航空航天、信息和通信技术、机器人和机械等产业。美国贸易代表建议对清单中的中国产品征收额外 25% 的关税，以弥补中国不合理的技术转让政策对美国经济造成的损害。

在北京大学国家发展研究院副院长余淼杰看来，本次美国就贸易问题对中国发难，实质是剑指中国未来的产业发展，因此，美国并未对从中国进口占比较高的服装产业下手（当然也有担心国内物价上涨的因素），而是更多地针对投资或高科技产品。

"美国的措施其实是在瞄准未来，从这个角度来说，针对未来产业的贸易摩擦已经开始了。"余淼杰指出，美国也有自己的制造业远期规划，如美国在 2014 年提出要回归制造强国。

从美国发布的清单来看，美国政府意在遏制"中国制造"发展的目的十分明确，清单所涉及的产业不少是"中国制造 2025"提出要重点发展的领域。

美国贸易代表办公室在这份清单建议中说："中国一直以来都在强制美国企业将高科技技术和知识专利转移给中国国内的企业。中国这么做的目的是实现"中国制造 2025"的目标，在未来的经济领域竞争中占据主导地位。"

2015 年 3 月 5 日，我国国务院总理李克强在作《政府工作报告》时首次提出"中国制造 2025"的宏大计划。根据计划，中国将通过"三步走"实现制造强国的战略目标：第一步，到 2025 年迈入制造强国行列；第二步，到 2035 年中国制造业整体达到世界制造强国阵营中等水平；第三步，到中华人民共和国成立一百年时，综合实力进入世界制造强国前列。"中国制造 2025"提出的十大重点领域包括新一代信息技术产业、航空航天装备、节能与新能源汽车、新材料、生物医药及高性能医疗器械等。

"在我看来，中国公然宣布'中国制造 2025'计划基本上是告诉世界其他国家，中国未来将主宰每一个新兴行业，因此其他人的经济不会有任何未来。"特朗普政府贸易顾问彼得·纳瓦罗上周在接受彭博电视新闻采访时说。

2018年4月4日下午，我国商务部副部长王受文表示，中国是本着一个开放发展、合作共赢的理念提出"中国制造2025"的，目的是为中国制造业的升级提供一些战略指引。他说："'中国制造2025'是透明的，是开放的，也是非歧视的，不仅中国的企业可以参加，外国的企业也可以参加，不只是国有企业可以参加，民营企业也可以参加，所以也欢迎美资企业参加'中国制造2025'的计划。"

2017年12月，特朗普公布了其就任美国总统以来的首份美国国家安全战略报告。在这份报告中，美国将中国定位为"战略上的竞争对手"。

余淼杰表示，和以往的美国政府处理中美贸易争端的方式相比，特朗普政府采取的政策路径有很大不同。克林顿、奥巴马等民主党政府意在"把蛋糕做大"，即促使中国扩大从美国的进口规模。特朗普一方面不愿意把高技术产品卖给中国，另一方面又想减少从中国的进口，这是在"把蛋糕做小"，明显阻碍了贸易进程。

国泰君安证券首席经济学家花长春预计，美方清单可能导致中国对美出口减少100亿—188亿美元，占中国对美国出口额的2.3%—4.3%，占中国全球出口总额的0.45%—0.85%。他认为："短期内影响可控，对今年国内经济增长冲击有限。"

（本文载于界面新闻，2018年4月5日。记者：张晓添）

中美互相"亮剑",仍处于"备战促和"中

伴随着中国商务部在2018年4月4日宣布将对大豆、汽车、化工品和大飞机等在内的106项美国产品加征25%的关税,中美贸易摩擦进一步升级,不过,仍处于贸易战的"亮剑"阶段。"备战促和"是中方目前的态度,是否有和谈可能性取决于特朗普政府的态度及其下一步动作。

在贸易战中,没有赢家,中国仍需以开放促发展。

互放"制裁"清单,贸易摩擦步步升级

"贸易摩擦环环相扣,一环比一环紧张。"北京大学国家发展研究院副院长余淼杰对《商学院》杂志记者如是说。

在中美贸易摩擦的第一回合中,针对此前美国对进口中国的钢铁和铝加征关税,2018年4月2日中国的反击措施落锤,对原产于美国的128项进口商品中止关税减让义务。

随后,第二回合开启。美国东部时间2018年4月3日美国贸易代表办公室,依据所谓"301调查"结果公布了拟加征关税的中国商品清单,对涉及每年从中国进口的价值约500亿美元的1 300种产品加征25%关税。

与此前发布的信息一致,直接打击的产业集中在"中国制造2025"的重点领域,主要涉及信息和通信技术、航天航空、机器人、医药、机械等行业的产品。声明表示,公众可于5月11日前向贸易代表办公室就清单内容和税率提交书面意见。相关听证会将于2018年5月15日在华

盛顿举行，听证会前评论意见截止日期为美国时间 2018 年 5 月 11 日，听证会后评论意见截止日期为美国时间 2018 年 5 月 22 日。这一清单由电脑算法选出，美方旨在最大化打击中国出口和最小化伤害美国消费者中求得平衡。

在美国列出"制裁"中国的清单后，北京时间 4 月 4 日第一时间，中国也继续向美国"亮剑"。商务部表示，不久将对美国商品采取同等力度和规模的措施。当天下午，商务部就发布公告，称中国决定对原产于美国的 106 项商品加征关税，包括大豆、汽车、飞机等。其中，美国的大豆对中国的出口量占美国全部大豆出口量的 62%，更重要的是美国中西部农业大州是特朗普上次大选的票仓。"大豆牌"也被认为是中方的"底牌"。不过，公告也指出，"最终措施及生效时间将另行公告。"

余淼杰在采访中表示，现在大家都是仅仅列出清单，还没有实施，仍是"备战促和"状态。如果美方能够悬崖勒马，这一清单在 5 月举办的听证会上没有被通过的话，那中方当然也就不会实施相应措施。如果该清单通过，美国确实要对中国进行打击，那么这将意味着两国从贸易摩擦扩大到局部贸易战，进入实质性阶段。

剑拔弩张下的和谈可能性

箭在弦上，双方在外交上进入"剑拔弩张"的状态。"推特治国"的特朗普在中国公布征税清单后，在社交软件上发布消息称，我们并没有在跟中国打贸易战，战争在多年前就被那些愚蠢无能的代表美国的政客输掉了。但是，之后又发布了"当逆差有 5 000 亿美元时，（打贸易战）不可能输"的消息。

而 2018 年 4 月 4 日，国务院新闻办举行的吹风会上，在回答记者关于中美是否已经进入了"贸易战"，中美是否还有进一步谈判解决的可能的问题时，我国商务部副部长兼国际贸易谈判副代表王受文表示：中方是不愿意打"贸易战"的，因为在"贸易战"中没有赢家。但是我们也不怕打"贸易战"，如果有人坚持要打"贸易战"，我们奉陪到底。如果有人愿意谈，大门是敞开的。

据了解，中方在历史上受到美国的"301调查"有五次，中方也多次提出报复清单，但是，谈判截止时间曾多次推延，但五次最终都达成了协议。这次的谈判环境发生了很大变化，和谈可能性还是很大吗？

余淼杰指出，目前谈判的可能性在于特朗普政府的下一步行动，目前中美贸易摩擦进入第二个阶段的第一个环节。是否升级，要看5月底或6月初，双方是否真正把惩罚措施落到实处。

如果特朗普在6月落实对中国500亿美元商品加征关税，那么中国也同样会落实互加征高关税。这将是第二阶段第二个回合到此为止的标志。如果特朗普在最近的一周或两周之内，在"301调查"之外再次启动其他针对中国的特殊保障机制，比如反倾销、反补贴调查，那么中国应该会继续正面应对，这将进入第三个阶段。

"在外交界，最后期限都不成问题。"北京大学国家发展研究院教授卢锋在近日北大国发院组织的第110次"朗润·格政"论坛中也指出，此后还需经过一个过渡期才能正式实施关税制裁，"最快两个月，最迟半年甚至更久也不违反（美国法律）。"

卢锋认为，施压谈判给中国带来短期调整压力，同时客观上推动向开放市场经济体的转型。

贸易战中没有赢家，谨记以开放促发展

如特朗普在推特中所说，中美贸易逆差和中方"盗窃"美方的知识产权是特朗普挑起贸易摩擦的借口。

在2017年9月，美国贸易代表罗伯特·莱特希泽就曾公开指责中国要求在华外商设立合资企业和转让技术，我国商务部新闻发言人回应，所谓的强制性技术转让的问题，中国没有任何一部法律强制外国投资者转让技术。在具体的企业合作过程中可能会出现类似的情况，那也是企业之间的市场行为，完全没有政府的干预。中国拥有得天独厚稳定的投资环境、完整的产业配套能力、技术娴熟又吃苦耐劳的产业工人，以及巨大的市场规模和贸易集成的优势。外资企业来到中国，可以开拓富有潜力的中国市场，也可以开拓世界市场。余淼杰认为，中方发言人的立

场非常公平。

不过，贸易战中没有赢家。虽然没有正式开打，但是，中美双方互相公布"制裁"清单后，全球市场立刻做出反应，恒生国企指数应声下跌 2%；收盘亦是当日最低点，科技股领跌，比如腾讯控股、瑞声科技、吉利汽车、舜宇光学科技等。而美国股指期货也应声下跌。标准普尔 500 指数期货一度下跌 1.1%，至盘中低点，道琼斯工业平均指数期货一度下跌 1.3%，纳斯达克 100 指数期货一度下跌 1.5%。

北京大学国际关系学院查道炯教授在"朗润·格政"论坛上指出，"纵观全局，中国应当以力戒虚妄的方式来应对美方和自己的忧虑"。他认为，贸易纠纷只是一种手段，是美国以"事"（敲打中国和其他贸易伙伴）谋"势"（美国继续全球领先）的一种技巧。美国和中国发展到今天，双方都已经不能完全改变彼此的态度，各有各的自信基础，因而这种对抗性的情绪还会持续一段时间，甚至可能出现更激烈的忧虑的思潮。中美双方在应对时，应当邀请对方"相向而行"，做好要打长期交道的准备，千万不可以类似"修昔底德陷阱"（即就剩"死磕到底"这一条出路了）的所谓规律性思维指导应对。在这个过程中，一方面，中国应当时刻谨记以开放促发展这一成功经验，对包括美国在内的所有国家进行"谈成一项就要落实一项"的开放，而不能仅停留在口号性的表述上。另一方面，千万不能以"不能向美国低头"为借口，让有损提高经济活力和国际竞争力的事发生。

（本文载于《商学院》杂志，2018 年 4 月 6 日。记者：陈茜）

反制美国，服务贸易是火力点

2018年4月3日，北京大学国家发展研究院副院长余淼杰在接受澎湃新闻专访时指出，美国非常在意两样东西：一是美国对华贸易逆差占其全球贸易逆差的2/3；二是300万个制造业就业岗位的丢失。这两样东西并不是中国采取的产业政策所导致的结果，而是由两国要素禀赋差异所造成的。

以公平为名，特朗普政府为解决中美贸易逆差和所谓"强制技术转移"问题对华挑起争端。

但不公平之处在于，美国只看货物贸易上的逆差，不看服务贸易上的顺差。过去10年中国对美国服务贸易逆差增长了33.7倍，2016年逆差近557亿美元。商务部负责人称"中美贸易不平衡是结构性的"。

余淼杰说，美国服务贸易出口增加本国就业岗位、减少收入差距，美国服务业企业在华获得丰厚收益。如果贸易摩擦升级，美国服务贸易对华出口受挫，美方将得不偿失。

双方贸易摩擦尚未有明显平息的迹象。

余淼杰认为，过去一年多来，特朗普政府得寸进尺，中方应予以严正反击。余淼杰建议在反征美方关税的同时，尽力降低国内物价水平，同时增加从欧盟、东盟等国家和地区的进口，推进地区贸易合作，扩大我国开放力度。

特朗普政府"步步相逼、层层推进"

澎湃新闻：从历史上看，美国对德国和日本都有过贸易制裁，你在受访的时候也谈到,其实是美国不愿意自己的经济地位被超越,所以要对世界第二大经济体采取措施。那两次贸易摩擦最后是如何收场的?对中国来说有没有可以借鉴的地方?

余淼杰: 美德在19世纪60—70年代的贸易摩擦还不是特别激烈。当时美国对德国出口的卡车征收25%的高关税,德国则对美国的进口家禽征收高关税。而德国在1968年之后被日本赶上,所以美国逐渐把矛头瞄准日本,美日之间的贸易战更加激烈。

1979年,时任美国总统卡特任命保罗·沃尔克为美联储主席,保罗·沃尔克收紧货币、提高利率,国外投资者看到有利可图就跑到美国投资,美元需求上升,因此汇率上涨,对美国的汽车等产品的出口造成很大影响。但美国国内的特殊利益集团,如汽车工程协会,没有从经济基本面的角度看待这个问题(也许是因为其无力改变),反而指责日本汽车对国内汽车产业的冲击,所以他们要求对日本汽车征收高关税的呼声就特别高。

美国在三个方面对日本汽车进行了限制,对卡车和摩托车都征收高关税,对小轿车,本来也是要征收高关税的,后来因日本方面的妥协(同意了限制对美汽车出口)而取消。很有意思的是,美国的限制是五年内分阶段完成的,但最后美国发现,给日本汽车的出口配额并没有用完。原来,日本企业跑到美国投资建厂,生产出来的汽车直接在美国市场销售,因此也就不再需要出口配额。从这个角度来看,日本在贸易战上,表面认输,其实是"明修栈道,暗度陈仓"。

从另一个角度来看,日本在金融战上则输得很厉害,在签署"广场协议"后,日元迅速升值,实体经济无法适应,并未做出快速调整,导致日本的经济整体受到很大打击。

这个案例告诉我们,在目前面临的中美贸易摩擦甚至未来可能扩大为贸易战当中有几点需要注意:

第一,我们应该注意到,美国也在吸取以往的经验教训,它如果要对中国展开贸易战,在限制中国产品出口的时候,肯定也会关上投资的大门,防止中国企业跑到美国投资。可以预见的是,随着贸易摩擦扩大,在美国进行绿地投资（编注：是指跨国公司等投资主体在东道国境内，依照东道国的法律设置的部分或全部资产所有权归外国投资者所有的企业。）将越来越难，并购投资也是如此。

第二，美国会对人民币做何要求？我估计半年内，对人民币的影响就会显现。有些人支持人民币贬值，理由是贬值有利于出口，可以抵消部分高关税带来的影响。贬值也会带来负面效应，如对中国的国际形象不利。人民币更加应当注意的是不要快速升值。

根据巴拉萨—萨缪尔森效应，一个币种升值还是贬值取决于对应的劳动力生产率或全要素生产率水平，中国劳动力生产率相对美国来讲是较低的，但加速度比较快，所以人民币升值不可避免。也就是说，人民币不能快速升值，如果升值过快，实体经济无法适应，就可能出现日本当年的情况。升值贬值本身并没有好坏之分，对产业造成的影响才是真正的麻烦所在。

澎湃新闻：可以说贸易制裁是美国政府的惯用手段，以获取本国利益和当权者的政治利益。你认为特朗普这一次的做法跟以往相比是否有所不同？

余淼杰：这次贸易摩擦相较于奥巴马政府时期，或是更早的克林顿政府时期，更为尖锐，而且尚未出现平息的迹象。

从2017年开始，特朗普政府先是威胁把中国定位为汇率操纵国，2018年年初开始对进口钢铁和铝征收高关税，随后公布"301调查"报告，宣布对中国价值高达600亿美元的商品征收惩罚性关税，我们可以看到，美国这是"步步相逼、层层推进"。

比如"301调查"，以前也有过，但最后都是通过和平协商的方式解决的。奥巴马也曾意识到中美双边贸易逆差问题，但他的处理方式更为科学，他选择增加美国的出口，出台的五年"出口倍增计划"跟中国扩大进口的想法不谋而合。所以我们可以看出，尽管都是要减少贸易逆差和贸易失衡，但奥巴马的做法是"把蛋糕做大"，特朗普则是"把蛋糕做小"。

贸易摩擦将严重影响美国服务贸易对华出口

澎湃新闻：中美之间贸易摩擦进一步升级，对两国的经济和企业会有什么样的影响？

余淼杰：美国非常在意对华的贸易逆差和国内制造业就业岗位的丢失，美国认为这是由中国产品出口导致的。然而这两个东西实际上是两国要素禀赋差异所造成的。

第一，中国的劳动力工资相对比较便宜，虽然我们的工资水平不断在上升，但目前平均每月也只有750美元，仅为美国工人工资水平的1/6，但劳动力生产率是美国的70%—80%，所以我们在劳动力密集型产业上有明显的比较优势。

第二，资本密集型产业已经在全球形成了"你中有我、我中有你"的态势，比如iPhone是中国制造，但上游产品主要是美国提供的，如果对iPhone征收高关税，其实也损害了上游的美国厂商的利益。这也是很多美国厂商反对特朗普征收保护性关税的原因。

第三，从就业来讲，300万个就业岗位并不会因为对华贸易制裁而回流到美国本土。因为，一些产品美国即使不从中国进口，也要从其他有比较优势的发展中国家进口，还"轮不到"美国自己生产。

第四，美国在强调中美贸易逆差的时候讲的大多是货物贸易，但却忽略了中美服务贸易其实长期是中方逆差这一事实。服务贸易数值相对货物贸易来讲较小，2017年中国对美国服务贸易逆差达到541亿美元，这部分差额应该从中美贸易差额中减掉。这541亿美元主要包含两大类内容：第一大类是旅行，包括旅游、留学、医疗等，占中国对美服务贸易逆差的50%左右；第二大类是运输服务，约为50亿美元。

澎湃新闻：服务贸易出口对美国有什么好处？

余淼杰：第一，创造了至少20万个就业岗位。

第二，能帮助解决美国自身收入差距过大的问题。比如美国佛蒙特州，它的GDP在全美排名最后，人均GDP排第35位，但它对中国的服务贸易交易额基本上排在前5位。这意味着有很多人中国人到那儿旅游，给当地创造了就业岗位，拉动了当地经济发展，缩小了佛蒙特州和其他州的收入差距。

第三，还有一种以商业形式存在的服务贸易，美国服务业企业在中国大约有5 000家，年销售收入差不多有600亿美元，这也是中美服务贸易给美国带来的实际好处。

美国对华服务贸易出口也有限制。我测算了一下，如果它取消或者部分取消限制，像对待法国一样对待中国，那美国的服务贸易出口可以再增加80％左右；如果像对待巴西一样对待中国，可以再增加25％左右；如果像对待印度一样对待中国，可以再增加20％左右。

你看，美国完全可以挣得更多，之所以嫌挣得不够多，是因为无论在货物贸易上还是服务贸易上，美方均限制了相关产品的出口。

试想一下，如果中美贸易战全面开打，那么双向贸易将大受影响，中国企业如果不到美国投资建厂或把原来的厂关掉，美国大约要失去26万个就业岗位。加上服务贸易受损，差不多涉及50万个就业岗位，同时美国又拿不回原来丢失的300万个就业岗位，这对其可以说是雪上加霜。

澎湃新闻：对中国会产生多大的影响？

余淼杰：中美贸易摩擦对中国的影响大小取决于中国如何应对。

澎湃新闻：我们有可能通过限制美国服务贸易对华出口的方式来应对贸易制裁吗？如果有可能，要限制哪些方面？

余淼杰：完全有可能。我觉得最不应该限制的是留学，中国每年有180万留学生赴美读书，其中3/4的学生毕业后会回国，所以这是最不应该被限制的部分。医疗关系到老百姓的健康，也不能限制。真正可以限制的首先是旅游，全世界这么多国家，为什么一定要去美国玩？其次是运输，为什么一定要乘坐美国航空公司的飞机？完全可以乘坐国内航空公司的飞机。所以服务贸易也可以是中国应对美国贸易制裁反击措施的着力点。

我认为另一个比较好的措施是减少"洋垃圾"的进口，减少废铜烂铁也就是贱金属的进口。2017年，中国已经开始采取行动了。美国见状也着急，说中国不应该减少对其"洋垃圾"的进口（在2018年3月23

日举行的WTO货物贸易委员会会议上,美方代表表示,中国对于可回收品的进口限制已经极大地中断了全球废金属供应链的运转,要求中国取消对"洋垃圾"的进口禁令)。

经济学上有一个污染天堂假说,意思是说,发达国家对于污染产业的管制较严,发展中国家较松,伴随自由贸易,这些产业逐步由发达国家转移到发展中国家去,发展中国家变成了发达国家污染的天堂。结果是,钱被发达国家挣走了,但污染留在了发展中国家。按照污染天堂假说,企业来投资,无论怎样为当地创造了就业。但进口废铜烂铁更可怕,因为发展中国家的环境被污染了,工作岗位并未增加。

中国本来就产能过剩,为什么还要进口那么多废铜烂铁?所以,最应该减少的是废铜烂铁的进口。

美方的底牌是什么?

澎湃新闻:有分析指出,对华贸易制裁,会损失在美国在华企业的利益,会使得美国国内的消费者购买力下降、生活水准下降,你刚才也提到,美国还可能因此丢失更多的就业岗位。但也有一些分析认为,特朗普是权衡了各方利益后做出的选择,比如他初期公布的几个拟加税产品,美国的进口额都相对较低。你怎么看这种选择?

余淼杰:美方的确有权衡,应该也进行了计算,选出的价值500亿美元的产品可能对美国国内的物价水平影响不大,但对中国的未来产业发展影响很大。

这其中存在几种可能:第一,美国最终决定只对500亿美元中的一小部分提高关税;第二,500亿美元不是最终结果,美国会在1—2个月后再次"找茬",继续扩大贸易摩擦。

目前美方列出的产品不会直接推高美国国内物价水平,所以一开始并没有特别多的反对声音。但如果爆发贸易战,美国对纺织和机械产品征收高关税的话,必定会令美国国内物价水平明显上升。

特朗普做出了策略上的选择——这些产品不是为了打击中国的现在,而是为了打击中国的未来。

澎湃新闻：到目前为止，你认为中方的回应和反击表现如何？

余淼杰：过去一年，中国政府一直在尽最大的诚意寻找贸易谈判的机会，努力实现两国自由贸易。但是这一次，中国宣布对自美进口的价值500亿美元左右的产品加征25%关税，我认为非常必要。这一反应会有三方面作用：

第一，影响美国政治，这是目标；

第二，表明一种态度，如果你美国步步升级，我中国一定会奉陪到底；

第三，展示给世界一个姿态，中方秉承"人不犯我，我不犯人"的原则，但"人若犯我，我必强硬"。

2017年来特朗普来华访问时，中美两国签了约2 500亿美元的大单，相当于两国一年的贸易差额。但过去一年多来，特朗普政府的行动不断升级。既然他不好好珍惜两国经贸关系，我们就应该毫不犹豫打回去，看他的底牌。

（本文载于澎湃新闻网，2018年4月4日。记者：卢梦君）

中美服务贸逆差增长迅速，
需更全面看待贸易不平衡问题

中美贸易冲突持续升温。

继美国特朗普政府宣布拟对我1300多种产品约500亿美元的出口加征25%的关税之后，2018年4月5日特朗普更是变本加厉地声称，将要求美国贸易代表考虑对中国商品追加1000亿美元关税。

美国总统特朗普在多个场合强势地提出，希望中方每年减少1000亿美元的对美顺差。值得注意的是，特朗普在频频就货物贸易逆差向中国提出无理要求的同时，却鲜有提及美国对华的服务贸易顺差。

实际上，美国是中国第一大服务贸易逆差来源地，且逆差快速增长：过去10年，中方服务贸易逆差增长了33.7倍。仅2011—2016年期间，中国对美服务贸易逆差从67.7亿美元增加到556.9亿美元。年均增幅达52.4%。

据中方统计，在跨境交付、境外消费和自然人移动等三种服务贸易模式下，2017年中国对美国服务贸易逆差为541亿美元。如果按照美方统计，预计2017年美方在跨境和商业存在四种模式下的对华贸易服务顺差总额将超过900亿美元。美国企业在旅游、教育、电影、图书、知识产权转让等领域获得了高额利润。

中美服务贸易逆差为何迅速增长？美国媒体此前报道的特朗普政府正在考虑出台的限制中国公民赴美旅游和留学签证的措施对谁损害最大？应对美国对货物贸易发起的保护措施，中国在服务贸易领域有何作为？带着这些问题，《21世纪经济报道》（以下简称"21世纪"）记者专访了北京大学国家发展研究院副院长、博雅特聘教授余淼杰。

中美服务贸易逆差快速增长

21世纪：为什么美国多次强调其在中美货物贸易上的逆差，却很少提及服务贸易领域的情况？

余淼杰：2016年，中美服务贸易额为1 181.3亿美元，占中国服务贸易总额的18%；目前，美国是中国第二大服务贸易伙伴。实际上美国是中国第一大服务贸易逆差来源地。2016年中国对美服务贸易逆差已高达557亿美元，占中国服务贸易逆差总额的23.1%。

特朗普一直在强调美方的贸易逆差比较大，却闭口不提美国在服贸领域存在很大的顺差。这有两个原因：第一，他认为服务贸易的顺差相较于货物贸易要小，2016年美方的服务贸易顺差是557亿美元，但是货物贸易逆差却超过3 000亿美元。第二，他这是得了便宜还卖乖，因为他想借"贸易失衡"问题向中国发难，所以故意选择性的避开讲服务贸易顺差这一美国明显获益的领域。

21世纪：您怎么看近年来中美服务贸易逆差的快速增长？

余淼杰：在中美服务贸易领域，过去10年中方的逆差增长了33.7倍。仅2011—2016年期间，中国对美国服务贸易逆差从67.7亿美元增加到556.9亿美元，年均增幅达52.4%。

快速增长的主要原因是，两国在产业结构和要素禀赋方面体现出不同的比较优势：中国是制造业大国，世界工厂，在制造业方面具有非常强的比较优势；美国在服务和研发等方面具有更强的比较优势。正如中国在货物贸易存在顺差一样，在服务贸易领域的逆差也是由不同的要素禀赋差异形成的。

一方面，美国服务业高度发达，产业门类齐全。据美国中央情报局发布的数据，2016年，美国服务业年产值占其GDP的比重已高达79.5%，而中国同期服务业占GDP的比重仅为50.7%。根据国际劳工组织测算，美国服务业劳动生产率为中国的4倍。2016年美国服务贸易顺差达到2 494亿美元，而当年中国服务贸易逆差为2 409亿美元。

另一方面，中国服务业市场潜力巨大，在电影、旅游、教育等多个领域有巨大需求。在电影方面，2016年中国电影总票房收入达到457.1亿元人民币。在旅游合作方面，2016年中国游客在美旅游支出高达352.2亿美元。预计到2021年中国游客访美人数将增至570万。在教育领域，随着经济发展和教育程度的提高，中国赴美留学人数将进一步增长，在增进两国人才交流的同时，也将为美国带来巨大的教育收入。

限制华人旅游和留学签证实为"作茧自缚"

21世纪：中美服务贸易逆差主要体现在哪些产业与领域？

余淼杰：最大的一块就是旅行业，这主要包括三个方面：旅游、留学和医疗。这三类合计占中美服务贸易逆差的50%以上。此外，中国在运输方面对美国也有50亿美元的贸易逆差，占总逆差的10%左右。

比如，在旅游方面，2016年中国游客在美人均消费约1.3万美元，远超其他国家游客在美的消费，当年中国游客旅游支出高达352.2亿美元，平均每天为美国创造约9700万美元的收入。

再如，在教育方面，美国是中国学生出境留学第一大目的国。根据美国联邦移民执法局2016年发布的报告，中国在美留学生数量约35.3万人，占美国国际学生总数的34%。据中国商务部测算，中国在美国留学生2016年人均消费约4.5万美元，为美国贡献约159亿美元的收入。

为什么美国在这些领域获得了较大的服贸顺差？主要有两个原因：第一，中国人均收入增加，老百姓变得更有钱了，所以渐渐开始走出国门；第二，2014年奥巴马访华之后放宽了签证，原来的B1、B2签证是一年到期，后来将签证的有效期改为十年，所以去美国旅游就变得比较方便。

21世纪：据美国媒体报道，特朗普政府正考虑限制发放中国公民赴美旅游和留学的签证，这是否有助于解决两国贸易不平衡问题？其后果是什么？

余淼杰：现在特朗普政府提出考虑要"关门"，限制中国学生赴美旅游留学，如果实施，将在两方面沉重打击美国服务贸易顺差。所以这是一个非常奇怪的逻辑。按照我的理解，特朗普可能将限制旅游留学签证作为一种与打击"中国制造2025"相类似的措施。

在留学方面,过去20年间,中国学生赴美留学人数约200万人,美国获益巨大。举个例子,美国10个留学生最多的大学中,如伊利诺伊大学厄巴纳香槟分校、威斯康星大学、加州大学伯克利分校等,中国的学生都是其最重要的国际学生来源。

在旅游方面,按照美国商务部的统计,2015年中国游客在美消费302亿美元,为美国增加约15万个工作岗位。如限制中国国民赴美旅游,不管从哪个角度讲美国都是得不偿失的。

应考虑限制美服务贸易对华出口

21世纪:美国在对华服务贸易中还获得了哪些好处?

余淼杰:中美服务贸易不仅为美国创造了557亿美元的顺差,更给美方带来了就业等额外的好处。

以旅游为例,中国人去美国旅游拉动当地旅游公司及景点的服务配套,从而为当地提供了大量就业,2017年大概为美国创造了20万人的就业规模。同时,旅游业的发展有效地缩小了各个州之间的差距,减少了其社会矛盾,因为一般景点都在比较偏远的州,如内华达州、蒙大拿州、怀俄明州等,这些州经济都比较落后。最经典的例子是佛蒙特州,这个州的人均收入此前在全美50个州中排第35位,如果是算经济总量的话更是排倒数第一,但这几年因为中国游客数量的增加,其经济收入直线提升,与华盛顿特区、加利福尼亚州等富裕州的差距也大大缩小。

21世纪:美国以减少贸易逆差为由,要求对中国1300个税号的产品,约500亿美元的出口加征关税,最近更是表态,在考虑对中国更多商品追加关税。那么,中方是否也可以以减少服贸逆差为由对服务贸易征税?

余淼杰:是的,可以考虑。因为美国的做法是将国内法强加在国际贸易上的单边主义做法,严重违反了WTO的多边规则,如其出台的对1300种产品征收高关税的贸易保护措施,这是明显违背世贸基本规则及其在WTO框架内的承诺的。

如果中方要"以牙还牙"的话,完全也可以说美国对中国的服务贸易顺差严重，并对其征收高额关税。目前，中国正在扩大服务贸易的开放，但如果美方逼迫中国反击的话，中国在服务贸易领域拒绝向美国开放也并非难事。

减少中美服务贸易逆差未必一定要通过征税来实现，也可以通过限制措施。第一，可以限制中国公民赴美旅游，必要的留学与医疗可以保留，但旅游方面，世界上有很多漂亮的地方可以去，没必要一定去美国；第二，减少运输方面的逆差，例如，如果贸易战进一步升级，中方可以要求中国的公务员出差不能乘坐美联航，这就是一个在服务贸易领域的限制措施。

21世纪：如何看待美国对华贸易逆差数字被夸大这一问题？

余淼杰：2016年中方统计的对美货物贸易顺差为2540亿美元，美方统计的对华逆差为3660亿美元，双方统计的货物贸易逆差额相差了1120亿美元，造成这种状况的原因复杂，包括统计差异、转口贸易、再出口等。

中美两国商务部就统计差异进行的联合研究表明，美方统计的2008—2014年贸易逆差数据平均高估19%。按此推算并扣除中国加工贸易中的进口成分和美对华服务贸易顺差后，2016年美对华贸易总体逆差额将调减至1648亿美元，减少一半以上。

中国的服务贸易逆差未列入统计是美方高估中美贸易顺差的一个重要原因，另一个原因则是未扣除中国加工贸易中的进口成分。

在2010年之前，加工贸易在中国贸易中占据了半壁江山，即中国近20000亿美元的出口中有一半都是加工贸易，中国出口到美国的最终品中有很大一部分是中间品在华加工后再出口的，而且很多核心零部件来自美国。

此外，在将商品出口到美国的过程中，中国的实际利得是很低的，但美国却将整个最终产品的出口都算在了中国头上，成为贸易逆差的一部分，这是不公平也是不合理的。

（本文载于《21世纪经济报道》网站，2018年4月5日。记者：夏旭田、钟华、刘洋、杨诺娅）

美挥舞"大棒"终将伤及自身

针对美国政府近来频频挥舞贸易保护主义"大棒",中国多位财经专家于2018年4月6日一致表示,美方在贸易保护主义的错误道路上越走越远,若继续置若罔闻终将伤及自身。若贸易摩擦继续升级,中国将坚决采取措施予以回击。

再对中国1000亿美元出口商品加征关税无理无据

美国总统特朗普2018年4月5日发表声明说,他已指示美国贸易代表办公室依据"301调查",考虑再对中国1000亿美元出口商品加征关税。2018年4月6日,由中国人民大学国家发展与战略研究院和经济学院联合主办的中美双边贸易形势专题研讨会上,多名专家学者对这一行为提出质疑。

"从美方之前提出对500亿美元中国商品加征关税到现在的考虑再对1000亿美元中国商品加征关税,都是明显违反WTO贸易规则的。"北京大学国家发展研究院副院长余淼杰表示,"301条款"是美国国内法,用其国内法来处理国际争端是完全不合理的。

中国社会科学院世界经济与政治研究所国际贸易研究室主任东艳说,从两国贸易规模来看,2017年中国对美国出口约4000亿美元。截至目前,特朗普政府一共对1500亿美元商品拟加征关税,此数额已占中国对美出口总额的35%左右。

"这显然是一种进一步威胁的手段。"她表示,如果美方加征关税的规模如此之大,将严重破坏国际贸易规则,将给美国经济带来难以预估的危害，也将给全球经济带来巨大的挑战。

美挥舞"大棒"必将伤及自身

在研讨会上，多名专家对中美贸易摩擦前景做出一致预判：贸易战将对美国经济发展造成明显的负面影响。

中国人民大学经济学院教授王孝松表示，中方日前公布的反制措施，已经戳中了美国的痛点。美国的飞机和大豆等产品对中国市场有很强的依存度，如果贸易战真的开打，美国得认真估量一下后果。

余淼杰认为，特朗普提出的诸多贸易保护主义政策不仅对扭转贸易逆差和改善就业于事无补，反而会给美国带来多重负面作用。一方面，美国的实体经济将面临冲击。对于美国来说，若贸易摩擦全面升级，高额关税将抬高美国国内物价，导致其真实工资下降，造成社会福利的损失。另一方面，美国的金融市场也将受到拖累。他表示，贸易摩擦升级必将加重投资者的恐慌情绪。近日，美国大豆期货大幅跳水，美股的汽车、飞机、大豆板块股价全面下跌，已经初步显示了贸易摩擦对美国产生的不利后果。

中国不惧恫吓将坚决迎战

面对美方在贸易保护主义的错误道路上越走越远，专家表示，中国不惧任何恫吓，应采取措施坚决迎战，积极反击美方贸易保护主义行为。

"面对特朗普政府的'极限施压'，中国必须维持自己的原则和立场，必须保持反击。"中国人民大学国际关系学院教授宋伟说，中方不会因为美国挥舞"大棒"就做出让步。贸易逆差等问题的改善，需要中美两国一起努力，例如，美国政府放松对华的高科技产品出口管制等。

中国社会科学院世界经济与政治研究所副研究员李春顶说，中国政府采取的反制措施是很有必要的。对中美贸易摩擦的多种模拟测算显示，美国的"大棒"威胁不了中国，中国完全可以承受贸易战或将带来的各种结果。

"特朗普政府不顾WTO规则，采取单边主义行为，希望用贸易战打压中国进而实现经济利益的企图，将仅仅是一个'美国梦'。"李春顶说。

王孝松表示，中国有着更强的经济承压能力，各行各业团结一心。若贸易战升级开打，中国还有很多破局之策和回旋空间，绝不会惧怕。

（本文载于新华网，2018年4月6日。记者：申铖、于佳欣）

中国强硬回应美考虑加码对华制裁：不惜代价奉陪到底

中美贸易战愈演愈烈，针对华盛顿考虑加码对华制裁，中国商务部昨晚强硬回应说，北京已拟定"十分具体的反制措施"，并且会说到做到，不可能与美国方面进行任何谈判，外交部较早时更表示将奉陪到底，"不惜付出任何代价"。

商务部发言人高峰在临时召开的记者会上形容，美方的行为"十分无理"，华盛顿严重错判了形势，采取了"极其错误的行动"。

他说："如果美方公布新增1000亿美元征税产品清单，中方已经做好充分的准备，将毫不犹豫、立刻进行大力度的反击。"

针对有美国官员表示中美正就贸易问题进行谈判，高峰直指，美方公布"301调查"报告和产品建议清单、并提出增加1000亿美元征税商品，中方进行了坚定回应，"在这种情况下，双方更不可能就此问题进行任何的谈判"。

美国时间2018年4月3日宣布对从中国进口的约500亿美元商品征收关税后，北京立即做出对等反击。美国总统特朗普4月5日表示，鉴于中国的"不公平报复"，他已指示美国贸易代表办公室研究是否对中国额外的1000亿美元出口商品征收额外关税。

中国昨天发出密集舆论攻势，指责美国破坏国际贸易规则。商务部和外交部发言人均发表声明强硬回应，中方将奉陪到底，"不惜付出任何代价"，必定采取新的综合应对措施，予以坚决回击。

他们说，这次中美经贸冲突"是美方一手挑起"，本质上是美国单边主义对全球多边主义、美国保护主义对全球自由贸易的挑衅。

正在俄罗斯访问的中国国务委员兼外长王毅则说，中国是"被迫"做出必要反制，是作为主权国家的"正当自卫"，也是在维护以规则为基础的全球贸易体制。

王毅2018年4月5日在莫斯科同俄罗斯外长拉夫罗夫一起见记者时也说，美国以为搞保护主义就能占到便宜，是打错了算盘；向中国挥舞贸易制裁"大棒"，也是找错了对象。

王毅说，国际社会有必要共同抵制这种无视规则的单边主义行径，"共同让那些自认为可以为所欲为的人恢复理智"。

有分析认为，美国不断加码对华制裁，或许只是战略，要为日后谈判增加筹码，不一定会真正出手。

不过北京大学国家发展研究院副院长余淼杰接受《联合早报》访问时分析，美国作为世界"老大"，已经习惯在发生冲突时对方会乖乖屈服，而中国的强硬回应让华盛顿很没面子，他认为，贸易战还会继续加码。

余淼杰说："我估计1000亿美元的清单应该会落实，中方也会反击。这不是句号，而是逗号，特朗普很难冷静，贸易摩擦还会继续往上走。"

余淼杰指出，美国对华的服务贸易出口存在顺差，因此中国下一步也可能选择在这个领域展开反击。

《人民日报》昨天发表立场强硬的评论说，面对美国的恫吓，中国不会退，北京承诺的同等力度、同等规模反制举措"一定会如约而至"，"谁要阻止中国的发展壮大，就是螳臂挡车、蚍蜉撼树，也终将付出惨痛代价"。该报旗下的《环球时报》也说，特朗普的最新恫吓"反映了美国一些精英在对华态度上深深的傲慢"。

中国宏观经济研究院副院长毕吉耀则认为，中国经济过去五年完成了从出口导向型及投资出口拉动转向协调拉动，经济结构已转变为内需支撑经济，因此中国有底气跟美国"奉陪到底"。

新华社也发表时评说，应对不可避免的挑战，中国最根本的还是要积极修炼内功，走好高质量发展的道路。

评论说，美国此次特别针对中国计划重点发展的先进制造和高技术领域采取限制性措施，压力即动力，中国要有"时不我待"的紧迫感，强化基础研究、应用基础研究和原始创新。

（本文载于《联合早报》，2018年4月7日。记者：林子恒）

中美贸易战，别忘了中国还有这几张王牌

随着中美贸易交锋蔓延至炼化领域，全球投资者开始担心，如果紧张局势进一步升级，美国页岩油气是否会追随该国农业产品被卷入贸易战，而稀土也将是中国对美一强大"秘密武器"。

中国扔出美国原油进口这一重磅炸弹，油价将面临风险

能源咨询机构 Petromatrix 董事总经理奥利维尔·雅各布在最近的一份报告中写道，如果中美之间的贸易战持续下去，"中国扔出美国原油进口这一重磅炸弹，那么油价将面临风险"。

2017 年，中国是继加拿大之后的美国原油第二大买家。市场观点认为，中国对原油施加的任何关税举措都可能对美国原油供需造成重大影响，并将影响美国油价，继而波及全球石油价格。

"假如中国准备打击美国原油出口，对原油市场流动性的影响将与美国打击伊朗核协议的预期影响大致相同。"奥利维尔·雅各布说。

2017 年，中国首次超过美国，成为全球最大的原油进口国。俄罗斯、沙特、安哥拉、伊拉克、伊朗和阿曼为中国前六大原油进口国，2017 年中国从美国进口的原油占进口原油总量的 2%。尽管中国从美国的原油进口规模大幅增加，但相比从其他国家的原油进口量仍然较小。

2017 年，美国至中国的原油出口量占美国原油总出口额的 21%，中国成为美国第二大原油出口地。

"中国可以在任何时候抛弃美国能源，因为（除美国外）其他地方还

有大量供应。对美国来说，能源则是个敏感话题。"韩国现代期货公司大宗商品分析师尹威认为，两国最终可能达成协议。"中国可能不会那么快使用能源来解决争端，而会更加明智地用这张牌。"

北京时间 2018 年 4 月 4 日下午，中国对美方对华产品加征关税建议清单作出回击。经国务院批准，国务院关税税则委员会决定对原产于美国的大豆、汽车、化工品等 14 类共 106 项商品加征 25% 的进口关税，涉及 2017 年中国自美国进口金额约 500 亿美元。丙烯、聚乙烯及部分下游化工产品被列入该名单。

尽管原油并未被列入上述关税加征名录，但投资者对潜在风险保持谨慎态度。随着特朗普宣布考虑对 1 000 亿美元中国进口产品加征关税，油价快速回落。

自美国 2016 年恢复原油出口以来，页岩繁荣帮助该国抵消了与中国日益扩大的贸易逆差。有咨询机构的报告称，美国公布的 2 月贸易统计数据显示，美国贸易逆差扩大至 2009 年以来的最大值。如果排除石油，则是有史以来的最大值。

稀土将是中国对美一强大"秘密武器"

据媒体分析认为，在中美此次贸易摩擦中，稀土将是中国一个强大的"秘密武器"。

据报道，稀土是新能源、新材料、航空航天、信息、生物、军工等尖端科技和国防建设的基础材料。目前，中国是美国的最大稀土进口国。

中国商务部研究院国际市场研究所副所长白明认为，美国总统特朗普发表追加关税的声明，实际上是为了给谈判协商增加筹码，意味着中国此前发布的对等反制措施"真正打到了美国的痛处"。

中国社科院世界经济与政治研究所研究员东艳则表示，不管是对 1 000 亿美元中国商品加征关税还是协商，美国"真实目的始终没变"，就是要打击中国高新技术行业，维护自身优势产业。

据中方统计，2017 年中美贸易额约为 5 837 亿美元，其中中国对美出口额接近 4 300 亿美元。

此前，美国已发布"301调查"征税建议清单，涉及中国约500亿美元出口商品。如果在此基础上再追加1000亿美元，中国受影响出口商品将达1500亿美元，几乎接近对美出口额的1/3。

东艳表示，"美国不会对如此高比例的中国商品征税"，对1000亿美元商品征税操作起来必然超过"301"范畴，实施起来也有难度。

此外，全球贸易历经多年发展形成的各种双边、多边机制，也不会允许美国真正迈出这一步，"这更多是一种威胁手段"。

白明也认为，对美国大豆、汽车、飞机"三箭齐发"后，中国"一定还有后手"，但官方将仔细评估考量，不会匆忙出手。

美国对华服务贸易出口存在非常大的顺差，在这个领域可展开反击

北京大学国家发展研究院副院长余淼杰则说，下一步反制美国可考虑限制服务贸易，只要中国应对得当，损失将小于美国。美国是中国第一大服务贸易逆差来源地，主要在旅游、留学和医疗三方面。

根据美国人口普查局数据，2017年，包括教育目的在内的旅游项目出口额占美国出口额的8.74%，主要服务类别占全部出口额的比例更是超过1/3。美国是中国服务贸易逆差最大的来源国，近年来逆差额快速增长。余淼杰认为，中国针对美国产业进行反制，服务贸易也会受到影响。

余淼杰指出，服务贸易出口为美国创造了就业，缓解了其国内收入差距问题。若中国选择向服务贸易开刀，美国将受到不少影响。美国对华的服务贸易出口存在顺差，因此中国下一步也可能选择在这个领域展开反击。

(本文载于《扬子晚报》，2018年4月7日)

中国反制美欧日发起的钢铁围剿

继美国对进口钢铁和铝产品征收关税后,近日欧盟、日本等国家和地区也相继对有关产品采取贸易救济措施或者开展调查,全球贸易纠纷正持续发酵。

2018年3月23日,美国总统特朗普宣布,将对从中国进口的商品大规模征收关税,涉及征税的中国商品的规模达500亿美元左右。同日,美国正式实施对进口钢铁和铝产品加征25%和10%的关税。

紧跟特朗普步伐,2018年3月26日,欧盟委员会发布公告称,将从4月开始对15种进口钢材实行配额制和增加关税等保护措施。日本也横插一脚,决定自3月31日起对中国和韩国产的部分钢铁产品征收41.8%—69.2%的关税。

2018年4月3日,美国政府依据"301调查"单方认定结果,宣布将对原产于中国的进口商品加征25%的关税,涉及约500亿美元中国对美出口。美方这一措施明显违反了WTO相关规则,严重侵犯中方根据WTO规则享有的合法权益,威胁中方的经济利益和安全。

是可忍,孰不可忍!中国政府和企业迅疾强力反击。2018年3月29日,我国商务部新闻发言人高峰强烈谴责,美方的恶劣做法就像开启了"潘多拉的盒子",确实有引发连锁反应的危险,会让贸易保护主义的"病毒"在全球蔓延。

2018年4月2日,我国国务院关税税则委员会决定对原产于美国的7类128项进口商品中止关税减让义务,在现行适用关税税率基础上加征关税,对农产品、不锈钢制品等120项进口商品加征15%关税,对猪肉及制品等8项进口商品加征25%关税。

2018年4月3日，对于美国违反国际义务对中国造成的紧急情况，为捍卫中方自身合法权益，中国政府依据《中华人民共和国对外贸易法》等法律法规和国际法基本原则，将对原产于美国的大豆等农产品、汽车、化工品、飞机等进口商品对等采取加征关税措施，税率为25%，涉及2017年中国自美国进口金额约500亿美元。

中国国际贸易研究专家、北京大学国家发展研究院副院长余淼杰在接受《中国联合商报》记者采访时指出，随着美国对欧盟、日本等国家和地区豁免钢铝关税，加拿大、日本等国都已宣布对自中国进口的钢铁采取限制措施，这将对中国钢铁行业产生较大的冲击，中国钢铁企业面临着严峻挑战。

为应对这场严峻挑战，商务部国际贸易经济合作研究院国际市场研究所研究员、副所长白明告诉《中国联合商报》记者，中国钢铁企业一是要进行结构性改革，延长产业链条，增加产品的附加值；二是要开展国际产能合作，与"一带一路"国家合作，将过剩产能转移出去；三是要增加科技投入，扩大研发，增强国际竞争力。

美欧日联手"围剿"中国

事实上，美国、欧盟和日本想要在对华贸易上"携手共进"早有端倪。

2017年12月，在阿根廷召开的WTO会议上，三方举行了部长级会议。英国《金融时报》报道称，三方发表联合声明，批评在钢铁等重要行业的"严重产能过剩"现象，以及非法补贴、国家资助和国有企业在助长产能过剩问题中的作用。

虽然没有点名，但这一声明被外界普遍认为是在针对中国。

时隔3个月，2018年3月8日，据美国"世界贸易在线"报道，美国贸易代表罗伯特·莱特希泽将与欧盟贸易专员塞西莉亚·马姆斯特罗姆和日本经济产业大臣世耕弘成在3月10日会晤，主要讨论如何共同应对中国的贸易问题。

根据这份报道，特朗普政府将在近期公布此前对中国启动的"301调查"结果，为此做出了巨大努力的莱特希泽希望，在美国公布对华反制措施之后，欧盟和日本也能加入进来。当然，为了促使欧盟和日本的加入，"301调查"结果将会在美国宣布对进口钢铁和铝制品征收关税之前发布。

然而，特朗普政府在公布"301调查"结果之前就宣布对进口钢铁和铝制品征收关税，这引起了欧盟和日本的忧虑。不过，报道称，特朗普在宣布关税计划的同时，也留下了"一道口子"，在一定条件下，有方法让"受害国"获得豁免资格。

据欧盟官员透露，特朗普政府想借此迫使各国在对华贸易政策上与美国结盟，以换取美国的"钢铝关税豁免"。果然不出所料，3月22日，白宫发表声明称，将暂时豁免对欧盟、澳大利亚、加拿大等经济体的钢铝关税。

3月26日，获得豁免的欧盟遂与美国结盟，并以"为尽量减少美国钢铁贸易调整对欧盟钢铁市场的冲击"的名义，在布鲁塞尔发表新闻公报称，将从2018年4月开始对包括非合金热轧卷板和扁平材在内的15种钢材产品征收14.9%—26%的关税，涉及的钢材将占欧盟钢材进口量的40%。

日本也随之横插一脚。3月30日，日本政府决定对中国和韩国产的部分钢铁产品征收反倾销关税，自2018年3月31日起征，为期5年，税率为41.8%—69.2%。

"随着美国对欧盟、日本等国豁免钢铝关税后，加拿大、日本等国都已宣布对自中国进口的钢铁采取限制措施。"余淼杰告诉《中国联合商报》记者，这其实是美国通过"232调查"联合其盟国，展开对中国钢铁和铝产品的新一轮围剿，将对中国钢铁企业产生较大的冲击。中国钢铁企业面临着严峻挑战。

中国政府强势反击

面对美国、欧盟和日本发起的"围剿"，中国政府和企业岂能坐以待毙？

2018年4月2日，经国务院批准，国务院关税税则委员会决定即日起对原产于美国的7类128项进口商品中止关税减让义务，在现行适用关税税率基础上加征关税，对水果及制品、不锈钢制品等120项进口商品加征关税，税率为15%，对猪肉及制品等8项进口商品加征关税，税率为25%。

财政部关税司有关负责人表示，"232措施"违反了WTO相关规则，不符合"安全例外"规定，实际上构成了保障措施，对我国利益造成了严重损害。此次关税政策调整旨在维护我国利益，平衡因美国对进口钢铁和铝产品加征关税措施给我国利益造成的损失。他强调，我国倡导并支持多边贸易体制，对美中止关税减让义务是我国运用WTO规则，维护我国利益而采取的正当举措。

事实上，近年来钢铁贸易已经成为中美贸易摩擦的重灾区。在美国对钢铁"232调查"之前，已经对十几类产品采取了几十项反倾销、反补贴措施，几乎涵盖所有大类钢铁产品，且税率幅度之高近乎禁止性关税。

中国商务部贸易救济调查局局长王贺军指出，美国进口的钢铁和铝产品大多是民用的中低端产品，并未损害美国国家安全，美国以国家安全为由限制钢铁和铝产品的国际贸易，是对以WTO为代表的多边贸易体制的严重破坏，必将对正常的国际贸易秩序造成重大冲击。

王贺军表示，中方理解欧盟为应对美国对进口钢铁和铝产品采取的征税措施而采取必要行动。但是采取全球性保障措施并不是正确的选择，将进一步加剧美国措施所引起的国际贸易混乱和恐慌局面，对正常的国际贸易秩序造成更加严重的破坏性冲击。中方希望欧盟审慎采取保障措施。

"欧盟作为重要的WTO成员和全球贸易体系的重要力量，应加强与各成员方的合作，共同反对贸易保护主义，不应采取有损全球贸易秩序的行动。"王贺军说，"中国愿同包括欧盟在内的各方加强沟通和协作，共同应对因美国措施对全球钢铁和铝贸易造成的混乱"。

中国钢铁工业协会也表示，欧盟宣布对进口钢铁产品发起保障措施调查，这是美国挑起事端后使问题复杂化的做法，欧盟的这一决定将加剧国际钢铁市场的不安和不稳定性。2016年以来，中国钢铁去产能效应的显现带动了全球钢铁市场逐渐回暖，但目前美欧所采取的措施将造成国际贸易秩序的混乱。

中国钢企应奋力突围

著名经济学者宋清辉在接受《中国联合商报》记者采访时表示，此次美国对所有进口的钢铁和铝产品全面征税，说明并不限于中国产品，这种"一刀切"的政策给美国带来的负面影响可能要甚于中国。因为其他国家很可能会采取反击态度，从而加剧爆发全球性贸易战的风险。

具体对中国而言，由于相关出口产品在整个行业中占比较低，预计美国此项单一政策对中国钢铁行业影响有限。据清晖智库统计，2017年中国出口美国钢铁产品118万吨，仅占中国钢材出口总量的1.57%。对美国而言，中国不是其钢铁进口的倚重国，因此对中国钢铁行业未来走势影响甚微。

不过，余淼杰认为，尽管从中国钢铁出口角度来说，美国提升关税对中国钢铁行业的直接影响较小，但间接影响还是比较大的，譬如钢铁的下游产业汽车制造业。汽车制造业是用钢大户，关税提高将导致原材料涨价，可能会影响汽车制造商的利润。而更坏的情况则是，汽车制造商可能不得不抬高售价，将成本上升的压力转嫁到消费者身上。

值得注意的是，余淼杰指出，美国提高钢铝关税后，欧盟、日本及其他国家和地区跟风而上，也对中国钢铁产品征收关税，这样就形成了合力，将对中国钢铁企业产生较大的冲击，甚至有可能蔓延到全球钢铁市场。

商务部国际贸易经济合作研究院国际市场研究所副所长、研究员白明也持相同观点。白明在接受《中国联合商报》记者采访时表示，这样会给我国钢铁的国际空间带来压力。虽然美国不是我国钢铁出口的倚重国，但如果欧盟、日本等也对我国施加压力，这种合力也是不小的，对我国钢铁企业也会产生不小的影响，所以我们也不能掉以轻心。

那么，中国钢铁企业应该采取什么措施应对？怎样才能突出重围？针对《中国联合商报》记者提出的上述问题，宋清辉认为，中国钢铁企业应该采取以下两个方面的措施来应对：一是提升出口价格，但这样做将会导致价格优势明显减弱，出口或许会在一定程度上受阻。二是寻求法律途径解决，办法总比困难多。同时，国家层面也会出面妥善解决这场对华贸易摩擦。

余淼杰认为，中国钢铁企业应该"两条腿"走路：一方面积极利用WTO争端机制，立即向WTO提起申诉，让其认定美国的行为违反WTO规定；另一方面加快产品升级换代，减少粗钢的生产，提高精钢的生产，把产品质量真正提上去。

白明则表示，中国钢铁企业一是要进行结构性改革，延长产业链条，增加产品的附加值；二是要开展国际产能合作，与"一带一路"国家合作，将过剩产能转移出去；三是要增加科技投入，扩大研发，增强国际竞争力。

（本文载于《中国联合商报》，2018年4月10日。记者：毕淑娟）

面对中美贸易摩擦人民币汇率怎么走?

近来有观点称,如果美国正式实施对中国出口产品征收高额关税,中美贸易顺差下降,中国或考虑以人民币贬值来应对。

对此,中国金融四十人论坛高级研究员、国家外汇管理局国际收支司原司长管涛接受中新社记者采访时表示,从国际市场看,中美贸易摩擦不会导致人民币的大幅贬值,中国政府也没有必要以贬值的方法来促进出口。"中国对美国贸易顺差减少,意味着中国对其他国家的贸易顺差有望扩大,或对其他国家的贸易逆差有望减少。"

管涛强调,市场的力量是人民币汇率最近走势的最关键因素。

2018年3月中旬至今,人民币对美元汇率基本保持在6.3附近,期间一度突破6.3,触及2015年"8·11"中国汇率改革以来的最高值。4月10日,中国外汇交易中心公布的人民币对美元中间价为6.3071,较上日调升43基点,是近一周的最大升幅。

管涛指出,所谓"中国正在考虑使用人民币贬值来应对当前与美国的贸易争端"的报道应属少数投机者炒作,意在混淆视听,试图趁机获利或试探政策取向,希望市场参与者增强分辨能力,防止被误导。"中国央行已经逐渐退出了常态化的外汇干预,现在人民币汇率的涨跌基本由市场供求力量决定,双向浮动,弹性增强。"

"中国是一个负责任的国家,理应积极推动贸易投资全球化和便利化进程。"北京大学国家发展研究院副院长余淼杰在接受中新社记者采访时表示,虽然人民币贬值有利于出口,可以对冲美国施加高关税的影响,但会损害中国的国际声誉,一旦以贬值来促进出口将引发其他经济体的反感。

"这也是中国在 1998 年金融危机那样困难的时候都没有随意贬值的原因。"余淼杰说。

此外，中国 A 股即将纳入 MSCI（摩根士丹利资本国际公司）指数，彭博又宣布将人民币计价的中国国债和政策性银行债券纳入彭博巴克莱全球综合指数，"中国金融市场开放程度将进一步加大，不断融入全球市场，这也会在一定程度上抵消中美贸易摩擦引起的资本流动的影响，进而抵消对人民币汇率的影响"，管涛说。

"不随意贬值，也不快速升值，面对中美贸易摩擦，中国应保证人民币汇率'不为所动'，保持在合理均衡水平上基本稳定。"余淼杰称，对中国国内经济发展和企业经营而言，保持人民币汇率"不为所动"是一颗"定心丸"；对国际贸易环境而言，这也展现了一个大国理应承担的国际责任。

（本文载于中国新闻网，2018 年 4 月 10 日。记者：夏宾）

中国扩大金融等领域开放影响几何？

《人民日报》发文称新举措不适用于对别国发动贸易战的国家；专家分析称国内机构有能力应对开放。

国家主席习近平2018年4月10日出席博鳌亚洲论坛2018年年会开幕式并发表主旨演讲。他在演讲中提出四项重大开放举措：大幅度放宽市场准入、创造更有吸引力的投资环境、加强知识产权保护、主动扩大进口。习近平强调这些重大举措要尽快使之落地，宜早不宜迟，宜快不宜慢，努力让开放成果及早惠及中国企业和人民，及早惠及世界各国企业和人民。

IMF总裁拉加德说，习近平主席在演讲中提到进一步开放金融、保险、汽车等领域，降低贸易壁垒，提供公平营商环境，这些非常具体的举措显示了中国的开放创新和包容，相信在过去40年改革开放成功基础上，中国今后会继续取得成功。

四项重大开放举措将对中国乃至世界经济发展造成哪些影响？在中美贸易摩擦的背景下，中国扩大开放释放了什么信号？在新举措下国内的金融、保险、汽车等产业能够应对新一轮开放吗？

解读一："扩大开放新举措不适用于发动贸易战的国家"

"经济全球化是不可逆转的时代潮流。正是基于这样的判断，我在中共十九大报告中强调，中国坚持对外开放的基本国策，坚持打开国门搞建设。我要明确告诉大家，中国开放的大门不会关闭，只会越开越大！"

2018年4月10日，《人民日报》客户端推送了一篇名为《中国扩大开放新举措不适用于对别国发动贸易战的国家》的文章。文章表示，中国扩大开放的新举措将惠及不少贸易伙伴，但不适用于那些违反WTO规则、动辄对别国发动贸易战的国家！

如何理解这一观点？

《人民日报》文章称，"在中美贸易摩擦激烈的背景下，也有人疑虑：中国扩大开放的新举措是不是不得已而为之，甚至还有人别有用心地抛出'美国施压成功了'的论调。"事实则是，"从大幅度放宽市场准入到主动扩大进口，中国早有安排""今年全国'两会'上，政府工作报告就提出，要扩大电信、医疗、教育、养老等领域开放，下调汽车、部分日用消费品等进口关税"。

对于谁是"违反WTO规则、动辄对别国发动贸易战的国家"，专家称这明显是指美国。"如果美国对中国发动贸易战，中国未来在扩大开放方面的四个举措，将不适用于美国。"北大国发院副院长余淼杰向新京报记者表示，在博鳌亚洲论坛2018年年会上宣布的有关开放措施与商务部、外交部的态度并没有区别。"如果特朗普对中国打贸易战，中国肯定同等规模反制。反之，中国的开放大门将更加开放，增加进口等。"

中国贸促研究院国际贸易研究部主任赵萍持有类似的观点。"如果美国对中国发动贸易战，我们将要推行的开放举措不适用于美国。而且，对于不遵守WTO规则、对其他国家发起贸易战的国家，中国不给予相应的开放政策。只要一个国家对另外一个国家发动贸易战，我们的开放政策就不再适用于贸易战发动国，中国和所有贸易战受害国站在一起，保护受害国利益。"

"'中国扩大开放新举措不适用于对别国发动贸易战的国家'的说法体现了WTO中无歧视的原则，也表明了中国反对贸易保护主义、推动贸易自由化、维护多边贸易体制的决心和意愿。"赵萍表示。

解读二："金融开放不可怕，国内机构有能力应对"

大幅度放宽市场准入。在服务业特别是金融业方面，2017年年底宣布的放宽银行、证券、保险行业外资股比限制的重大措施要确保落地，同时要加快保险行业开放进程，放宽外资金融机构设立限制。

2017年以来，金融体系高层多次在公开场合就金融开放问题发声。

2017年11月10日，财政部副部长朱光耀介绍了两国元首北京会晤在经济领域达成共识的有关具体内容，细化了中国向外资开放金融市场的具体情况：中方决定将单个或多个外国投资者直接或间接投资证券、基金管理、期货公司的投资比例限制放宽至51%，上述措施实施三年后，投资比例不受限制；将取消对中资银行和金融资产管理公司的外资单一持股不超过20%、合计持股不超过25%的持股比例限制，实施内外一致的银行业股权投资比例规则；三年后将单个或多个外国投资者投资设立经营人身保险业务的保险公司的投资比例放宽至51%，五年后投资比例不受限制。

金融开放是否将对国内金融机构造成一定冲击？中金所研究院首席经济学家赵庆明表示，从市场和监管两面看，中国都能应对。从市场主体看，中国加入WTO之后，金融方面的开放措施在逐步推进。从以往的经验看，并未出现"狼来了"的局面，而且国内机构的创新、应对能力比较强，金融开放并不可怕；从监管上角度看，2015年年末以来，金融监管改革力度颇大，金融监管也能够应对自如。

北京大学国家发展研究院副院长余淼杰持有类似看法。"中国金融市场经过多年发展，竞争能力已比加入WTO之前好很多，逐步开放、引入竞争，不会有太大的负面冲击，正面影响更大，有利于提高金融业服务的质量。"

余淼杰表示，从整个宏观层面看，金融开放会表现出化压力为动力的效果，目前中国金融业抗打击能力较之前好很多。不过，金融开放可能会给小型金融机构带来一定影响。"小型金融机构可以寻求新的渠道，以银行为例，可以瞄准小微企业、地区城市来化解一线城市的不利影响。"

以银行业的开放为例，银行业开放一个较大的问题是如何处理外资和国资比例？"取消对中资银行和金融资产管理公司的外资单一持股不超过20%、合计持股不超过25%的持股比例限制，但是是否可以持股到

50%以上？这个需要进行风险评估：是否会给金融稳定带来冲击等。"中央财经大学金融学院教授郭田勇表示，未来对外资对中国银行业持股比例没有任何限制恐怕不现实。

解读三："放开外资比例触及保险业核心的控股问题"

大幅度放宽市场准入。在服务业特别是金融业方面，2017年年底宣布的放宽银行、证券、保险行业外资股比限制的重大措施要确保落地，同时要加快保险行业开放进程，放宽外资金融机构设立限制。

中央财经大学保险学院原院长、教授郝演苏接受新京报记者采访时表示，保险市场开放是最早的，但现在应当向开放的深度和广度上来发展，包括放开寿险公司的外资股权限制，对外资开放保险中介公司，主要是保险经纪公司，甚至开放保险资产管理公司。这并不是原有意义上多拿牌照的概念。

公开资料显示，我国保险业的开放进程大致分为四个阶段。2005年至今，保险业全面开放。除合资寿险公司外方股比不得超过50%，外资产险公司不得经营法定保险以外，在业务、地域范围方面已享受国民待遇。

不过，在外资保险公司整体稳健发展的同时，个别险企由诸如股权变更、增资不畅等问题带来的偿付能力"危机"备受关注。

"合资保险公司会有股东之间的矛盾，如文化、机制、管理、人才观念、股东打架、来回换股东等，最近几年都在发生。"对外经济贸易大学保险学院教授王国军认为，现在把外资的比例放开，正好触及核心的控股问题，虽然比例看上去只变动1%，但当两个股东都是持股50%、势均力敌的情况下，有矛盾比较难化解。如果外资或者中方持股比例大一些，就能在一些重要的事情上做决定，帮助公司往好的方向发展。

除了外资险企的股权问题，业务范围上是否有所变化也受到业内关注。对于保险业对外开放的下一步，中国保监会副主席陈文辉在2017年曾表示，将进一步优化监管环境，鼓励已进入中国市场的外资保险公司进入健康、养老、巨灾保险等专业领域，参与保险业经营的新模式；对于尚未进入中国市场的外国保险机构,将进一步优化准入政策。

在郝演苏看来,由于赶上了中央金融工作会议,整个行业在控风险,全国"两会"后中国银监会、中国保监会两部门又开始整合,过去一些部门只提到了概念,但没有真正的动作。"博鳌之后可能会推动和促进之前部委表态的概念落地,使之成为现实。"

解读四:"下调汽车等进口关税将倒逼企业提档升级"

中国不以追求贸易顺差为目标,真诚希望扩大进口,促进经常项目收支平衡。2018年,中国将相当幅度地降低汽车进口关税,同时降低部分其他产品进口关税,努力增加人民群众需求比较集中的特色优势产品的进口。

降低汽车、部分产品进口关税在2018年多次被提及。2018年的政府工作报告就指出,下调汽车、部分日用消费品等进口关税。3月11日,商务部部长钟山也表示将大幅度放宽市场准入,下调汽车、部分日用消费品等进口关税。

"汽车关税需要专门讨论,一般来说大部分商品的进口关税水平不太高,但是我国的中高档汽车进口关税还是偏高的。"财政部财科所原所长贾康向新京报记者表示,这与我们国家原来的汽车生产能力不够,需要得到一定程度保护的历史有关。

1998年,汽车进口关税还是100%,现在平均25%,零部件可能是10%。"关税不断下降,国产汽车企业竞争力和规模不断地提升,引起了一个比较良性的竞争局面。"广州汽车集团股份有限公司董事长曾庆洪向新京报记者表示。

"下调汽车、部分日用消费品等进口关税对民营企业固然会有一些冲击,但这也是倒逼民企提档升级的难得机会。"江苏亚萍国际购物广场有限公司董事长陆亚萍表示,随着人们的生活条件越来越好,汽车、部分日用消费品等进口关税的下调,无疑会吸引更多好的海外商品流入国内市场,让"海外货"更实惠,也让消费者的选择更多元。

解读五:"实施负面清单,鼓励外企参与'中国制造 2025'"

创造更有吸引力的投资环境。加强同国际经贸规则对接,增强透明度,强化产权保护,坚持依法办事,鼓励竞争,反对垄断。2018 年上半年将完成修订外商投资负面清单工作,全面落实准入前国民待遇加负面清单管理制度。

2018 年 3 月 6 日,国家发改委副主任宁吉喆回答中外记者提问时曾介绍,2017 年中国吸引外商直接投资达到了 1 310 亿美元,居世界第二位。在进出口方面,外资企业进出口接近全国进出口总额的 50%;在工业产值方面接近全国的 25% 左右;在税收方面提供 20% 左右的全国税收;在就业方面提供了约 10% 的就业。

宁吉喆还表示,在全国实行了外商投资准入负面清单管理制度,2015 年和 2017 年先后两次修订《外商投资产业指导目录》,对外资准入的限制领域缩减了 65%,实行了以备案为主的外资管理体制改革,目前 96% 以上的外资实行属地备案。商务部国际贸易经济合作研究院国际市场研究所副所长白明表示,中国下一阶段的开放很可能超越金融行业,是全方位的,比如鼓励外商投资高端制造业等行业,欢迎外国企业参与"中国制造 2025";加强服务业开放,如养老、医疗等。4 月初,国务院正式下文,向海南省下放部分进口医疗器械的审批权。

白明说,中国要从制造业大国走向制造业强国,不能自己闷头搞,需要全球资源的优化配置,互相支持,带来成长的空间。

解读六:"没有知识产权保护,市场经济发展不起来"

加强知识产权保护。重新组建国家知识产权局,完善执法力量,加大执法力度,把违法成本显著提上去。保护在华外资企业合法知识产权,希望外国政府加强对中国知识产权的保护。

商务部国际贸易经济合作研究院国际市场研究所副所长白明分析,近年来我国的科技水平稳步提升,越来越重视知识产权,随着实力增强,申请专利数增多,打击知识产权侵权的案例也增多,我国也出台了相关的法律来保护双方的权益。

白明分析表示,重新组建知识产权局是为了让中国在未来的国际贸易中为自己的科技力量保驾护航。对于未来更多的国际合作,有专门的部门来管理知识产权相关的贸易,保护双方的权益。

国家行政学院研究员张春晓分析,"我们会按照人类命运共同体的运行方式,构建我们的市场"。对于知识产权的保护是市场经济运行的根本,没有一个好的知识产权保护,市场经济是发展不起来的。

张春晓说,"我们要开放外资企业进入中国,加强双方知识产权的保护力度越大,越能够让他们在国内市场有更稳定的预期,所以国家主席习近平这次特别强调,对于外商投资企业,会更好地保护知识产权,让他们能够更好地在中国市场发展国"。

(本文载于《新京报》,2018 年 4 月 11 日。记者:侯润芳、陈维城、陈鹏、任娇)

专家解读博鳌中国四大开放举措

四月的博鳌，风和日丽，海碧山青。中国国家主席习近平出席了在此举办的博鳌亚洲论坛2018年年会并发表主旨演讲，向世界明确表态，中国开放的大门不会关闭，只会越开越大！习近平郑重宣布，在扩大开放方面，中国将采取一系列新的重大举措：一是大幅度放宽市场准入，二是创造更有吸引力的投资环境，三是加强知识产权保护，四是主动扩大进口。

对此，商务部国际贸易经济合作研究院国际市场研究部副主任白明、北京大学国家发展研究院副院长余淼杰和著名的经济学者宋清辉三位专家在接受《中国联合商报》记者独家采访时一致表示，习近平主席宣布的这四项重大举措彰显了中国继续走向对外开放的坚定决心，表明了对外开放是中国政府的主动作为，也间接地回应了不久前美方挑起的贸易摩擦，向世界释放出了共同发展、实现共赢的友好信号，并对四项重大举措进行了全面而深入的解读。

大幅度放宽市场准入

在博鳌亚洲论坛上，习近平宣布第一个重大举措是要大幅度放宽市场准入。在服务业特别是金融业方面，2017年年底宣布的放宽银行、证券、保险行业外资股比限制的重大措施要确保落地，同时要加快保险行业开放进程。在制造业方面，下一步要尽快放宽外资股比限制特别是汽车行业外资限制。

余淼杰认为，大幅度放宽市场准入是中国继续积极推进多边贸易合作、促进对外开放的重要举措。当前,多哈回合谈判仍难圆满收官,其主要原因是发展中国家的服务业处于较高保护水准,而同时发达国家对本国农业也给予了较高程度的保护。国家主席习近平在博鳌论坛上表示要大幅度放宽市场准入,在服务业特别是金融业方面落实放宽银行、证券、保险行业外资股比限制、放宽外资金融机构设立限制,扩大外资金融机构在华业务范围,让外部资本能更大程度地流入中国,开放本国服务业市场,体现了中国积极推动多边贸易合作的决心,同时中国将把市场开放的成果提供给 WTO,对多哈回合谈判将起到积极作用。

不过,在宋清辉看来,大幅度放宽市场准入,对世界各国而言是重大机遇,但对中国而言更像是挑战。落地放宽银行、证券、保险行业外资股比限制,扩大外资金融机构在华业务范围,以及尽快放宽外资股比限制等措施,在资本主义国家的眼中,这必然是无限的机遇。同时,庞大的中国市场有着不同层次的消费人群,这也会为外资企业带来商机,同时也不排除会有新型产业进入中国,补充人们的日常生活工作所需。但对中国企业而言则有着更多的挑战:一是我们自身产业的实力是否经得住外资企业的竞争压力;二是我们自身产业会否因外资新产业的迭代而受到冲击;三是我们是否能够向外资企业学习、取长补短。

"当然,这种挑战不是坏事,我们在改革开放初期也经历了相似的问题,通过'撸起袖子加油干'的解决办法,我们取得了今天的成绩。如果能够顺利通过这种挑战,将优化我国现有的产业结构,极大程度地提升我国各产业的全球竞争力,有助于我国综合实力的发展。"宋清辉说。

值得一提的是,余淼杰表示,在制造业方面,目前中国仅保留对汽车行业有股本的限制,外资车企持股最高不能超过 50%,倘若股比放开,将有利于外资企业与中国企业开展更深入的合作。

创造更有吸引力的投资环境

习近平宣布第二个重大举措是创造更有吸引力的投资环境。加强同国际经贸规则对接,增强透明度,强化产权保护,坚持依法办事,鼓励竞争、反对垄断。2018 年上半年将完成修订外商投资负面清单工作,全面落实准入前国民待遇加负面清单管理制度。

宋清辉认为,这是在制度上、体制上进一步与国际接轨。例如,为加强同国际经贸规则对接,2018年上半年将完成修订外商投资负面清单工作等,都是在为外资企业更好地在华投资做准备工作,这并不是一件容易的事。中国现在还处于并将长期处于社会主义初级阶段,而世界各国的主要组成是以资本主义为主,中国与世界各国在制度、体制、理念等方面存在各种差异。因此,为世界各国在华创造更有吸引力的投资环境,不仅是中国坚持对外开放的态度,更是向世界表示的一种诚意。

据余淼杰介绍,中国第一份负面清单来自上海自贸实验区,该清单明确列出了不符合国民待遇等原则的外商投资准入特别管理措施。负面清单的实施是中国对外开放一项"看得见"的举措,已经在上海自贸区进行了很好的实践。十九大报告和2018年政府工作报告都明确提到要全面推进实施负面清单制度,该制度将在今年推广到各个行业。

因此,宋清辉表示,符合要求的外资企业,可以放心大胆地在中国进行投资,只要在遵守中国法律的前提下运营,就可以放心大胆地与各路竞争对手公平竞争,而不必担心贸易保护。在这种环境下,有助于盘活中国的投资市场,带动市场规范化发展,从而进一步走向市场化。

事实上,早在2016年年底,国家发改委发布的《关于扩大对外开放积极利用外资若干措施的通知》就明确提出了进一步扩大对外开放、进一步创造公平竞争环境、进一步加强吸引外资工作等3个方面20项措施。在国家战略层面,支持外资参与"中国制造2025"战略、创新驱动发展战略。外资企业和内资企业同等适用"中国制造2025"战略的政策措施。在区域发展战略方面,鼓励外资参与西部大开发、东北振兴、长江经济带等区域战略和"一带一路"倡议。

《中国联合商报》记者从国家统计局官网获悉,2017年中国吸收外商直接投资(不含银行、证券、保险)新设立企业35 652家,比上年增长27.8%。实际使用外商直接投资金额8 776亿元人民币(折1 310亿美元),同比增长7.9%,增速比上年提高3.8个百分点。其中"一带一路"沿线国家对华直接投资新设立企业3 857家,同比增长32.8%;对华直接投资金额374亿元人民币（折56亿美元）。全年高技术制造业实际使用外资666亿元人民币，同比增长11.3%。

而根据中国美国商会最新发布的《2018中国商务环境调查报告》，得益于中国经济的良好表现，64%的会员企业表示收入上升，75%的受访企业表示实现盈利，为过去三年比例最高的一次。

"美国跨国经营企业数目众多，其盈利空间很多是靠海外市场。近年来，中国对这些企业业绩增量的贡献越来越大。"白明以汽车和手机类产品为例说明，目前美国通用汽车在华销售量高于其本土市场销售量，而中国目前使用的苹果手机的人数是美国的两倍以上。

加强知识产权保护

习近平宣布第三个重大举措是加强知识产权保护。重新组建国家知识产权局，完善执法力量，加大执法力度，把违法成本显著提上去。保护在华外资企业合法知识产权，希望外国政府加强对中国知识产权的保护。

宋清辉表示，这同样是外资企业所关注的，因为中国曾因知识产权保护不力给外界留下了不好的印象。这说明中国对外开放不仅是将外资企业引进来，而且在引进来的过程中还会保护他们的合法权益，这更体现了中国进一步扩大对外开放的积极态度。这种态度的落实，能消除外资企业进入中国市场的疑虑，减少外资企业的负担，有助于外资企业在中国开展其主营业务。这同时也是对中国侵权行为的警告。

在余淼杰看来，无论是外资企业还是国内企业，都对知识产权保护有重要需求。在创新驱动发展的时代，保护企业知识产权就是保护企业的命脉。而对国家而言，更是提高中国经济竞争力最大的激励。一方面，把违法成本显著提上去，就是要充分发挥法律的威慑作用，让人不敢违、违不起。另一方面，中国要加强知识产权保护，势必会打击特殊群体的利益。国家提出要把侵犯知识产权的成本提上去，就是要通过对外开放来倒逼对内改革。加大知识产权的立法与保护，违法成本就将上升。

事实上，中国将保护知识产权上升为国家战略已经十年。2008年，中国制定《国家知识产权战略纲要》，把保护知识产权提升为国家战略。如今迈入又一个十年，不同的是，中国保护知识产权将措施加码、力度加强、范围加大；相同的是，中国将继续有效营造稳定公平透明、可预期的营商环境，始终坚持对国内企业和外资企业的知识产权一视同仁、同等保护。

即便如此，在近期中美贸易摩擦交锋中，美国仍指责中国通过合资、股权限制和其他外商投资限制来强制美国企业转让技术，缺乏对其知识产权的保护。"如果美国看不到，就是选择性忽视，是为了其目的而污名化中国。"白明在接受《中国联合商报》记者采访时表示，中国每年要查处大量侵犯知识产权的案件，惩罚力度一年比一年重，如今更是"空前重视"。

数据显示，中国正成为推动全球技术进步的重要力量。2017 年中国提交的 PCT 国际专利（专利申请人通过《专利合作条约》途径递交的国际专利）申请量近 5 万件，居全球第二位；中国目前国内发明专利授权量占世界总量的近四成，居全球首位，包括华为、中兴、腾讯、百度等在内的大批科技企业已经成为本行业全球创新的中坚力量。

如果没有持续、大力度对知识产权的保护，中国不可能取得上述成绩。不仅如此，白明认为，从知识产权平等保护角度看，包括美国企业在内的各国企业都得到中国的平等保护。2017 年，美国企业以获得 23 679 件中国专利授权居各国第二，美国高通公司成为 2017 年获得中国专利权最多的外国企业。

主动扩大进口

习近平宣布第四个重大举措是主动扩大进口。中国不以追求贸易顺差为目标，真诚希望扩大进口，促进经常项目收支平衡。2018 年将相当幅度降低汽车进口关税，同时降低部分其他产品进口关税，加快加入 WTO《政府采购协定》进程。希望发达国家对正常合理的高技术产品贸易停止人为设限，放宽对华高技术产品出口管制。

宋清辉表示，这说明了中国是真心诚意邀请世界各国进入中国、参与中国的发展，2018年11月将在上海举办首届中国国际进口博览会便是很好的例证。从曾经的"走出去"，到现在的"放进来"，说明了中国对外开放的思维、意识在不断提升，敢于面对激烈的市场竞争、敢于与对手携手合作，这是在向世界展现大国的风范和气度。

余淼杰也表示，根据WTO的规定，发展中国家可以跟发达国家制定不同的关税水准。但中国主动下降汽车关税，表明了中国积极全面的开放态度。当前，正值中美贸易摩擦升级期间，习近平主席释放的对外开放态度与中国商务部对美的强硬态度并不矛盾。他提到的多项措施既需要尽快实施落地，同时也具有长期性。从长远来看，中国仍然希望跟世界各国走合作的道路，毕竟和平发展才是中国一直的追求。

中国已成为世界第一大贸易国，长期保持出口大国地位。但在白明看来，中国要迈向贸易强国不能仅仅是出口强国，补足进口方面才能完整。这是国际优势资源配置的必然循环，也是中国维持对外贸易可持续性的需要。他认为，扩大进口有很多方式，例如，加强"一带一路"产能合作，增加沿线国家向中国出口的选择；增加中国在大宗商品市场的定价话语权；利用跨境电商的发展加大消费品进口；增加技术引进，等等。

有人疑虑"中国扩大开放的新举措是不得已而为之"，甚至还有人别有用心地抛出"美国施压成功了"的论调，对此白明指出，"中国扩大对外开放并不是在外来压力下的被动开放，而是在长时间准备基础上，按照自身的步骤和既定计划有序推进的主动开放，是中国基于发展需要做出的战略抉择"。

美国不久前宣布对500亿美元中国商品加征关税，中国政府迅速进行反制，对原产于美国的大豆、汽车、飞机等进口商品对等采取加征关税措施。白明表示，如果这样的话，其他国家能享受到中国扩大开放的红利，而美国未必能享受到。这也证明了，中美双方获得最大利益的明智选择是加强合作、保持开放。

值得一提的是，目前中国已与24个国家和地区签署了16个自由贸易协定，其中已生效实施15个，涵盖8000余种零关税进口商品。在自贸协定之外，从 2017 年 12 月 1 日起，中国调降了 187 项商品的进口关税，平均税率由 17.3% 降至 7.7%。而据 WTO 统计，中国进口增速明显高于全球平均水平和美、德、日等国。未来 5 年，中国预计将进口超过 10 万亿美元的商品和服务。

（本文载于《中国联合商报》，2018 年 4 月 13 日。记者：毕淑娟）

海南自贸区畅想：以第三产业为支柱国内首例自贸港有望落地

  2018年4月13日下午，习近平在庆祝海南建省办经济特区30周年大会上发表重要讲话，强调党中央对海南改革开放发展寄予厚望。在《关于支持海南全面深化改革开放的指导意见》中，宣布决定支持海南全岛建设自由贸易试验区，支持海南逐步探索、稳步推进中国特色自由贸易港建设，分步骤、分阶段建立自由贸易港政策和制度体系。

  北京大学国家发展研究院副院长余淼杰向记者指出，海南自贸区的开放规模和力度今非昔比，从中央布局来看，区别于上海自贸区以商品加工、贸易产业为主，海南有得天独厚的优势来发展高端服务和旅游业。

开放力度

  值得一提的是，2017年10月十九大期间，国家主席习近平提出了，要赋予自由贸易试验区更大的改革自主权，探索建设自由贸易港。在此之前，中国曾在上海自贸区设立"保税港区"，来探索自由贸易港的模式。余淼杰向经济观察网表示，海南将借鉴上海自贸区的模式，有望建成中国首个自由贸易港。

  自由贸易港是指设在国家与地区境内、海关管理关卡之外的，允许境外货物、资金自由进出的港口区。对进出港区的全部或大部分货物免征关税，并且准许在自由港内，开展货物自由储存、展览、拆散、改装、重新包装、整理、加工和制造等业务活动。目前排名世界集装箱港口中转量第一、第二的新加坡港、中国香港地区，均实施自由港政策，吸引大量集装箱前去中转，奠定其世界集装箱中心枢纽的地位。自由贸易港和自贸区的区别，主要体现在允许开展离岸贸易，在离岸贸易的基础上，进一步开放高端服务业，发展离岸金融等相关业务。

相较于上海自贸区，海南的开发面积更大。百度百科数据显示，海南全岛陆地面积达 3.54 万平方公里，远超上海自贸区的 120.72 平方公里。余淼杰指出，海南自贸区的开放，是海南经济特区 30 年生日时中央的礼物，也是中国向世界兑现对外开放的承诺。

余淼杰曾在不久前北京大学国家发展研究院的论坛上，针对中美贸易摩擦，提出了如下观点："若贸易战真的开打，中国在对美提升关税的基础上，要加大对外开放的力度，降低国内进口产品物价，提升居民真实收入，才能减轻贸易战对中国经济的影响。"

第三产业

习近平强调，海南将建成全面深化改革开放试验区、国家生态文明试验区、国际旅游消费中心、国家重大战略服务保障区。

国家旅游局原规划专家王兴斌向经济观察网记者指出，从经济结构和区位优势来看，以旅游业为龙头的第三产业在海南具有无可替代的支柱产业地位。海南作为一个陆地面积和人口较少的省份，完全可以超越工业化的常规发展阶段，以热带高效农业为基础、以旅游业为龙头，大力发展服务贸易、服务经济，以较小的环境和资源损耗代价实现现代化。一个小而绿、小而美、小而富的生态经济名省必将出现在祖国南疆。

在 2018 年 1 月举行的海南全省旅游工作会议上，海南政府公布了 2017 年旅游产业数据：2017 年海南接待游客 6 745.01 万人次，实现旅游总收入 811 亿元人民币，占本省 GDP 比重约为 18%，远超我国 11% 的平均水平。

王兴斌认为，海南自 1988 年建省以来旅游的迅速发展有赖于经济特区的改革开放政策。中国加入 WTO 后，经济特区原有的特殊政策基本不复存在。海南省要充分利用经济特区宽松开放的条件和孤悬海外的地理特点，争取类似中国香港地区和韩国济州等地的自由贸易区政策，加速与国际接轨。

(本文载于经济观察网，2018 年 4 月 13 日。记者：仝麟阁)

扩大开放惠及中国惠及世界

尽快放宽外资股比限制特别是汽车行业外资限制、上半年完成修订外商投资负面清单、在海南建设自由贸易试验区和中国特色自由贸易港……近日，习近平总书记在博鳌亚洲论坛2018年年会开幕式和庆祝海南建省办经济特区30周年大会上发表一系列重要讲话，释放出对外开放再扩大、深化改革再出发的强烈信号。

专家认为，大幅度放宽市场准入、创造更有吸引力的投资环境、加强知识产权保护、主动扩大进口等重大举措，是中国基于发展需要作出的战略抉择，是坚持好对外开放基本国策、贯彻好开放发展理念的务实之举。

"大幅度放宽市场准入是双赢之举"

改革开放以来，外资已成为中国经济的重要组成部分。外资企业进出口额接近全国进出口总额的一半，工业产值接近全国的25％。外资企业还利用其国际职业培训经验，通过投入大量职工培训等人力开发资本，促进了国内劳动力向国际化专业人才转变，提高了中国人力资源素质。

"中国大部分企业已经具备较强的国际竞争力，进一步扩大开放的条件环境已经齐备。"国家信息中心经济预测部副主任牛犁认为。

中国金融开放的一举一动都为世界所瞩目。日本金融厅总务企划局参事官柴田聪认为，上海、深圳已经是世界前十的证券交易中心，在中国资本市场变得越来越大的过程中，扩大开放自然也会发生。

"金融开放将产生新的竞合关系。中资企业可与外资银行探索建立合资金融公司。"中国国际贸易促进委员会研究院国际贸易研究部主任赵萍认为,这种投资将从两方面受益:第一,利用外资银行比较强的经营能力和在全球经营的经验,可能会获得较丰厚的回报;第二,通过参股形式与外资金融机构合作,进一步获得更多管理经验。

"中国大幅度放宽市场准入正当其时,是双赢之举。外资进入具有鲇鱼效应,有利于提高内资企业的竞争意识和生产效率,增加国内企业创新力和国际竞争力。"牛犁说,现阶段我国资金相对充沛,外汇储备十分丰裕,进一步开放市场需要看重的是外资质量,需要依靠的是营商环境,需要鼓励的是外资内销。

"当前主要经济体正在掀起新一轮引资竞争,背后其实是投资环境的竞争。"中国宏观经济研究院外经所副研究员杨长湧表示,当前我国利用外资的条件在国际环境、比较优势、外资诉求三个方面都发生了深刻变化。在此形势下,吸引外资必须从优惠政策为主向制度规范和投资环境友好为主转变,只有这样,才能适应新形势新要求,在主要经济体激烈的引资竞争中掌握主动。

"主动增加进口能大幅降低国内同类产品价格,提升消费品质与生活质量"

中国正努力推动形成全面开放新格局,更加开放的中国必将惠泽世界各国家各地区。"降低汽车关税会对国内汽车厂商产生冲击,但长期看将优化行业格局,促使国内部分一线自主品牌真正成为具有全球竞争力的企业。"中国人民大学经济学院教授王孝松认为,贸易自由化能使贸易参与国福利得到提升。

实际上,从国际比较来看,中国汽车关税水平处于中游:中国整车进口关税税率目前为25%,而印度、阿根廷和墨西哥分别为60%、35%和33%,中国关税水平在发展中国家中属于较低水平;但同时,日本汽车进口是零关税,韩国是8%,欧盟是10%。

北京大学国家发展研究院副院长余淼杰认为:"中国政府主动增加进口,能降低国内同类产品价格,提升我国人民消费品质与生活质量,还能推动国内同行业提升发展水平。中国庞大的市场需求能为世界各国各地区提供巨大机遇。"

"在全球价值链时代,很多进口产品和服务也是我们各产业的投入品,降低进口壁垒和投资市场准入壁垒有利于降低投入成本,提高我国产业在全球价值链中的竞争力。"对外经济贸易大学国际经济贸易学院教授崔凡说。

扩大进口方面,不少专家认为,我国在加入WTO之后就明确表达了加入《政府采购协定》(GPA)的意愿,并从2007年起就开始递交申请。鉴于加入GPA在促进国内经济发展和制度建设上的积极作用,推动我国加入GPA的进程宜从快、从优。

"在投资、贸易、金融、监管等方面对标国际高标准规则"

专家表示,进一步扩大开放的四个方面内容已经明确。"在综合考虑可行性、可操作性和有效性的基础上,建议相关具体政策尽快细化并制定出台。"中国社会科学院世界经济与政治研究所副研究员李春顶说,政策落地过程中尤其要加强各个相关政府部门之间的上下联动、左右协调,保障政策措施的畅通运行与贯彻执行。

在放宽准入上,杨长湧认为大幅放宽服务业市场准入是当前引进外资的重点,"我们将进一步放宽或取消基金管理、期货、金融资产管理公司等外资股比限制,还将扩大电信、医疗、教育、养老等服务业领域的开放"。

在吸引投资上,2018年第一季度,全国吸收外资稳定增长,全国新设立外商投资企业14 340家,同比增长124.7%;实际使用外资2 275.4亿元人民币,同比增长0.5%。中国宏观经济研究院对外经济研究所所长叶辅靖建议,以自由贸易试验区、中国特色自由贸易港等开放高地建设为依托,"在投资、贸易、金融、综合监管等方面对标国际高标准规则,形成市场配置资源新机制、经济运行管理新模式"。

"落实的关键在于各领域相关的行业监管办法要及时推出。"崔凡认为,有些开放领域的监管办法可以采用"先立主干、后添枝叶、守住底线"的思路，尽快推出。

在保护知识产权上，叶辅靖认为，加强知识产权保护，有利于把我国在应用创新和市场推广上的优势与发达国家在原始创新上的优势有机结合，在创新领域实现合作共赢。

王孝松认为，随着中国经济全面进入实施创新驱动发展战略的特定阶段，能否有效激励、激活中国各种经济行为主体在各个层面创新研发的投入动力、活力，就成为关键性问题。应在加强执法、完善机制的基础上，强化针对中小企业的知识产权保护制度。

（本文载于《人民日报》，2018年4月17日。记者：齐志明）

贸易摩擦并不代表中美经贸关系出现转折

北京大学国家发展研究院副院长余淼杰日前在接受界面新闻专访时指出,当前贸易摩擦并不代表中美经贸关系出现了转折。中美经贸关系的主题是"互补",中国经济发展和产业结构升级并不意味着中美经济竞争性加强而互补性下降。他认为,从目前的态势看,美国方面基于"301调查"提出的500亿美元加税清单很有可能落地,中国需认真对待。对于外资企业对中国市场准入的抱怨,余淼杰表示,有些抱怨有失公平。一方面,中国严格执行了2001年入世议定书的承诺;另一方面,尽管中国经济快速发展,但人均GDP尚未达到发达国家水平,因此以发达国家的开放标准来要求中国并不恰当。

在全球多边贸易体系陷入低谷之际,余淼杰呼吁中国以扩大开放和扩大进口来提高在国际贸易中的话语权,并为发展中国家做出表率。他强调,扩大进口有利于提升国内人民福利水平,也有利于提高企业生产率。

中美经贸关系并未面临转折点

界面新闻:您如何判断目前中美贸易争端的严重性?中美经贸关系是否正面临着某种转折?

余淼杰:我认为中美经贸关系现在正面临挑战,但是并没有像外界认为的那样濒临破裂、大型贸易战即将到来。局部的贸易摩擦在不断扩大,但不影响根基。不管是中方还是美方,政府也好、企业也好,都没有打大型贸易战的意愿和决心。所以,我认为虽然中美经贸关系现在面临一些挑战，但在某个阶段，会出现"山重水复疑无路，柳暗花明又一村"的情况。从这个角度来讲，也许不应该说中美经贸关系面临由好到坏的转折，但我们要认真处理好这些局部挑战才能走向合作共赢。

界面新闻：如果中美双方公布的关税清单付诸实施，对中美两国的经济增长和就业会产生多大程度的影响？是否可以量化？

余淼杰：如果双方提出的对500亿美元商品加征关税的计划真的落地，对经济的影响是可以量化的，但这个影响主要不是体现在就业和经济增长上。由于这些商品总量并非特别大，所以对经济增长不会有显著影响，但是对收入分配会有较大影响。

我们通常可以看两类人：工人，也就是劳动力的所有者；资本所有者。美国征收高关税会导致美国劳动力密集型产品价格提升，那么会导致美国工人工资上升，而资本利润率下降。这样会对工人有利、而对资本所有者不利。

对中国来讲，情况刚好相反。如果中国对美国资本密集型产品征收进口高关税的话，会对中国资本所有者有利，而对中国工人不利。当然这个影响程度到底多大取决于不同行业生产函数的形式，需要根据不同行业做出不同分析。

界面新闻：美国对华贸易逆差的扩大，与美国国内就业和工资水平之间存在必然联系吗？

余淼杰：会有影响。此前有研究认为，从中国的进口导致美国制造业300万人失业。这个影响是比较大的。但从另一个角度看，限制中国产品进口并不会使得美国重新获得300万个工作岗位。因为即便美国不从中国进口，也必须从类似中国这样的劳动力丰富型国家进口。所以不从中国进口，美国并不见得就能自己创造出300万个工作岗位。

中美经济关系的主题是"互补"

界面新闻：中国经济进一步发展、产业结构升级，是否必然意味着中美之间经济竞争性越来越强、而互补性降低？全球价值链和"微笑曲线"理论似乎可以比较好地解释中美贸易不平衡问题，但显然这对美国政府官员不起作用,为什么?

余淼杰: 中国经济的进一步发展不见得意味着中美经济竞争性加强而互补性下降。中国向美国出口大量的劳动力密集型产品,同时从美国进口大量的汽车、机械产品。这背后的经济学解释涉及两个不同的原因。第一个原因是劳动力密集型产品的出口是基于比较优势,而资本密集型产品的出口是基于市场规模的扩大。所以资本密集型产业会出现"我中有你,你中有我"的现象,其实还是一种互补关系。第二个原因是全球价值链。虽然中国向美国出口最终产品,但中国企业从美国进口中间品或原材料。从这个角度来讲,中美产业之间并不是替代,而是进一步的互补。所以说,"互补"应该是中美经贸关系的主题。

至于价值链和"微笑曲线"不被美国官员所接受,主要原因是美国政府官员在制定贸易政策的时候更多是从特殊利益集团这个角度出发的。比如,钢铁产业的利益集团在特朗普竞选中给予其政治捐款,那么他上台后就对中国的钢铁产品征收了高关税。

界面新闻: 从特朗普竞选到上任以来,中美经贸关系"一波三折",其间还出现了短暂的回暖。与近几届美国政府相比,特朗普的对华贸易策略有何不同?如何看待去年中美经贸关系的短暂回暖?

余淼杰: 中美经贸关系的不平衡是长期存在的现实,不管是克林顿、布什,还是奥巴马,美国每届政府都面临这个问题。贸易摩擦在特朗普在任期间突然被放大,这和他本人及目前政府智库成员有关系,他们都特别"鹰派"。

奥巴马和特朗普都想减少美国贸易逆差,但两者的区别在于,奥巴马是把蛋糕做大,而特朗普是把蛋糕越做小。奥巴马在任的时候,想在五年内扩大美国的出口,提出"出口倍增"。同时,中国也想扩大进口,所以中美经贸关系就出现了一个"蜜月期"。但特朗普做的事情是限制中国对美出口,如果中国采取反制措施,也会减少从美国的进口。

2017 年中美经贸关系并没有明显好转,双方在经贸问题上表面和平,是因为中国采取了容忍的态度,同时主动扩大进口。比如,2017 年特朗普访华期间中美签订了 2 500 亿美元大单,这显示出中国没有刻意追求贸易顺差，同时希望中美经贸关系向良好方向发展。但很明显，特朗普政府并没有因此而减少制造中美贸易摩擦。

界面新闻：根据彼特森国际经济研究所1994年的一项调查，1975—1993年，美国借由"301条款"对贸易伙伴发起了86起调查，其中有71起，美国没有最终实施其所威胁的制裁措施，要么是因为被调查国做出重大让步，要么是美国放弃调查。这样的经验性规律对目前中美贸易摩擦适用吗？目前基于"301调查"的关税措施是否只是一种威胁？

余淼杰：从目前的态势看，我觉得美国方面基于"301调查"提出的500亿美元加税清单是很有可能落地，中国应该认真对待。但不排除特朗普的不可预测性。如果中国扩大进口，降低了美国进口汽车关税，那么美方按道理应该见好就收。但对特朗普来说，他依然有可能实施500亿美元的打击措施。

抱怨中国开放程度有失公平

界面新闻：您如何评价中国目前的对外开放程度？如何看待外界对于中国市场准入等问题的一些抱怨？

余淼杰：有些国家的企业或个人对中国的开放程度有所抱怨，我觉得是不公平的。中国是严格按照2001年签订的加入WTO法律文件的规定来执行的，甚至做得更好更积极。这在2006年WTO发布的五年评估中已经体现出来。

那为什么还有抱怨呢？主要是因为中国经济发展的比预想的要快。入世时规定的内容，中国已经做到了，现在外界要求中国按照现在的经济规模进一步开放。

看待中国的开放水平，关键是如何定位中国。如果把中国定位成跟美国对等的发达国家，那么中国现在的开放水平显然是不够的。如果按照世界银行的标准，从人均GDP看，中国依然是一个发展中国家，以发展中国家的标准看待中国的话，那么中国的开放水平在发展中国家中名列前茅。

我的观点是应该把中国定位成一个发展中国家。如果到2020年中国步入发达国家的行列，人均GDP超过10 000美元，用发达国家的开放水平来要求中国才比较合理。

界面新闻：以WTO为代表的多边贸易体系为何没能维护中美经贸关系良性发展？中国是否应该在多边贸易体系改革中发挥更核心的作用？扩大进口是否有助于提高中国在国际贸易中的话语权？

余淼杰：WTO多哈回合已经谈了近20年，能谈的已经谈了80%—90%。但所谓"行百里者半九十"，最后，在发达国家要求发展中国家开放农产品市场这个问题上，发达国家和发展中国家没有办法达成共识。

中国应该在多边贸易体系中发挥更核心的作用，这一点是非常明确的。中国作为全球最大的发展中国家及世界第二大经济体，一向不遗余力地推动WTO多边经贸合作。特朗普上台之后挑起贸易摩擦，逆全球化的动作很多，导致多边贸易体系前景更加不明朗，中国此时更应该发挥更大的作用。

如何发挥更大的作用，我认为主要体现在两个方面：一方面，如果中国通过自身扩大开放给其他发展中国家做出表率，那么不仅是在贸易体系中获得更大的话语权，同时也可以制止美国认为中国只是追求贸易顺差的错误观念。

另一方面，扩大进口、提高进口额与GDP的比重。这样做的确是有利于提高中国在国际贸易中的地位和话语权。不仅如此，这还有利于降低中国国内的物价。如果名义收入水平不变而物价降低，就相当于间接提高了人民福利水平。对企业而言，进口核心零部件还有利于提升全要素生产率。

美日贸易战的启示

界面新闻：学者们倾向将此次中美贸易争端与20世纪后期的美日贸易战作对比，您如何看待这种比较？从美日贸易战的历史中，中国和美国可以得到哪些启示？

余淼杰：美日贸易战有许多可以借鉴、比较的地方。比如，美国在20世纪80年代对日本汽车、摩托车及卡车采取关税措施，试图禁止这些产品进入美国市场，严重打击了日本出口。但日本企业采取了"曲线救国"的策略，一方面与美国达成协议自愿限制出口，另一方面又到美国进行绿地投资。这样一来，贸易战表面上是美国赢了，但其实美国输了，因为日本的汽车最终还是卖到了美国，只不过是通过外国直接投资的形式。

对中国的启示在于，国际贸易谈判中要"知己知彼"才能"百战不殆"。我们要意识到，美国人也在寻求"知己知彼"。既然美国在美日贸易战中受损，而在后续的金融战中受益，那么美国一定会吸取这个教训。因此，现在美国不仅对中国商品征收高关税，还要阻挠中国企业去美国投资，试图关掉外国直接投资这道门。

美日贸易战的另外一个启示是，中国一定不能屈服于美国的压力而让人民币汇率快速升值。人民币升值本身没有问题，如果没有政府干预，由市场来调整汇率的话，人民币会进入一个缓慢升值的通道。但如果美国提出干预，要求中国迅速升值，那一定不能听之信之。

人民币汇率快速升值会导致中国产业结构不能有效调整，这势必损害实体经济。但同时，人民币更加不能贬值。贬值相当于跟东南亚国家和地区、"一带一路"沿线国家争夺利益，会使我们处在孤立的位置。最好的办法是缓慢升值。

界面新闻：您如何评价"中兴事件"？有人认为这是商业合规性问题，也有人认为这是贸易争端的一部分。

余淼杰："中兴事件"一方面是有商业合规性的问题，但也可以说是贸易争端的必然延伸。即便企业的做法不符合美国的规定，美国处罚措施的严重程度也超出了一个合理范围。美国可以对中兴公司处以相当额度的罚金，但不能禁止美国企业向中兴销售一切产品长达七年之久。

鉴于美国商务部此前表示要打击"中国制造2025"，"中兴事件"不应该只是商业事件，背后应该跟这次的贸易摩擦相关。可以假设，如果没有这次中美贸易摩擦，如果美国不担心中国科技行业的发展能力，那么美国是不会对中兴公司出手这么狠的。

界面新闻：作为贸易领域的经济学家，您如何看待所谓"逆全球化"

现象？随着人工智能等技术革新的到来，产业分工、资本流动的全球化势头会如何发展？

余淼杰：我认为"逆全球化"只是一种短期现象。1914年以来，我们经历了三波全球化浪潮。尽管中间还经历了两次世界大战的冲击，但全球化总体呈一种螺旋式上升的势头。

全球化可以分为三个阶段，第一阶段是交通运输成本下降，如集装箱等。第二阶段是信息通信技术发展，如手机、互联网等。第三阶段是资本替代劳工，这能否实现取决于人工智能的发展。

可以预计，随着人工智能的发展，国际贸易金额会大大增加，国际贸易深度也会不断加深，产业分工会更加细化，资本流动会更加自由。在这当中，人工智能将起到一种催化剂的作用。

（本文载于界面新闻，2018年4月24日。记者：张晓添）